北大中文文库

袁家骅文选

袁家骅 著 / 王福堂 孙宏开 编选

北京大学出版社
PEKING UNIVERSITY PRESS

图书在版编目(CIP)数据

袁家骅文选/袁家骅著;王福堂,孙宏开编选. —北京:北京大学出版社,2010.10
(北大中文文库)
ISBN 978-7-301-17800-3

Ⅰ.袁… Ⅱ.①袁… ②王… ③孙… Ⅲ.①汉语-语言学-文集 ② 少数民族-民族语-中国-文集 Ⅳ.①H17—53 ②H2—53

中国版本图书馆 CIP 数据核字(2010)第 181269 号

书　　　　名:	袁家骅文选
著作责任者:	袁家骅 著　王福堂 孙宏开 编选
责 任 编 辑:	杜若明
标 准 书 号:	ISBN 978-7-301-17800-3/H・2639
出 版 发 行:	北京大学出版社
地　　　　址:	北京市海淀区成府路 205 号　100871
网　　　　址:	http://www.pup.cn
电 子 邮 箱:	zpup@pup.pku.edu.cn
电　　　　话:	邮购部 62752015　发行部 62750672　编辑部 62753374 出版部 62754962
印 　刷 　者:	三河市北燕印装有限公司
经 　销 　者:	新华书店
	650 毫米×980 毫米　16 开本　14 印张　202 千字 2010 年 10 月第 1 版　2010 年 10 月第 1 次印刷
定　　　　价:	28.00 元

未经许可,不得以任何方式复制或抄袭本书之部分或全部内容。

版权所有,侵权必究　举报电话:010—62752024
　　　　　　　　　　电子邮箱: fd@pup.pku.edu.cn

目 录

那些日渐清晰的足迹(代序)………………………………（1）
前　言………………………………………………………（1）

汉语方言概要………………………………………………（1）

阿细民歌及其语言…………………………………………（35）

窝尼语音系…………………………………………………（61）
峨山窝尼语初探……………………………………………（86）

广西壮语方言分布概况和创制文字的途径………………（101）
壮族语文问题………………………………………………（106）
坚持字母的汇通原则………………………………………（115）

武鸣壮语词法初步研究……………………………………（119）
壮语/r/的方音对应…………………………………………（155）
汉壮语的体词向心结构……………………………………（179）

汉藏语声调的起源和演变…………………………………（189）

袁家骅先生学术年表………………………………………（198）
袁家骅先生语言学著作目录………………………………（202）
编后记………………………………………………………（203）

那些日渐清晰的足迹（代序）

随着时光流逝，前辈们渐行渐远，其足迹本该日渐模糊才是；可实际上并非如此。因为有心人的不断追忆与阐释，加上学术史眼光的烛照，那些上下求索、坚定前行的身影与足迹，不但没有泯灭，反而变得日渐清晰。

为什么？道理很简单，距离太近，难辨清浊与高低；大风扬尘，剩下来的，方才是"真金子"。今日活跃在舞台中心的，二十年后、五十年后、一百年后，是否还能常被学界记忆，很难说。作为读者，或许眼前浮云太厚，遮蔽了你我的视线；或许观察角度不对，限制了你我的眼光。借用鲁迅的话，"伟大也要有人懂"。就像今天学界纷纷传诵王国维、陈寅恪，二十年前可不是这样。在这个意义上，时间是最好的裁判，不管多厚的油彩，总会有剥落的时候，那时，什么是"生命之真"，何者为学术史上的"关键时刻"，方才一目了然。

当然，这里有个前提，那就是，对于那些曾经作出若干贡献的先行者，后人须保有足够的敬意与同情。十五年前，我写《与学者结缘》，提及"并非每个文人都经得起'阅读'，学者自然也不例外。在觅到一本绝妙好书的同时，遭遇值得再三品味的学者，实在是一种幸运"。所谓"结缘"，除了讨论学理是非，更希望兼及人格魅力。在我看来，与第一流学者——尤其是有思想家气质的学者"结缘"，是一种提高自己趣味与境界的"捷径"。举例来说，从事现代文学或现代思想研究的，多愿意与鲁迅"结缘"，就因其有助于心灵的净化与精神的提升。

对于学生来说，与第一流学者的"结缘"是在课堂。他们直接面对、且日后追怀不已的，并非那些枯燥无味的"课程表"，而是曾生气勃勃地活跃在讲台上的教授们——20世纪中国的"大历史"、此时此地的"小环境"，讲授者个人的学识与才情，与作为听众的学生们共同酿造了诸多充满灵气、变化莫测、让后世读者追怀不已的"文学课堂"。

如此说来,后人论及某某教授,只谈"学问"大小,而不关心其"教学"好坏,这其实是偏颇的。没有录音录像设备,所谓北大课堂上黄侃如何狂放,黄节怎么深沉,还有鲁迅的借题发挥等,所有这些,都只能借助当事人或旁观者的"言说"。即便穷尽所有存世史料,也无法完整地"重建现场";但搜集、稽考并解读这些零星史料,还是有助于我们"进入历史"。

时人谈论大学,喜欢引梅贻琦半个多世纪前的名言:"所谓大学者,非谓有大楼之谓也,有大师之谓也。"何为大师,除了学问渊深,还有人格魅力。记得鲁迅《关于太炎先生二三事》中有这么一句话:"先生的音容笑貌,还在目前,而所讲的《说文解字》,却一句也不记得了。"其实,对于很多老学生来说,走出校门,让你获益无穷、一辈子无法忘怀的,不是具体的专业知识,而是教授们的言谈举止,即所谓"先生的音容笑貌"是也。在我看来,那些课堂内外的朗朗笑声,那些师生间真诚的精神对话,才是最最要紧的。

除了井然有序、正襟危坐的"学术史",那些隽永的学人"侧影"与学界"闲话",同样值得珍惜。前者见其学养,后者显出精神,长短厚薄间,互相呼应,方能显示百年老系的"英雄本色"。老北大的中国文学门(系),有灿若繁星的名教授,若姚永朴、黄节、鲁迅、刘师培、吴梅、周作人、黄侃、钱玄同、沈兼士、刘文典、杨振声、胡适、刘半农、废名、孙楷第、罗常培、俞平伯、罗庸、唐兰、沈从文等(按生年排列,下同),这回就不说了,因其业绩广为人知;需要表彰的,是1952年院系调整后,长期执教于北大中文系的诸多先生。因为,正是他们的努力,奠定了今日北大中文系的根基。

有鉴于此,我们将推出"北大中文文库",选择二十位已去世的北大中文系名教授(游国恩、杨晦、王力、魏建功、袁家骅、岑麒祥、浦江清、吴组缃、林庚、高名凯、季镇淮、王瑶、周祖谟、阴法鲁、朱德熙、林焘、陈贻焮、徐通锵、金开诚、褚斌杰),为其编纂适合于大学生/研究生阅读的"文选",让其与年轻一辈展开持久且深入的"对话"。此外,还将刊行《我们的师长》《我们的学友》《我们的五院》《我们的青春》《我们的园地》《我们的诗文》等散文随笔集,献给北大中文系百年庆典。也就是说,除了著述,还有课堂;除了教授,还有学生;除了学问,还有心情;除了大师之登高一呼,还有同事之配合默契;除了风和日丽时之引吭高歌,还有风雨如晦时的相濡以沫——这才是值得我们永远追怀的"大学生活"。

没错,学问乃天下之公器,可有了"师承",有了"同窗之谊",阅读传世佳作,以及这些书籍背后透露出来的或灿烂或惨淡的人生,则另有一番滋味在心头。正因此,长久凝视着百年间那些歪歪斜斜、时深时浅,但却永远向前的前辈们的足迹,有一种说不出的感动。

作为弟子、作为后学、作为读者,有机会与曾在北大中文系传道授业解惑的诸多先贤们"结缘",实在幸福。

陈平原

2010年3月5日于京西圆明园花园

前　言

一　《汉语方言概要》导读

《汉语方言概要》是一部构建于历史语言学和描写语言学基础之上的论述性著作。丰富的方言资料大多是从口语中收集来的,现实而可靠。方言材料又多有适当的分析说明,不限于事实的罗列;而说明又考虑到各种可能性,不陷于武断。这种既有系统的材料又有适当论述的特点,使它不同于单纯调查报告型的方言著作。

全书共 12 章,可以分成三个部分。第一部分前三章是理论概述,介绍方言、汉语方言学和汉语方言发展简史。第二部分第 4 至第 11 章介绍汉语各大方言的概况,包括各方言形成的历史背景,代表方言的语音系统——声韵调系统、变音系统、古今语音比较和方言与普通话语音比较,以及词汇特点和语法特点。介绍中以语音为重点,词汇和语法的材料也具有相当的分量,做到了语音、词汇、语法三个方面兼顾。第三部分第 12 章综论,综合比较汉语方言的语音、词汇、语法,从中归纳汉语方言之间的亲疏关系。

本书有两点值得注意。一是具有多个视角,比如从历史语言学的角度看待汉语方言的发展,从描写语言学的角度介绍汉语各大方言。第二是运用多种方法:即兼顾平面描写、平面比较和历史比较等方面。这种多视角多方法的考虑和做法,可以为读者提供有关汉语方言各个方面的知识内容和思考角度。

以下介绍本书前三章。

第一章方言

本章介绍普通语言学关于方言、语言系属及语言发展等概念。

(一) 方言的定义

对方言的理解历来有三个方面:一是语言的地方变体,二是不见于书面的特殊口语,不够文雅的土音,三是在语音、词汇、语法方面互有异同。按历史语言学的观点来看,方言是共同语的继承或支裔,有异于其他亲属方言的语言特征,在历史时期往往从属于民族的统一标准。

(二) 语言的系属

十九世纪欧洲历史比较语言学建立了语言发展的历史系统和语言间亲属关系的概念:语系——语族——语支——语言——方言。印欧语系的构成已为人们所接受。汉藏语系的构成则还在探索之中。

语言的发展是在系属中的不断分化和整化的过程,有时一种是主流而另一种是潜流,有时两种作用互为消长或平行发展。语言或方言在尚未分化的共同时期的统一状态称之为共同语或原始语。在印欧语系中,这个共同语很少有历史文献可考(例如拉丁语之于罗曼诸语言),一般是虚构的。而汉语中像《诗经》音系、《切韵》音系、《中原音韵》音系则都是汉语史上保留下来的环节,虽然还需要补充和修正,但都不是虚构。这些共同语在汉语史上的重要性或价值自不待言。

(三) 分化和整化的诸因素

语言的分化和整化就是方言的产生和集中或消磨。这方面发生影响的因素大致有以下几种:一是人们生活共同体的扩大与否,这是最基本的因素。如果人口增加,人们生活共同体扩大,扩大了的共同体内相距较远的居民往来减少,语言差异就会增加,从而形成不同方言。反之,人们生活共同体缩小,不同方言也会集中。二是地理因素。如山脉河流等对人们交往造成阻碍,语言往往分化成不同的方言。不过河流有时也有利于交通,可以促进方言的接近。三是集体迁徙。和平的移民,或武力的征战,常常使远离母体的一部分人的语言或方言发生变化,产生新的差异,形成不同的语言或方言。比如目前欧洲的芬兰语和匈牙利语就都是由乌拉尔地区迁出,经历分化后形成的。我国目前的客家话则是东晋时中原移民迁徙到南方形成的。四是语言间的同化。同化使一种语言归于消亡,另一种语言保存下来,但吸收了已消亡语言的某些成分,变得不同于其他亲属方言。

（四）语言和方言的区别

区别语言和方言要从语音、词汇、语法三个方面观察,而首先要从语音方面入手。区别语言和方言不应该凭借听得懂或听不懂的印象,也不应该受民族或地域名称的迷惑。汉语方言分为官话、吴语、湘语、赣语、客家话、粤语、闽语等七种,是符合实际情况的。

第二章 汉语方言学

本章介绍我国汉语方言研究的历史。

（一）《方言》的出现

人们在周秦时期已经注意到汉语方言分歧的现象。西汉时出现了扬雄写作的《輶轩使者绝代语释别国方言》,简称《方言》。这是一部方言比较词汇集,经作者二十七年调查而成。收集的词语有词义解释及使用地区的说明等。如：

党,晓,哲,知也。楚谓之党,或曰晓,齐宋之间谓之哲。（卷一）

但汉以后直至清末,基本上没有这样以实际方言为调查对象的工作了。人们满足于利用文献材料考证方言中的古词语,方言研究成为经学的附庸。

汉语方言的基本词汇和语法结构大致相同。因此汉语方言词汇的研究集中在古词语的保存、创新及来源的考证等方面,和欧洲的方言研究注意词语的形态变化很不相同。

（二）方言研究的方法

方言并非标准语的分支或歪曲,而是有自己的变化规律。因此,研究方言和研究语言的步骤是一样的。研究方言一般有三个步骤：一是调查和描写,二是与标准语比较,三是与较古的语言比较。其中第一项是描写语言学的工作,后两项属于历史比较语言学。

（三）方言地理学

方言地理学是方言研究的特殊领域。它用地图来表示语言特征分布的情况。语言特征的地理分布会暴露语言发展过程中的许多重要情况,很多是文献所不能提供的。有的情况提供了"构拟"的根据。一个语言特征可以用同言线来表示。同言线的重要性不尽相同,而且各有分布范围。

方言地理学和历史语言学相互促进,相互补充。活的方言提供了文献没有的证据,历史语言学的成果也可以作为方言研究的出发点。

第三章 汉语方言发展的历史鸟瞰

本章介绍汉语方言的历史发展。

(一)研究汉语方言历史的前提

要了解汉语方言的历史,首先要了解使用汉语方言的汉族人民的历史。

秦汉以来,中国保持了统一的局面,表现了极大的稳固性。相关的历史条件是:(1)中央集权的政治体系,但有封建割据,以自然经济为基础;(2)文化传统富于保守性,有古典文学语言的传统;(3)文字具意象体系,各地按不同方音认字读书,有利于维系书面语的统一;(4)外族语言的影响较小,吸收外族语言的成分也较少。

(二)上古汉语方言

自传说中的黄帝时起至夏商,我国还处在氏族社会,语言或方言也是与氏族或部落相联系的,不难想象其纷繁复杂。周王朝春秋战国时方言复杂的情况已有文献记载。书面语的语音系统则可以根据《诗经》的押韵来归纳。至汉时,许多先秦文献需要注解,说明周汉之间汉语已有较大的变化。《方言》一书的出现,提供了方言词语通行地区的第一手资料,据此可以了解汉代方言大致的类别和分布。

(三)中古汉语方言

中古包括隋唐宋,以及稍早的过渡期魏晋南北朝。这一时期是近代汉语方言形成的重要时期。稍早三国时吴国开发江南,江南地区的吴语开始形成。西晋末年五胡乱华迫使大量中原汉族居民避乱南迁,是后来客家话和闽语形成的间接原因。唐代安史之乱和两宋时金元的南侵,又使大量中原居民南迁入粤,形成粤语。唐宋时闽人称"福佬",说明闽语和吴语已经分化,各具特点。客家话南迁时经过江南吴语的江西地区,影响到当地的方言,是促使赣语形成的因素。

魏晋时颜之推等撰《切韵》,提供了当时中原方言的一个书面语语音系统。分平上去入四声,二〇六韵。这一语音系统有可能是当时南北方言的汇通,却也是汉语历史上第一次对实际方言所作的归纳。

(四) 近代和现代汉语方言

近代指元明清,现代指鸦片战争以后。在这600余年间,汉语方言的发展并无转折,可以作为一个时期来处理。

这一时期,北方中原地区的方言扩展并趋统一。中古以后汉语方言向西北发展。明代沐英平定云贵,北方话深入西南。清代把北方话传播到东北和内蒙古地区。随着王朝的变迁,汉语的中心地区也由河南、陕西转移到河北,北京话成为北方话的代表方言。

现代汉语方言实际上在中古时期都已萌芽,经历这600余年,就发展成为七个主要的地域方言,即官话(北方话)、吴语、湘语、赣语、客家话、粤语、闽语。其中吴语、湘语、赣语是在当地形成的,客家话、闽语、粤语则是中原居民南迁后形成的。官话无论从书面语还是从口语来说,地位的重要都远远超过其他方言。中华人民共和国成立后,普通话即以北京方言作为语音标准。吴语等其他六个方言则在各自的区域内活跃,并不断接受官话的影响。

二 《阿细民歌及其语言》导读

《阿细民歌及其语言》是一部专著,基本资料是作者1945年应云南路南县政府邀请,为该县编写县志而开展的调查研究。该书的第一章和第二章曾于1946年在南开大学出版的《边疆人文》第3卷第5、6两期合刊上发表。解放后,作者对资料作了全面整理,完稿后于1953年作为中国科学院语言研究所编辑的《语言学专刊》第五种出版。

阿细人是彝族的支系,分布在云南省路南县(现改名为石林彝族自治县)和弥勒县境内,使用的语言属藏緬语族彝语支,可划入彝语6人方言中的东南部方言。这一彝语调查研究是作者第一次接触中国少数民族语言,历尽辛苦深入少数民族地区开展实地调查研究,在收集大量第一手资料的基础上完成的描写性专著。全书共245页,16开本,分四章,这里选录了该书的第一、二章。第一章实际上是这个语言结构特点的一个概要。第三章是民歌,也是本书的主干,占了本书的四分之三的篇幅。第四章是词汇,约 3000 左右常用词,按声母次序排列成词表。

阿细话是彝语中很有特点的一个土语,与周围彝语有很大的差异。作者深入调查了这个语言点,在掌握大量第一手资料的基础上进行整理和研究,尤其对阿细彝语的语音做了非常细致的描写。阿细彝语有 34 个声母,7 个单元音韵母,7 个复元音韵母,1 个双唇鼻音自成音节韵母,5 个声调。作者细致描述了辅音的发音部位和发音方法,对音位变体一一进行了说明,每个声母各举出 2 至 5 个例证。对元音和韵母的描写尤其细致,举出的例证也更多。通过声韵母配合表,对元辅音的结合和各种元音变体出现的语音变体做了细致的有说服力的分析。作者将阿细彝语的声调归纳为 5 个,但是在文字说明中提到 44 和 21 调有肌肉松紧的区别(又叫喉塞声)。而且作者在 44 调和 21 调下面都用短横标出,说明已经注意到这个地区的彝语元音有松紧的区别,只不过未在元音上加以标出而已。这与同时在该地区调查研究彝语的李方桂和马学良发现撒尼彝语具松紧元音之别,有异曲同工之妙。①

难能可贵的是作者在分析了阿细彝语的音位系统以后,还为阿细彝语设计了一套拉丁字母的拼写系统——"文字草案"。这与新中国成立后为需要文字的少数民族创制新文字的思路基本上一致。作者为了证明该拼写系统是科学的,还特意用该草案拼写了长歌 30 余行作为样品。

作者的注意力主要放在收集大量诗歌上,以此为基础,整理了语法要点。作者省略了与其他地区彝语相同的特点,仅仅将阿细彝语语法 10 个主要特点(包括语序、主要词类等)做了举例说明。

在当时少数民族语言研究界,这种深入的描写研究是很不容易的,尤其音位系统的描写,应当是当时几种少数民族语言研究成果中较为深入的一种典范。

---

① 详情见孙宏开《汉藏语系语言研究中的若干问题——访李方桂先生》,《中国语言学集刊》第二卷第一期,中华书局,2007 年。

三 论文一组(1)导读

论文一组(1)包括《窝尼语音系》和《峨山窝尼语初探》两篇文章。它们是作者在完成对阿细彝语的调查研究后的第二年,又去云南省的峨山县调查研究哈尼语的成果。这是中国语言学者首次调查研究哈尼语的一个支系语言。窝尼是哈尼的一个支系,窝尼语现属哈尼语豪白方言。①

从这两篇论文所反映的调查经过,可以知道他在调查研究工作中所付出的巨大劳动。他用了一个多月的时间,在峨山县城换了3个发音合作人才完成了2000左右常用词和14个长篇故事的记录,并在此基础上整理出哈尼语的音位系统和语法要点。

这两篇相关的论文,可以说是姊妹篇,一篇是音位系统的详细描写,另一篇是语法要点,合起来就是一个语言的整体结构的面貌。

《窝尼语音系》对该调查点的语音的描写十分细致,其中包括对29个声母、13个单元音韵母、7个带后鼻音韵尾的韵母、22个复元音韵母和4个声调音值及其变体的详细说明,分析了各种元辅音出现的条件和归纳音位的理由。

《峨山窝尼语初探》(语法撮要)分1.词序;2.类词(指类别词或量词);3.人称代名词;4.指示代名词;5.状词(包括形容词和副词等);6.动作情态,实际上讲动词的各种语法特点;7.词与字等七个部分,介绍了窝尼话的语法特点。可以看出,这些基本语法特点是作者从记录的大批长篇语料中归纳出来的。

对一个完全陌生的语言,很快就进入角色,在短时间内完成全面描写研究是多么的不容易!遗憾的是作者仅仅发表了两篇论文,没有能像《阿细民歌及其语言》一样,将调查研究的全部资料整理成书出版。实际上从他收集的资料和已经做出的研究,是完全可以整理成一部哈尼语的专著的。

---

① 详情请参阅李永燧、王尔松编著的《哈尼语简志》,民族出版社,1986年。

四　论文一组(2)导读

论文一组(2)包括《广西壮语方言分布概况和创制文字的途径》、《壮族语文问题》和《坚持字母的汇通原则》3篇论文。它们是作者长期开展壮文创制工作中提出的一些基本经验和理论探索。我国许多少数民族没有文字。中华人民共和国成立后,1951年,中央人民政府政务院关于民族事务的几项决定的第五项规定指出:要帮助尚无文字的民族创立文字,帮助文字不完备的民族逐渐充实其文字。1954年,政务院批复了中央人民政府政务院文教委员会民族语言文字研究指导委员会及中央人民政府民族事务委员会关于帮助尚无文字的民族创立文字问题的报告。批复中说:"关于帮助尚无文字的民族创立文字的办法,特责成中国科学院语言研究所和中央人民政府民族事务委员会审慎研究,然后拟定计划和订出在一两个民族中试行。并应继续了解情况,及时总结经验,以便在事实证明这些办法确是可行,而且其他条件也比较成熟时,逐渐地在别的民族中进行。"[①]广西壮族是中国人口最多的少数民族之一,也提出了创制文字的要求。壮文当时作为国家唯一的试点,起步较早。作者受国家派遣,担当起调查研究壮语方言和为壮族创制文字的重任。创制文字首先要了解语言情况,尤其是方言分布情况。于是他带领一批壮族知识青年,转战广西各地,开展调查研究。他一方面了解各地学校语文学习的情况、困难和要求,一方面记录各地的壮语。与此同时,他还手把手教青年人掌握国际音标和记录壮语的本领,教他们分析和整理壮语资料。由他调教出来的一批壮族知识分子,后来都成为壮语文研究、教学、编译、管理等方面的骨干和专家学者。他的《广西壮语方言分布概况和创制文字问题的途径》就是在这样的背景下写成的。

文章明确提出他为壮族创制文字的具体意见。文章指出壮语分南壮和北壮两大方言。在分析了两个方言语音上的具体差异后,作者认

---

① 见第三次全国民族语文科学讨论会《民族语文政策摘编》,1997年。

为:"要选择一个(只一个!)中心地点的方言作为标准来制订拼音文字,是太勉强的硬性办法。"他说:"民族语内部方言间或大或小的差别,在一个民族的经济政治文化中心形成以后,还会有一定时期的存在,只是标准方言处于领导地位,让各小方言服从自己,并在可能范围内吸取各小方言优点来丰富自己。方言文学也不应阻挠,倒不妨多加鼓励。……来宾和丽江两个方案尽量汇通,同时并进,暂时不教一个服从另一个也可以,这样可以适应农民学习文化的普遍要求并减少推行中的困难。"作者的思想非常明确,即为了"适应农民习文化的普遍要求",不应该"勉强""选择一个中心地点作为标准来制订拼音文字",而是两个方言代表点的方案"同时并进",待条件成熟以后,对壮语"进行普遍深入的调查,编写和出版壮语方言比较字汇和壮语语法",而"广播、电影、文艺……的发展和普及,会帮助建立标准方言的权威",然后再"建立壮语统一的文字"。作者这个从实际出发、分两步走的文字创制理念没有被采纳,最后是在"苏联经验"的指挥下,采取了作者所不赞成的"太勉强的硬性办法",选择了南宁附近的武鸣作为创制壮文的标准音点。这使以后在壮文推行过程中走了许多弯路,出现了难以逾越的困难。

作者然后写了另一篇文章《壮族语文问题》。可以看出,这篇文章是作者在壮区开展了大量调查研究的基础上写成的。在这一调查研究中,不仅记录了语言本体,而且大量观察了成人扫盲教育、小学教育中存在的问题。有意思的是作者在文章一开头就以《义勇军进行曲》为内容,用国际音标拼写了壮语两个方言代表点的壮语读音,一个是来宾方言,另一个是龙津(今龙州市)方言。作者的意思与上一篇文章是一脉相承的,他希望将来创制的壮文可以将音标转写成文字,同时也让读者了解了壮语两个方言在语音和词汇上的差异。通过调查研究,文章对壮族人民需要本民族的文字给予充分肯定。他说:"壮族人民无论男女老幼,要求学习汉语文的热情空前地高涨。有些人就想,索性让他们抛弃自己的民族语言,直接学习汉语文,倒也省却许多麻烦。语文毕竟是工具,要是换一套更锋利的工具,对于使用者是有利的。但是历史的事实证明,聚居的民族在长时期内决不能忘掉自己的语言;如果自己的语言不能变成锋利的工具，要直接学习另一个民族的语言，往往是事倍功半，而且按目前壮族的农民终年劳动的生活条件看，也许是不可能的。"作者冷静地分析："过分夸大或低估壮语方言分歧所能引起的困难，都是不正确的。方言分歧的民族要建立一个全民的文学语言往往要经历一个艰难曲折的过程。"

　　作者关于文字问题的另一篇文章是《坚持字母的汇通原则》。1957年冬，关于中国语言文字问题有两件大事发生。一件是11月1日国务院第60次全体会议通过"关于公布汉语拼音方案草案"的决议①，另一件是同月29日国务院第63次会议讨论通过了对"中国文字改革委员会关于讨论壮文方案和少数民族文字方案中设计字母的几项原则的报告"的批复。② 作者的文章，是在这两个文献公布后写的。壮文经过国务院讨论通过，批准为正式文字，并作为国家4种重要文字（蒙、藏、维、壮）之一在人民币上使用。这对为壮文辛辛苦苦工作了近10年的作者来说，当然是值得庆贺的大事。他的文章一方面是表示拥护通过的方案和批复，另一方面对批复中涉及的一些原则，结合壮文方案中一些字母的设计问题做了一些说明。国务院批文中说，"同意关于少数民族文字设计字母的五项原则。今后少数民族设计文字方案的时候，都应按照这些原则办理。"③五项原则第二项规定，"少数民族语言和汉语相同或者相近的音，尽可能用汉语拼音方案里相当的字母表示。"这就是作者文章中指出的字母汇通的原则问题。文章对汇通做了精辟的分析和解读，他说："所谓汇通，根据我的了解，就是同样的字母代表同样的或相当的音位或音素。汇通的目的和作用是便利于互相学习。"作者在文章中还讨论了汉语方言记录符号中的汇通问题。

---

① 见第三次全国民族语文科学讨论会《民族语文政策摘编》，1979年。
② 批准的原则共5项，简称五项原则。
③ 见国家民委文化宣传司编《民族语文政策法规汇编》第33—34页，民族出版社，2006年。

五 论文一组(3)导读

　　这组论文包括《武鸣壮语词法初步研究》、《壮语/r/的方音对应》、《汉壮语体词向心结构》等 3 篇。它们是作者长期调查研究壮语的心得。作者在文章中多次提到,壮文创制以后,为了各地不同方言区的群众学习壮文,推行文字的进一步工作是要"完成壮语方言词汇,农民课本一套和通俗读物三四种,小学课本的全套,小学后期的汉语文课本一套,壮语会话和壮语对照读物二四种,壮语常用词汇和壮语语法纲要"。据我们了解,这些工作都一一在壮文推行过程中落实并完成了。其中"壮语语法纲要"就是作者与他的发音合作人张元生①合作完成的。众所周知,新文字方案一旦推行,除了课本以外,最重要的是要有辞典和语法等参考书,否则教科书的编写会缺乏规则和依据。《武鸣壮语词法初步研究》②就是在这种背景下完成的。大家知道,壮文最后是以南宁附近的壮语武鸣话为标准音点的,因此写一部简明扼要地描写标准音点的语法纲要,对当时正在如火如荼地推行壮文的民族语文工作队伍来说是多么的迫切需要,这真是雪中送炭啊! 作者作为中国少数民族语言调查第一工作队③的队长,深知此项工作的重要性,他义不容辞地承担了此项重任。初稿在 1956 年完成后,刻印成油印稿,在中央民族学院壮语班试讲,并征求了丁声树、傅懋勋、岑麒祥、魏建功等语言学者的意见,最后修改定稿。作者的这种对工作一丝不苟的精神,一直激励着我们这些后来者。

　　此文实际上是一部介绍壮语简明语法纲要的教科书。书中介绍了

---

① 有关袁家骅先生等记录壮语的详细情况,见《罗常培文集》第 9 卷第 303 页,山东教育出版社,2008 年。
② 此稿同时以《壮语词法初步研究》为题,收录在《少数民族语文论集》第 1 集,1958 年。
③ 第一工作队的任务是调查研究侗台语族语言,并为需要文字的民族创制文字。详情请参阅孙宏开《少数民族语言调查回忆片段》,载郝时远主编《田野调查实录》117—135 页,社会科学文献出版社,1999 年。

壮语名词、动词和形容词等3个主要词类的用法及其相关的语法特点，分析了这3类实词的结构和它们在句子里的功能以及与其他词类的关系，简明扼要，通俗易懂。

作者的另一篇论文《壮语/r/的方音对应》是一篇微观型的历史比较语言学的论文。作者利用亲自采集的大量方言调查资料(51个调查点)，共98个例证，采用内部拟测法，以方言对应为依据，列出了11个对应公式。从各种不同的语音形式中，论证了复辅音后置辅音(文章称第二音素)/r/在壮语各地的对应。以后置辅音/l/(文章称第一组)、/r/(文章称第二组)和塞音、鼻音等构成的复辅音，是原始汉藏语共有的语音形式。经过长期的历史演变，在各语言中已经遗存不多，但由于各地、各语言的语音格局基本上一致，演变方式和结果也大同小异，现在已经基本上被学术界所公认。但是作者早在上世纪50年代就已经通过方言比较，兼及同语族的语言资料比较，参考李方桂台语复辅音的构拟，观察到这一现象，而且根据壮语的方言资料进行了深入的论证。其资料之丰富，论证之严密，可见他的历史比较语言学功底之深厚。

《汉壮语体词向心结构》是作者在改革开放以后发表的一篇涉及汉藏语系语言类型比较的文章。他以侗台语为主要讨论对象，同时引用了汉语、苗语、藏语的例证，开展语言类型学的比较研究。他在文章中明确指出，开展此类研究"主要目的是为同类型的汉藏语系诸语言和方言的描写语法进行沟通，希望将来能有助于在同系属的姐妹语言之间开展历史比较研究"。

"体词向心结构"是指以名词为核心所带的数、量、形、指、代等修饰语所组成的结构，以壮语为核心，揭示了它们的特点和各种变化的条件，比较表明，在各种语言里它们的词序存在的一定差异。文章指出了它们差异的性质和状况，分析了产生差异的可能原因。

我们知道，有亲缘关系的语言，其原始母语的类型应该是一致的，或者说是相同的。经过长期的历史演变，类型发生了许多变化，以至于有的亲属语言的类型变得面目全非。如果我们把这种类型变化的经过、方式、特点描绘出来，论证明白，这对说明语言亲缘关系的有无、远近，应该是有积极意义的。这就是我们现在所讨论的历史类型学的任务之一。而这一思想,作者早在上世纪 70 年代就已经在他的文章中有意无意地表述出来了,多么难能可贵!

六 《汉藏语声调的起源和演变》导读

《汉藏语声调的起源和演变》是作者的遗稿。我们知道,早在 20 世纪 50 年代,作者就开始注意汉藏语系中的一些重要语言现象。此稿写于上世纪 60 年代。当时作者在北大开设"汉藏语系概论"课程,自然对汉藏语系的一些特点了如指掌。声调的起源、产生和发展问题,是汉藏语系语言最有争议的问题之一。它何时产生,能否作为汉藏语系语言的一个共同特点,是该文关注的一个核心问题。这篇文章就是围绕这个问题有感而发的。文章认为:"一般给汉藏语下定义时,总说汉藏语是有声调的语言,每个音节有一个固定的声调,声调跟辅音或元音一样重要,能够区别词意义,所以声调是汉藏语的共同特征之一。"他又说:"从描写语言学的角度来看,这个说法大体上是正确的,但是从历史比较语言学和普通语言学的角度来看,这个说法就遇到了双重困难。"作者就这个议题展开了深入的讨论。作者举出了侗台语、苗瑶语和藏缅语的声调产生、发展的大量例证,尤其是引起作者巨大兴趣的藏缅语族语言中松紧元音与声调的关系问题。作者引用佤语的例证,说明声调最初可能是由松紧元音"转化"而来的。文章还认为"声调的分化和合并(简化),同声母的发声方法互相依赖,同韵母结构的简化(如入声韵尾的消失)……有直接关系。"

几十年过去了,作者就这个问题所做的结论仍然值得我们借鉴。但现在看来,结论对我们来说还不是最重要的,倒是作者讨论问题的角度、方法和论证的思路,应该说是最值得我们后来的汉藏语系研究者很好学习和仿效的。

汉语方言概要

第一章 方 言

1. 方言概念最早大约出现在我国周代,就是所谓殊方异语。古希腊语 dialêktos 是指一个地方居民的话。这个概念是伴随着书面文学语言传统的建立和巩固而出现的。凡是不合于语言规范或标准的便是方言,所以方言和标准语(或文学语言)在人们的心目中多少含有对立的意味。两千余年来,不论中外,这个模糊的概念实际上包含三层意思:一、方言是同一个语言的地方变体,特别是语音方面,往往是其他地方的人觉得难于听懂的。二、方言是不见于书面的特殊口语,是不够文雅的土语。三、方言间在语音词汇语法各方面互有异同,一个语言往往有两个或两个以上的方言,就是在人口很少、分布面积很小的地点,居民的话也可能因年龄、性别、职业、阶层和阶级的区别而有所不同。例如广州话声母 n 和 l 大多数人能分,少数人却混而为一了。如果居民来源不同,这个地点的方言现象就会更复杂些。这些认识虽然带有片面性,但多少是符合实际经验的。

2. 十九世纪以来,语言科学运用比较方法,建立了语言发展的历史系统和语言间的亲属关系。一个语系包括几个语族,一个语族包括几个语支或语言,每个语言内部又有程度不同的方言差别。例如印欧语系包括八个到十个语族,有些语族(如印度伊朗语族、波罗的斯拉夫语族、日耳曼语族)各包括几个语支或语言,有些语族(如希腊语、阿尔明尼亚语、阿尔巴尼亚语)只有一个语言。又如汉藏语系分为藏缅彝语族、苗瑶语族、汉壮语族,而汉壮语族又分为汉语支和壮侗语支。同系、同族、同支的语言有共同的重要的构成部分——语音体系,基本词汇和语法结构有很多相符一致的特征,这说明它们有共同的起源,而各语言间的差异成分则是分化以后独立发展的结果。当然,语言间相同和互异部分的比重是多种多样的,相同部分也必须符合语言自身的发展规律,才能证明彼此的共同起源。目前汉藏语系的比较研究还不能满足这个要求。至于方言间的异同,相同部分一般总是超过甚至压倒互异部分。

3. 语言的发展是不断的分化和整化的过程,有时一种作用是主导而另一种是潜流,有时两种作用采取不同的方式互为消长或者彼此平行。在不同的社会发展阶段和不同的具体历史条件下,语言的分化和整化会有不同的情况。远古时代,原始公社制或氏族制时期,人类还没有发明文字,或刚开始利用图画或象形文字。换句话说,就是有史以前,人类语言和方言的具体发展内容我们知道得极少。可是有史以来,任何文献资料都能够证明或者暗示方言的存在跟人文历史至少是一样的古老。根据今天尚无文字或初创文字的少数民族的语言的调查,例如海南岛黎族解放前还处在原始公社的末期(合亩制),大小凉山彝族解放前还处在奴隶制和农奴制的过渡时期,可是他们的语言的方言分歧已经达到甚至超过了我们所能想象的复杂程度。当然,今天发展落后的少数民族的境遇和他们的语言决不能跟两三千年前的人类语言相提并论。我们决不能单纯依据社会发展阶段的相同与否而作出一般的笼统的推断。但尽管如此,近代的语言科学揭示的语言和方言发展的一些基本规律,仍然可以作为我们讨论的依据。

4. 共同语概念。历史上或现代的几个方言或语言在尚未分化的共同时期的统一状态叫作共同语或原始语或基础语。这个语言也许有历史文献可考,如拉丁语之于罗曼诸语言(由通俗拉丁语的诸方言发展为独立语言的);但是一般往往没有历史文献可考,如共同印欧语之于印欧系诸语族,共同印度伊朗语之于印度语和伊朗语。依照后一种情形,"母语"只是个虚拟的假设。共同语内部系统单纯一致,形成统一的整体,这是因为当时人们的社会生活息息相通,感觉不到任何方言差别,几乎可以说没有方言存在。比如现代俄语分南北两个方言(语音标志之一为 a 音化和 o 音化:дороrа "道路"南方方言读[da'roga],北方方言读[do'roga],город"城市"南方方言读[gorat],北方方言读

['gorot']),这两个方言源于共同俄语;俄语、乌克兰语和白俄罗斯语源于共同东斯拉夫语;东斯拉夫语、西斯拉夫语和南斯拉夫语源于共同斯拉夫语;斯拉夫语和波罗的语源于共同波罗的斯拉夫语;波罗的斯拉夫语、印度伊朗语、阿尔明尼亚语、阿尔巴尼亚语源于共同 Satəm 语,Satəm 语和 Centum 语源于共同印欧语。① 从共同印欧语到现代俄语南北方言,经过了六个共同时期。这个俄语谱系表示三四千年来俄语发展的继承性,虽然俄语在历史上出现要晚得多,约公元十世纪。有文献资料可考的最古老的斯拉夫语是古保加利亚语,也叫作古教堂斯拉夫语。又如现代印度的许多方言或语言如印第语(Hindi),孟加拉语(Bengali),摩拉陀语(Marathi),瞿哲罗语(Gujerati)等,这些语言(或方言)的谱系就更复杂。可是阿尔明尼亚语和阿尔巴尼亚语历史较短,没有近亲的同支的姊妹语言,只好借助于其他较古语族的语言来联系共同印欧语。我们有理由说这两个语言和共同印欧语之间也有过一连串的环节,只可惜没有被保存下来。共同语概念在语言发展的继承性上是一个形式标志,对于语言研究的分类和分期有一定的意义。可是这种共同语本身却一般只体现在被保存的语言或方言的共同特征上。怪不得斯大林在强调语言的亲属关系的同时,附带纠正了关于"母语"理论的错误理解。②

恩格斯描写美洲各个印第安人部落的语言情况是"有独特的、仅为这个部落所有的方言。事实上,部落和方言在本质上是一致的;因分裂而形成新部落与新方言的事情,不久以前还在美洲发生,即至今日,也未必完全停止。在两个衰落的部落合而为一的地方,有时例外地在同一个部落内说着两种极为相近的方言。美洲各部落的平均人数在二千人以下;但是彻罗基部落却有二万六千人,这是在合众国说同一方言的数目最多的印第安人"。③ 恩格斯的发现对语言学上的"母语"理论可

---

① Centum"百",拉丁语,C-读舌根塞音;Satəm"百",古伊朗语,S-读舌尖或舌叶擦音,是共同印欧语 *k-颚化的结果。
② 斯大林:《马克思主义和语言学问题》,24 页,人民出版社,1971 年。
③ 恩格斯:《家庭、私有制和国家的起源》,89 页,人民出版社,1972 年。

说是一个深刻的透视。按照恩格斯的分析,部落方言和共同"母语"不是两个先后出现的东西,而是同时并存的现象。或者说,所谓共同语(如共同印欧语,共同日耳曼语)只能实际体现在部落方言里,如果共同语不仅仅是一个抽象的语言学概念或公式。恩格斯的论述使共同语这个概念变得有血有肉,有了具体内容。恩格斯应用这个原理来说明希腊语或拉丁语的发展史是完全成功的。我们应该避免机械地理解共同语,避免把共同语概念抽象化或简单化。

研究汉语方言,一般联系中古《切韵》、《广韵》音系,有时也联系以《诗经》为代表的周秦古音。《切韵》音系和现代方言的关系很像古教堂斯拉夫语同现代斯拉夫语族诸语言的关系。《诗经》音系跟现代方言的关系在理论上说也有点像拉丁语同现代罗曼语族诸语言的关系。《诗经》音系和《切韵》音系是汉语史的两个被保存下来的完整的环节,对现代方言具有共同语的意义,但不是虚构的。这两个环节当然还可以利用历代文献和现代方言以及其他资料加以补充和修正。对北方话来说,我们还可以增加一个近代环节——《中原音韵》。如果要问,这些被保存的环节的语音系统内部究竟是单纯一致的呢,还是包含了时间上和空间上不同的复杂成分?我们只能回答说,包罗古今南北的一个语音系统是很难想象的,可是一个地点(如长安)或地域(如长安到洛阳)的方言就是在古代也未必是很单纯的——从未经过不同方言的接触或影响。关于周秦时期或春秋以前的华夏语言分布情况,在原则上可以应用恩格斯关于美洲印第安语和古希腊语的论述。(春秋时代是中央集权的封建割据制度的开始,分散的部落语言或方言必然要发生大规模的联合。)

共同语内部如果存在方言差异,正是以后方言分化的潜伏因素。当然这种方言差异一般不至于严重地影响它作为互相了解的社会交际工具,所以不能因此否认共同语内部的统一。印欧语系演化的第一个环节是分为 Centum 和 Satəm 语,一般比较语言学家认为共同印欧语时期已经潜伏了这个分化的因素。这种纯理论的假设符合我们今天对于方言的经验。所谓共同语也必然已经经过长期的发展。如果分布面积辽阔,和旁的非亲属语言发生过接触,那么这个所谓统一的共同语内部必然是相当复杂的。古代语言学家根据当时的科学水平,从事于客观的描写和分析,并不排斥处理手腕的灵活性,权衡轻重而有所取舍。

5. 语言分化和整化的因素。人们生活的共同体——氏族、部落或部族,由于人口增加,不得不向周围分散,分布面积日益扩大,距离较远的各地区的居民形成了独立的或半独立的生活集体,彼此来往减少,如果有山林沼泽的天然阻隔,竟至完全隔绝。这样,原来相同的语言在各地区会发生不同的变化,差别逐渐增加,形成不同的方言。在特定的历史条件下,有些方言还可能发展为独立的语言。这是原始公社时期、奴隶制时期、封建制时期最自然的语言分化现象。古汉语和古斯拉夫语大概都经过这种情形。起阻隔作用的地理因素,到资本主义时期,随着交通工具的改进,逐渐被克服了。河流是天然的阻隔,同时也是天然的交通线,可以助长方言的分化,也可以促进方言的接近。

历史上经常发生人民集体迁移的事实,有些是由于武装侵略,也有些是由于和平垦荒,语言随着使用者的分离而走上分化的道路。一个整体分裂为两三个较小的集体,初分离时不同地区的社会集体当然还是说着完全相同的语言,可是在迁移的路途中和新居的环境里必然会遇见许多新鲜事物,这就会给语言带来新的成分,同时又丢掉故乡母体语言里一些用不着的成分,方言的差异自然就产生了。因迁移而形成新的方言,汉语里可以拿客家话作为一个典型例子。可是客家人从北方的故乡迁移到遥远的南方,今天客家话及其母体北方话究竟有哪些共同的语言特征,还没有被揭示。欧洲有两个出名的亲属语言——芬兰语和匈牙利语,地理上遥遥相隔,必然是远古时期长途迁移的结果,可是他们的故乡(一般相信是在亚洲)已经找不到了,要从语言成分上找出长途迁移的历史痕迹,那就更困难了。因为两三千年来地球上居民的变动是不断发生的,历史学家和语言学家在这方面还要做许多考证和调查工作,还要克服许多严重的困难。近代史提供了许多确凿的资料,可是问题的性质大不相同。资本主义初期,欧洲人不断大规模的殖民,侵占了南北美洲、非洲、澳洲的大片土地。资本主义时期的历史条件不同于古代,英国本土、北美(美国和加拿大)和澳洲的英语经常保持接触,发展到今天还保持着统一的局面,方音的细微差异并不严重地影响交际,所以也没有变成几个独立的语言。

居民逐渐向周围扩展,或者集体向远方迁移,都会发生不同民族、不同语言或方言间的接触和相互影响。两个部落或部族的接触可以采取各种不同的方式:侵占、征服,或和平相处。如果是侵占或征服的方式,结果总是文化高和人口多的语言影响了或者替代了文化落后和人口稀少的语言,广大人民的语言战胜了或者同化了少数异族统治者的语言。而继续保存和发展的语言,在一定地区内,因为与外族接触特别密切和频繁,也会吸收外族语言中有用的成分而形成自己的方言特点。十一到十三世纪法国北部人征服并统治英国,给英语词汇带来了大量的法语成分,如 beef(牛肉)、mutton(羊肉)、pork(猪肉),不同于英语固有的词 ox(牛)、sheep(羊)、swine(猪)。可是蒙古人和满洲人征服和统治中国,给汉语带来的影响却是微小的。"站"(驿站)、"胡同",几乎是汉语中仅有的蒙古语借词。满洲人则终于采用了汉语。至于和平相处的形式,首先是通商贸易,文化交流,其次是互通婚姻,使不同的语言有更多互借的机会,取长补短,互相丰富。广州话近百余年来吸收了一些英语词语,如"波"(boll)、"恤衫"(shirt)、"燕梳"(insurance 保险)、"巴士"(bus 公共汽车)。东北人管面包叫"裂巴",管皮鞋叫"巴金卡",借自俄语 хлеб 和 батинка。又如广西壮语北部方言和贵州布依语属于同一语支,距离很近,可是过去壮语不断吸收粤语词语,布依语却借用西南官话词语,这就使二者增加了一定的差异。两种不同的语言互相接触,通常只是使一方或双方的词汇更丰富,并不产生新的第三种语言。十八世纪以来,亚非拉美很多地方出现了一种所谓洋泾浜语言(Pidgins),词汇采用原殖民者语言,语法结构服从本族语。这种语言简单贫乏,只能起有限的交际作用,大多是短命的。但如果通过使用逐渐丰富起来,则也不是没有可能作为本族语存在下去。

语言分化为方言以后,方言间的差异是逐渐增加的。有些方言长期保持一定的距离,另外有些方言则在同一时期可以变得距离很远。这种不平衡的发展必然有很复杂的原因。有些语言学家认为民族成分的单纯和复杂是重要的原因之一。比如南岛语分布在东南亚和南太平洋的许多岛屿上,地理上遥遥相隔,可是语言或方言的差别并不太大。

这多少是因为海洋上不同民族混合的机会较少,民族血统比较单纯,语言受外来影响自然也较少,所以各地的方言不容易发生急剧的变化。又如蒙古语主要分布在我国内蒙古自治区、甘肃、青海、新疆,蒙古国以及俄罗斯的西伯利亚。蒙古语中心分布地区的方言差别还不算太大。在这一片广漠的地区,不同民族的接触和混合机会大概也不很多,所以方言的分化和演变也不至于十分急剧。过去长时期内,蒙古人过着游牧生活,居民经常流动,方言区的形成和巩固也比较困难。相反,汉族人民过去长期处于封建统治之下,农村经济生活是分散的,这为方言土语的形成和巩固创造了有利的条件。可是应用民族融合的理论来说明汉语方言的历史和现状是有困难的,这方面还需要作很多考证和调查。比方说,春秋战国时期,中国境内的华(夏)、夷、戎、狄、蛮等部落或部族已经经过了大规模的联合和融合;战国以后,秦、楚、吴、越以至徐戎、姜戎、淮夷、蜀人、庸人等部落都包括在"华"的概念里了。[①] 上古的这些部落是不是使用同一语言的亲属方言,到今天还是一个疑问。按照《左传》涉及语言的记载,有些部落的语言似乎不是华语(汉语),至少彼此距离是很远的。例如:

(戎子驹支说)我诸戎饮食衣服,不与华同,贽币不通,言语不达。(《左传·襄公十四年》)

楚人谓乳穀,谓虎於菟,故命之曰鬥穀於菟。(《左传·宣公四年》)

这两段记载说明中国古代有些部落语言超过了一般亲属方言的关系。这些异族同华夏族混杂在一起,经过长期的斗争——歧视、压迫、奴役,他们的语言终于随着秦汉的统一消融在华语——汉语里,被同化了。如果这个推测符合事实,异族相处对于古代汉语方言的分化局面,就不能说没有影响。关于上古汉语方言的异族影响的推论,原则上也适用于中古时期的"五胡",只是发生在不同的语言基础上,历史条件也大有改变了。

[①] 参看李亚农《西周与东周》,第一章,1—14页,上海人民出版社,1956年。

语言的整化严格地说只指亲属方言的趋于统一,但是有时也指非亲属语言或不同的语言的同化。语言的整化和统一必然以一个有权威的方言或语言为基础。所谓有权威的方言或语言,是指使用者政治地位和文化水平高于其他的部落或部族,特别是这个方言或语言已经建立了丰富的文学传统。整化也跟分化一样,是一个长期的运动过程。古代部落的联盟和合并,如果他们说的是亲属语言或方言,而且他们的政治地位和文化水平也不分高低,这些语言和方言就可能同时并用,互相影响,互相渗透,同时向政治文化的中心地点集中,完成整化和统一的过程。这个政治文化中心的话在古希腊语叫做 koine,即共同地点方言,指原来是一个方言的中心城市的口语,如雅典话之于 Attica 方言,或罗马话之于 Latium 方言。汉语中,广州话之于粤方言,梅县话之于客家方言,情况相类似。可是有些方言只是好些土语群的总称,内部分歧很大,没有一个享有较高威信的地方话,例如吴方言。

语言的整化和统一,实际上就是方言的集中和消磨,通过基础方言所形成的标准语作为整个部族或民族的文化工具发挥了普遍的深刻的教育作用,尤其是在资本主义时期通过政治经济的集中。汉语各个时期的历史条件是复杂的。从春秋战国到秦汉的统一,汉语经过了急剧的大规模的整化,代代相传的书面语言更形巩固。但是长期的中央集权的封建社会并不能改变农业经济的分散状态,文化教育只是封建统治阶级的特权或专利,所以日益脱离口语的书面语言并不能消灭方言分歧的局面。换句话说,书面语言没有能够很好地结合一个有权威的基础方言,方言集中的力量太薄弱,分歧的方言土语不但不能逐渐消磨,反而在半独立状态中平行发展,结果各方言间的距离愈来愈远,方言和书面语言的距离也愈来愈远,虽然两个对立面的互相影响和渗透也从来没有停止过。宋元以后,汉语北部方言呈现集中趋势,北方话逐渐向民族语发展,并在口语基础上逐渐形成一种新的书面语。但只有到"五四"时期白话文运动和一九四九年中华人民共和国成立以后汉语规范化和文字改革运动开始,汉语的发展才真正适应汉族人民经济政治文化生活的需要,起着急剧的变化,为普通话的发展和方言的集中与消磨开辟了康庄大道,方言的分化和分歧开始让位于汉民族语的整化和统一,虽然长时期内在一定程度上民族共同语和方言还是要并存——平行使用的。语言的整化可以说是资本主义时期及其以后的语言发展的主流。马克思和恩格斯在《德意志意识形态》中说:"在任何一种发达的现代语言中,自然地产生出来的言语之所以能提高为民族语言,部分是由于现成材料所构成的语言的历史发展,如拉丁语和日耳曼语;部分是由于民族的融合和混合,如英语;部分是由于方言经过经济集中和政治集中而集中为一个统一的民族语言。"①这一个概括的公式完全适合于说明汉语方言发展的历史和趋势。

语言的分化和整化是语言发展的基本运动形式,分化是离心的分散或分离,整化是向心的集中或统一。分化的初期,母体和各个分支依不同的历史条件可以保存不同的关系:从属,联盟,并行,或者独立隔绝。"母语"和支裔的关系却是个纯历史语言学的概念。在这个理论基础上,我们能够正确地、全面地认识方言的形成和变迁。当然,我们必须结合一个具体语言(包括方言)的历史研究和描写研究,才能深刻地体会和阐发这个理论,马克思主义的理论在语言学上的应用是需要语言学家不断地来丰富的。

作为描写研究的对象,一个方言就是一个语言单位,是全民性的,有它的语音系统、基本词汇和语法结构,所以语言和方言不是两个对立的概念。假使我们接受索绪尔的语言(le langage)、言语(la langue)和话(la parole)的说法,则方言是言语或话,带有地方色彩的活的口语。桑席叶夫用"话"(речь)这个术语包括语言和方言两个概念②,这说明方言和语言虽然决不应该等同起来,可是也决不像河水不犯井水似的可以完全划分开来。

6. 从历史发展上看,方言这个术语只是对共同语——抽象的原始语或民族共同的标准语说的。几个方言是一个共同语的继承,或不同的方言从属于民族共同的标准语,是包括在民族语里面的地方形式。

---

① 马克思、恩格斯:《德意志意识形态》,《马克思恩格斯全集》(第三卷),人民出版社,1960年。

② 桑席叶夫等:《论方言、少数民族语言》,3页,东方书店,1954年。

民族共同语，或简称为民族语，具有统一的标准和规范，内部一致，单就这一点说跟上面所谈的原始共同语概念是相通的。民族共同语是书面和口头统一的形式，也叫作文学语言，是长期历史发展的结果，内容是无限丰富的，对方言有无比的约束力，自身在一定意义上是超方言的，这一点就不能跟抽象的原始共同语混为一谈。这儿需要申说一下民族和民族语这两个概念。民族是资本主义时期形成的历史范畴，民族语却是个不同性质的历史范畴。按照不同的历史阶段，我们可以说部落语言，部族语言和民族语言，因为语言不能脱离语言的创造者和使用者而存在。可是我们决不能说奴隶制的语言，封建制的语言，资本主义的语言。时代的变革必然引起语言内部、特别是词汇方面的或大或小的变革。但是语言是社会交际的工具，不需要也不可能产生爆发性的革命。"所以语言比任何基础，任何上层建筑都生存得长久得多。这正说明，不仅是一个基础及其上层建筑的产生与消灭，而且好几个基础及其与之相适应的上层建筑的产生与消灭，也不致会在历史上消灭一种语言，消灭一种语言的结构，产生具有新的词汇和新的语法构造的新的语言。"①关于汉民族语的形成和发展，经过了几度不同规模、不同方式的分化和整化，我们必须联系汉族人民的历史才能有正确的认识。但是我们不应该把汉民族语和汉民族两个不同性质的历史概念混淆起来。比如有人认为中国资本主义萌芽于明末或清季，我们决不能因此就推断汉民族语开始形成于明末或清季。中国长时期停滞在封建主义阶段，从鸦片战争到1949年全国大陆解放为止是个半封建半殖民地国家，可是决不能因此机械地给汉语作出类似的历史分期。

汉语和它的方言的发展史的突出特点就是书面语言的统一，书面语言和口语的脱节，方言处于半独立状态而同时从属于书面语言。这种状态跟汉族人民的经济政治文化生活是分不开的。方言口语和书面语言距离很远。各方言平行发展而同时不断地接受书面语言的影响，读书音和口语音在有些方言里（如闽南话）几乎形成了双重系统。直到"五四"运动才出现了新局面，文白逐渐接近起来。

---

① 斯大林：《马克思主义和语言学问题》，6页，人民出版社，1971年。

7. 前面提到"方言差异",这个概念可以指一个方言内部的细微差异,成为方言继续分化的潜伏因素,也可以指方言间相符或相异的特点,即同言线的空间分布。方言是一个语言整体或单位,是一个完整的系统,而方言差异是一个语言系统里面或几个方言系统中间的突出标志,意味着方言现象是同中有异,异中有同。习惯上我们应用方言这个术语时,往往专指方言间的差异标志,撇开了方言间的共同部分——方言作为语言的分支的主要方面。

我们不妨给方言下一个适当的定义:方言是共同语的继承或支裔,一个方言具有异于其他亲属方言的某些语言特征,在历史时期往往从属于民族的统一标准。这个定义可以包括所谓"语言的地域性的变体"。地域性(包括地点性)对语言或方言的本质和发展不是主要的,但习惯上我们往往按照方言通行的地区给它起名字,如汉语北方方言,吴方言,湘方言,赣方言,粤方言,闽方言等。可是客家方言却是按照居民来源或成分说的。语言学家所关心的首先是语言的系统和特征,其次才联系到语言或方言的使用者的人文历史方面。比如四川华阳凉水井客家话,根据语言系统和特征属于客家方言,在西南官话区形成了一个孤立的方言岛,单说华阳凉水井方言(或土语)就会误以为属于西南官话系统了,其实"近邻"和"远亲"不是一回事。在有些方言边缘或交接的地带,划分方言界限往往感到困难,也必须根据语言本身的特征斟酌决定。方言界限是在长期的一定的历史和地理条件下形成的,居民的流动性和社会关系(包括贸易、婚姻等)对方言区的界限经常发生影响,所以我们常常发现方言分界不符合于现代的行政区域的分界,甚至有些地带是多方言区。古代地广人稀,交通困难,方言分布现象也许比较单纯,近代或现代的历史条件就大不相同了。(亚洲、欧洲和美洲的语言和民族的具体情况也是不完全相同的。)

上述定义多少可以帮助我们解决划分语言间和方言间的区别的困难。比如东斯拉夫语包括俄罗斯语、乌克兰语和白俄罗斯语三个独立的语言,北日耳曼语包括丹麦语、冰岛语、瑞典语和挪威语四个独立的语言,因为每个语言是一个独立民族的语言,虽然彼此间的距离并不很远,在很大程度上还是能互相了解的。另一种情形如印度中古方言发展为今天的印第语、孟加拉语、摩拉陀语、瞿哲罗语等,都在一定时期以内发展了各自的文学传统,其中印第语使用人口最多,是印度的主要语言,孟加拉语也有相当丰富的文学遗产,这些都未尝不能算作不同的语言,虽然今后发展的方向是向印第语集中。另一种情形如德语在历史上有北方低德语和南方高德语之分,十六世纪以后以南部撒克森方言为基础发展了德国的统一的语言,虽然南北方言至今还保持了显著的距离。汉语有些方言间的语音差别几乎像法语和西班牙语的差别那么大,可是秦汉以来始终隶属于统一的书面语言,近代以主导的北方方言为基础正在形成和发展汉民族共同的普通话。区别语言和方言,首先要依据语言特点的异同。可是作为一个部落、部族或民族的社会交际和文化教育的工具,统一的共同语传统同样是一个必不可少的参考标准。在尚未创制文字或建立标准语的氏族、部落、部族语言,"方言"和"语言"实际上是同义词。

科学术语的定义带有概括性和抽象性,概括性和抽象性愈大,定义也就愈加严密。但是和具体实践相结合时,定义的运用有一定的灵活性,(当然不能歪曲定义)单靠定义就等于硬搬教条,并不能解决问题的一切困难。何况像方言这类术语,还没有人人一致同意的毫无漏洞的定义呢。语言学家处理一个语言的方言时,必须从实际出发,通过有计划的调查,掌握足够的语言材料,经过细密的分析和比较来认识各地口语的异同,从语音、词汇和语法三方面观察,然后得出综合的印象和结论。划分方言是描写语言学的任务,也是历史比较语言学的任务,同时还要参考人文历史的各方面,帮助我们说明和了解方言分合和发展的历史和现阶段。汉语方言有了长时期的发展,一般人根据传统的说法分为官话、吴语、粤语、闽语、湘语、赣语、客家话等,基本上是符合实际情况,可是要说出科学的根据却是描写语言学和比较语言学的任务。近人研究汉语方言,着重语音系统的分析和比较,虽然不够全面,但在草创阶段还是切实可行的,因为长时期的书面语言的统一对各方言有很大的约束力,方言间的词汇语法差异往往是细微的,不是十分显著的。可是依照现代科学的要求,方言现象的错综复杂使我们不能满足于过去印象式的初步分类。单单划分方言区还远不能揭示方言间的关系。用方言地图上的同言线表示方言间各个方面、各种类型的异同还没有足够的经验,把千头万绪的方言现象化为简明精确的条理,避免重复和遗漏,进一步联系人文历史的各方面,这些工作还有待于今后的努力。至于我国有些少数民族语言,由于一向缺乏政治经济的任何形式的集中,过去多半没有文字,没有建立以一个权威方言为基础的标准语,人文历史也缺乏丰富的文献资料,所以调查研究他们的方言土语,工作就更加繁重。我们给这些少数民族语言划分方言时,先从语音下手,再比较词汇和语法的异同,乃是必须遵循的工作步骤。关于汉藏系各语言的方言词汇和语法研究,我们还在摸索和积累经验的阶段。一个方言内部有时可以划分为几个次方言。次方言往往就是一个土语群。习惯上管一个小小地点的方言叫作土语,如一个城市或乡村的话。两个邻镇或邻村之间也可以存在方言或土语的差别。方言、次方言、土语和土语群这些术语要按照语言的具体需要适当地运用。("次土语"这个术语似乎没有多大用处)有些语言学家力求术语简单,不管方言或土语都叫作方言,在综合比较研究时会感到不便。总之,划分方言或土语应该以语言特点的差异为依据,而不应该凭借听得懂或听不懂的印象,也不应该受民族或地域名称的迷惑。

参考文献

恩格斯:《家庭、私有制和国家的起源》三,易洛魁人的氏族,81—96页,人民出版社,1972年。

斯大林:《马克思主义和语言学问题》,人民出版社,1971年。

阿瓦涅梭夫:《方言、方言学》,人民出版社,1954年。

第二章 汉语方言学

1. 汉代经师研读先秦典籍,辨识异文,考订字音,建立了训诂学。扬雄别树一帜,搜集当时各地的口头词语,编纂了一部方言比较词汇——《輶轩使者绝代语释别国方言》。魏晋南北朝隋唐时期,许多博学的佛教徒翻译佛经,有些学者受了印度声明学的影响,致力于汉语语音或字音的分析,建立了音韵学。这个悠久的传统到了明清学者又得到进一步的发扬。现代的汉语研究继承了古代的优秀传统,又在西方十九世纪以来的历史比较语言学的影响之下开拓新的园地,呈现了空前蓬勃的生气。可是扬雄虽然那么早做出了搜集方言词汇的范例,后世学者却几乎不敢越雷池一步,考古证今往往局限于考求本字,专门追求俗语和古字的印证。例如"框架"在现代吴方言有"骨子"(骨子里,骨疑即梱)、"匡当"(框当,门边横木)等同义词(《说文》:梱,匡当也),"拖"、"馁"按《说文》似应作"扡"、"萎"(手部:"扡,曳也";草部:"萎,食牛也")。① 汉字不适于转写口语,更不适于转写外族语言,这多少是不利于语言科学发展的因素之一。但现代的科学技术水平终于克服了传统精神中的缺点。

2. 古人研究方言,专门搜集俗字俚语,在欧洲也不能例外。欧洲最早的方言词汇出现于十八世纪。十九世纪中叶俄国科学院出版了《大俄罗斯方言词典稿》。方言特殊词汇指不见于书面语的词语,或者意义上和用法上起了不同变化的词语。方言里有时还发现只见于典籍而不见于现代书面语的词语,致使有些学者相信某些偏僻地区的方言多少保存了比较完整的古语面貌。其实方言词汇中一部分可能是古语的保存,一部分却是创新或别有来源的,也有一部分是不易稽考的。例如,吴方言无锡、江阴读 huŋ°(闻闻),温岭读 ɕyuŋ°,广州俗字作"烘",就是《集韵》里的"嗅"字:"嗅,香仲切,鼻审气也。"南北各地曾经通用的口语"那膜"(南无)ˬna̱mo,意思是合掌拜揖,是中古时期通过佛经从印度语借来的。《穆天子传》中的"膜拜"是半印半汉的新造词。吴语"推板",ˬt'e•pe(苏州音,意谓怠慢,稍逊,略差,见《海上花列传》),与《玉篇》中嬯婗:"嬯婗,无宜适也",音义相近,是同源词。可是贾谊《新书·劝学》中的儃僈:"然则舜僶俛而加志,我儃僈而不省耳",疑即怠慢,与嬯婗是否同源或者有无派生关系,却是个疑问。② 古人利用方块字转

---

① 杨树达:《长沙方言考》,见《积微居文集》卷下。
② 胡文英《吴下方言考》卷五:"儃僈:音摊婗";又,"嬯婗:音摊爿"。按儃僈一作诞谩,亦作谵谩。

写口语,跟我们今天的习惯也差不很多,代音未必十分谨严,这就增加了词源考释的困难。

3. 十九世纪初期,欧洲语言科学呈现了新的生气,有些语言学家开始注意到方言的特殊语法。欧洲最早的方言语法著作要推德国 Johann Andreas Schmeller 的《巴伐利亚方言语法》(1821 年)。汉语表意文字不易显示词形变化,因此我们对于古汉语的形态问题还缺乏正确的认识。今天汉语方言语法的调查研究较少涉及构词法与句法,而多限于语序和代词、语助词。语序的差别毕竟是微小的。而代词和语助词从语源学的角度看又往往无法比较。比如人称代词"我、你、他",复数后加"们";厦门话说"我"ᵤgua,"汝"ᵤli,"伊"ᵤi,复数后加-n:ᵤgun,ᵤlin,ᵤin;上海话说"我"ŋu,"侬"ᵤnoŋ,"伊"ᵤi,第三身吴语有些地方是"其"(?);ᵤge(常熟)或:ᵤgi(崇明,温州),复数"我伲"ŋu·ni(或简化作"伲"ᵤni)或"阿勒"aʔ。laʔ。,"那"na,"伊啦"i·la,第三身有些地方是"其(?)笃"ᵤge·toʔ;广州话说"我"ᵤŋo,"你"ᵤnei,"佢"ᵤk'œy,复数后加"哋"teiʔ:这些词形的语音差异是明确的,词汇上也有分歧。从词源上说,上海"侬"与众不同(温州读"能",写作"人"字),吴方言ᵤge、ᵤgi 和粤方言ᵤk'œy 有无关系,也还是个疑问。最令人迷惑的是复数形式的词尾,北方话"们"·mən 和闽南话的-n 虽然貌似,但未必同源,跟吴方言的-la,-toʔ 和粤方言的 teiʔ 除语法作用相同外,也不相干。表示领属关系的后加成分也说明了同样的问题:"我的",厦门话ᵤgun·e,上海话ŋu·gə,广州话ᵤŋo keʔ。这类构形成分,极少是共同的,叫我们无法窥探较古汉语的真面貌。语序和语助词的异同也同样不能说明共同语源的问题。比如说"你先走吧",厦门话"你行在先 ɔ"ᵤli kī ā taiʔᵤsī·ɔ,广州话"你行先"ᵤnei chaːŋ ᵤsin,上海话"侬先去吧"ᵤnoŋ ᵤsi tɕ'iʔ·ba,但"伊来快哉"iᵤlɛk'uaʔ·tsɛ,这些例子只是说明闽、粤方言语序近似,吴方言语序介乎北方话和闽、粤方言之间。句尾语气词灵活性就更大,各方言几乎自成体系,虽有偶合,但是互相比较并不能说明什么语源关系。吴方言句尾语气词"哉"有人以为就是古汉语的"哉"(《诗经》"亦已焉哉",《书·尧典》"我其试哉"),其实严格地说也只能算是巧合或近似的一个例子。(古汉语"哉"字多表示感叹语气,吴语"哉"用法则是多样的。)这类语气词几乎同感叹词差不多,不宜于作为语源比较的凭借。比如现代口语中的"啊呀","啊噫","喔唷",音义近似"伙颐","嘘","喊",这些都是比较特殊的语言材料,古今中外相差无几。(《史记·陈涉世家》:"伙颐!涉之为王沈沈者。"又《外戚世家》:"嘘!大姊!何藏之深也。"喊,《方言》:"声也。"《玉篇》:"喊,呼麦于六二切,声也。")语法形态是语言中最稳固的部分,印欧语学者以形态系统的比较为首要任务。可是研究现代汉语方言显然不能持有这样的成见,因为汉语不同于印欧语曲折语类型,汉语方言分化(从春秋战国时期)以后平行地或半独立地发展,长期间已经形成很大的距离了。

4. 方言间基本词汇和语法结构照例是大部分相同的,所以方言词汇和语法的研究总偏重于相异的或不同于标准语的特殊部分。可是共同的词汇和语法成分,由于语音历史演变的结果,面貌未必相似,必须运用比较方法找出对应规律,指明同异的详细条例。"我"读 ^{c}uo,$_c$gua,$_c$ŋu,$_c$ŋo,"你"读 ^{c}ni,^{c}nei,完全符合北京话、厦门话、上海话和广州话各自的内部语音规律;$_c$ge,$_c$gi(其?),$_c$k'œy(佢)在没有足够的证据说明是类推作用的结果以前,只好算作不同的词。(广州话第三身人称代词 k'œy 读阳上,可能是受了第一第二身的影响,从阳平变为阳上,取得一致,可是韵母的对应依然不符合一般条例,广州"其"读;$_c$k'ei。)

方言研究要从横切面的描写,特别是语音的描写入手,然后进一步作纵的历史的比较。个别方言的特殊语言成分(词汇和语法)有些是外来的影响或独立创新的结果,也有些是古语的保存而在其他方言中消失了,分别指出它们是语言学家的任务。让我们再举些例子说明这个意思。粤方言"鸡公"$_c$kai,$_c$kuŋ(公鸡,动物阳性),"鸡乸"$_c$kai ^{c}na,"鸡项"$_c$kai ^{c}hoŋ(母鸡,动物阴性),吴、湘、闽、客诸方言也能找出类似的词形,但绝少见于北方话。其来源我们不妨暂作以下的假设:1.古方言词的遗留,2.从壮语或其他少数民族语言借来的,3.从一个已经消失了的语言借来的,4.独立的创新。这几个假设在没有充分的证据以前只好存疑。但从这几个方言曾经有过比较密切的关系,以及其他方面(如地域接近)考虑,方言间的互借就是很可能的。如果说这种共同现象是各方言不谋而合的独创,就无异于说这些现象是孤立的,没有内在联系的了。不同方言间有些相同特征，可以是互相影响或渗透的结果，也可以是起于共同渊源的平行而一致的发展的结果。比如山东、江苏北部、河北南部、河南、湖北有些地方"我"说成"俺"，是北方话内部的创新，可能是由于"我们"有些地方（如湖北）读 ₍ca·mən，连读变成 ₍cam·mən 或 ₍ca mən，于是应用一种特殊的类推方法——还原构词法（back-formation），从 ₍camən 得出 ₍cam（俺），终于代替了"我"，按照北方话的语音结构规律，₍cam 又变成了 ₍can①。创新的方式是多样的，有时要符合语音规律才能作出令人信服的解释。例如"今天"北京说"今儿"₍tɕiɚ，如果说是"今日"（₍tɕin·ʐʅ＞₍tɕin·ɚ＞₍tɕiɚ）变来的，似乎符合于北京一般儿化韵的演变规律；济南 ₍tɕi·mɚ，宁波 tɕiʔ mɿ tsʅ⁼（"吉"密子），似乎保持了中古音的痕迹。但同样的一个词在粤、客方言由于第二音节不读轻音，便起了不同的变化：广州 ₍kam jat₂＞₍kam mat₂（顺同化），梅县 ₍kim nit₂＞₍kin nit₂（逆同化）。语源考释包括单词、词形和语法成分，在汉语还得注意字形和字音的识别，但不完全等于考求本字。汉字经过长期发展，有时不同的字代表同一个词，如"霉、黴、徽"、"搓、蹉"、"缝、绀、幝、啴"，这类例子不可胜数。有时同样的字却代表了不同的词（包括同音假借）。如"虹"读 ₍xuŋ，口语作 tɕiaŋ˦，是古方音的保存，吴语区还有一个同义词 hyɤ˦（苏州），hɤ˦（上海），hei˦（无锡、江阴），虹带雾气，杨慎《丹铅录》作"鲎"，翟灏《通俗编》作"毂"，李诩《俗呼小录》作"吼"，《通雅》引谚"东鲎日头西鲎雨"。又如"好"读上声（好坏）和去声（爱好，吴语与"孝衣，戴孝"的孝字同音，《释名·释言语》："孝，好也"）；"去"口语有 tɕʻy˦，kʻiˀ（或 kʻɯˀ）两读（"朅"字 kʻiˀ, kʻɯˀ 渐被废弃）②。方言口语忠实地保存了古词的音义。方言区通用的俗字，有时利用同音替代，在搜集方言词汇时有一定的参考价值。

5. 方言研究纠正了过去对待方言的非历史观点。方言从属于民

---

① 《湖北方言调查报告》，第一册，29 页，商务印书馆，1948 年。"俺"在山东和旁的一些地方单复数不分，是一个佐证。比较北京土话 ʻm·mə。有时简化作 ʻm，也是从"我们"变来的。咱们 ₍tsan＜咱们 ₍tsa·mən 的演变过程更近似"俺"。

② 章太炎《新方言》序所述"转语"六例，多与方言音义转变有关。

族共同的标准语,但和民族共同的标准语一样是同一语言的继承和发展。方言并不是标准语的分支,方言里不合于标准语的特殊词语、词形、词义和语法现象,是受方言自身的发展规律所支配(语音演变、类推、借贷、创新),并不是标准语的歪曲。当然,标准语对方言有无限的约束力和深刻的影响,而且标准语自身也建立在一个方言的基础上,不断地加工和规范化,不断地吸取其他方言的有用成分来丰富自己(往往通过文学作品)。所以方言和标准语间的关系是千丝万缕的,语言学家要条分缕析地指出来龙去脉。

方言或方言现象不是孤立的。要全面地研究方言就得分三个步骤,也就是把方言研究分成三个主要方面。第一,方言本身的调查,搜集丰富的精确的材料,系统地描写它的语音、词汇和语法。(借词或外来影响可以包括在内或分别处理)第二,方言和标准语比较,找出二者的语音对应条例,词汇和语法的异同,这样就可以理解二者是同一语言的分化和发展,并为全民族统一的标准语的发展(普通话的推广)服务。至于一个方言和其他方言比较,或者几个方言互相比较,也属于这一性质。第三,把以上研究的结果,跟该语言的较古阶段比较,揭示这个语言分化和发展的过程。后二者可以合并处理:姊妹方言的语音对应条例是平行发展的结果,是分歧复杂的语音现象的系统化,联系历史可以揭示语音演变和分化的条件。第一种是描写语言学的工作,后两种是历史比较语言学的工作(也是历史方言学的任务之一)。

这样按部就班地进行调查研究是合理的和必要的。尤其是还没有文字,还没有建立文学语言的陌生语言,它的方言往往是分歧复杂的,更必须这样做。这种语言既然没有历史记录,我们就无从联系它自己的较古的历史阶段,而只好联系跟它有亲属关系的语言。比如彝语方言可以联系藏缅语,壮傣侗水语方言可以联系泰(暹罗)语。各亲属方言互相联系也有同样重要的意义,要运用比较方法才能揭示语言分化和发展的历史。事实上,我们知道,方言和标准语的差异,亲属方言间的差异,有各式各样的具体情况。所以我们实际处理一个语言的方言时,不妨斟酌轻重缓急,集中注意一个或几个方面。不然,方言研究就几乎占有了语言学的全部领域,而忘掉自己的特殊领域了。

6. 方言学的特殊领域就是欧洲十九世纪八十年代兴起的方言地理学(或语言地理学)。十九世纪中叶,语言学家开始纠正了过去的偏向——过分重视语言的历史材料而轻视或忽视活的方言口语(这种偏见至今并未绝迹)。新的发展趋势导致了方言地理学的建立。1876—1881年,德国Georg Wenker 调查了德国北部和中部的方言,绘制了六幅德国方言地图。1897—1910年间Jules Gilliéron的法国方言地图,1915年出版的欧洲部分俄罗斯方言地图稿,1928年以后K. Jaberg和J. Jud的意大利方言地图,规模宏大,奠立了欧洲方言地理学的基础。后来陆续出现了丹麦,瑞典,罗马尼亚,美国新英格兰的方言地图。1957年苏联科学院出版了莫斯科以东中央各省的俄语方言地图。方言地图使语言发展的现阶段的空间分布一览无遗地呈现在我们眼前。并且由于语言分化和发展的不平衡性,现代语言现象的地理分布往往能够透露语言发展过程中的许多重要情况,历史文献里所找不到的情况。这样就克服了历史比较语言学中存在的某些困难,提供了历史比较语言学用以"构拟"古音的最强有力的根据。例如北京音没有入声韵,要直接联系《切韵》音系就很难理解,但闽、粤、客方言保存了韵尾-p,-t,-k,吴方言简化为-ʔ,江淮方言苏北有些地方弱化为喉部肌肉的紧缩,阴阳入有分的(少)也有不分的(多),北方话山西中部北部和河北张家口专区也有类似情形,这些分散的现象串联起来,不是正好可以说明北京音入声和入声韵消失的过程么?方言的过渡地带,好像语言发展的过渡阶段,在描写研究和比较研究上都有特殊重要的意义。

方言地理学揭示了一个重要的语言事实,就是每一个方言特征(不论语音、词汇或语法方面的)有一定的分布区域,不同的方言特征可以有或者往往有不同的分布区域,即方言差异在空间的体现。一幅方言地图是用线条绘出一个方言特征的地理分布。方言地图的绘制首先要作有计划有系统的调查。关于语音符号的内部统一和调查点的疏密和选择都要严格地规定,精确地记录方言现象。地图上的界线叫作同言线(isogloss),它往往是曲折的,不规则的。许多代表不同方言特征的同言线集中在一幅综合的地图上,有些线部分地互相吻合或重叠,这就形成了不同的方言区;还有些线互相交叉,错综复杂,使方言区的划分很不稳固和明确。同言线"网"曾经使 Gilliéron 和其他一些语言学家作出片面的推论：每个方言特征多少是孤立的个别现象，方言的划分只能拿个别特征的同言线作标准，而几个同言线的吻合只是偶然的。他们只承认语言中的方言差异，而竟否定方言整体或方言区的存在！

其实，几个同言线互相吻合而形成的线"丛"，正是方言区间的显明的疆界。许多同言线的交错，表示这个语言和它的方言曾经经过不同的历史时期，在不同的历史条件下，新质的扩展和旧质的消磨好像浪潮的涌退，用彼此矛盾和互相影响的方式出现并稳定在不同的区域里。但不同的同言线也不应该等量齐观，有些线只代表个别的词语和个别的语音，有些线却关系着语音结构或语法体系的重要部分，不消说后者是主要的，应该作为划分方言的依据，而前者是次要的，也许只是土语群内部的分歧，并不牵涉方言的整体。方言地理学的同言线理论是符合我国古典传统精神的。扬雄早在两千年前就已经揭示了方言词汇分布的错综复杂情况。比如齐语词汇跟其他方言约有以下各种联合一致现象：齐鲁，齐宋，荆齐，齐楚，齐赵，燕齐，青齐兖冀，齐鲁青徐，齐燕海岱，齐楚江淮，梁宋齐楚北燕，齐楚宋卫荆陈等。东齐显然是另一方言，跟其他方言的共同词汇有以下的分布情况：东齐青徐，东齐吴扬，东齐陈宋江淮，东齐北燕海岱，东齐秦晋等。齐和东齐是两个邻近的土语群，所以扬雄《方言》里还有"杂齐"这样的称呼。（孟子所谓"齐东野人之语"，是比较笼统的说法。）另一方面，方言地理学纠正了早期历史比较语言学留给我们的一种错误印象。十九世纪八十年代以前，语言学家为了建立语言系属的分类和分期，认为语言的分化一般采取突然分裂的形式，不同的语言间或方言间有划然的鸿沟，不同的历史阶段是截然分明的。可是方言研究让我们体验到语言分化或整化的缓慢发展和逐渐过渡的实质。

7. 历史文献所保存的材料不能完全告诉我们关于语言的一切具体细微现象，尤其是语音方面。语音的历史研究，即使在拼音文字，多少也局限于抽象的音类的分析和音类间关系的说明。汉语音韵学就更是如此。为了说明历史上的语音演变，我们有时不得不借助于推测和假定。现代方言或方音作为研究对象却是具体的，通过观察、辨别和分析，必要时借助于仪器实验，可以从直接的感性认识提高到系统的分析和分类。欧洲的历史语言学曾经被讥为"字母的科学"，而古人留下来的字母是不容易完全兑现的。汉语音韵学长期利用方块字来标音，古人所起的许多不够科学的术语更令人迷惑。直到近几十年，由于语音学和音位学的进步，现代方音的研究才使古音系统在一定程度内具体化了，字母或者方块字才有了实际的内容，符号代表了具体的音值，一向被视为玄妙的术语才多少是可以理解的了。活的方言口语提供了历史文献所不能提供的珍贵材料。但另一方面，现代方言的复杂性远远超过了文献材料里所能包括的，同样会使我们陷于迷惑。所以我们同时也必须依靠历史比较语言学的成果，作为方言研究的出发点或基地。

历史比较语言学一面强调音变规律没有例外，一面也充分估计到类推、借贷、文字影响以及其他各式各样的干扰因素。根据这个原理，活方言的调查研究多少让我们进一步认识到语言发展是一种不断的运动过程，是矛盾的统一。单单观察语言间或方言间的互相影响和渗透，就不难理解一个音变规律的运动在长时期内往往不是直线的、单纯的，而是曲折的、复杂的。规律中遇见"例外"或"特例"，我们也就不必惊异，而应该从各方面去找出这些例外的原因。语言规律是复杂现象中存在的条理，问题在于怎样去发现。比如中古溪母[k']在现代广州话里开口呼变成了[h]（开₁hoi，口₂hau，气 hei³，客 ha:k₅），合口呼又变成了[f]（科₁fɔ，火°fɔ，快 fa:i³ 阔 fut₅）。可是有些字音不符合这个规律，如"坤"₁k'wan，"楷"₁k'a:i，"叩"₁k'au³，"缺"₁k'yt₅。这些例外字不妨暂时假定是受了书面语或北方话的影响，与其说是继续保存了，不如说是重新恢复了原先的[k']。广州读 k'声母的字，如果在邻县（如顺德）有些还保存 h，就可以是很好的证明。另一方面，广州话里有好些字原来应该读作不送气的 k，实际却读了送气的 k'，如"规沟购禁级给冀骥暨揭厥孓概丐拘驹括决蕨……"，这似乎表示了另一股潮流——可以说是一股后起的逆流使 k 变作 k'，波及了 k'＞h 的正规的演变。客家话受粤方言影响很深，有些字读 h 或 k'（如"肯口渴款抗怯乞"等）。方言从来不是孤立的，受书面语或其他方言的影响是不可避免的。同一个语言或方言里的音变规律互相干扰，也是可以想象的。广州话 k'＞h

这个规律的彻底阐明,还有待于邻县方言的调查和比较。

历史比较语言学还揭示了语音演变往往引起语法形态的变革,或者说形态学的变革往往是语音演变的后果这一事实。根据这一原理,我们多少能够理解汉语方言中许多语法成分的歧异现象。汉语富于双音词,后面附加的词尾往往轻读,发音很不稳固,不容易长期保持不变,这就需要经常的整饰和创新。比如动词时体的完成式,北京人说"吃了饭了",苏州人说"吃仔饭哉",广州人说"食咗饭咯",构词和句式完全相似,可是表示完成的"了"[·lə]、"仔"[·tsɿ]、"咗"['tsə]却不是同一来源的语言材料。印欧语的比较研究强调形态成分的来源相同,决不满足于平行的类似,这个要求如果强加于汉语方言的形态比较,就会大失所望了。

最近三四十年来,普通语言学企图总结历史比较语言学和方言学的成果,建立一般性的理论,特别是结构语言学在方法和技术上企图开辟新的基地。这方面的努力已经取得成就,如关于音位系统的分析对方言调查研究有切实的用处。但是不可否认,困难和缺点还是很多的,如新术语的杜撰和滥用,语法结构的分析和传统语法的纠缠,还不能完全跟方言调查研究的具体实践相结合。新的经验的累积还是当前工作的首要任务。

汉语方言是丰富复杂的,调查研究工作还在初创阶段。汉语方言学对汉语史和汉藏语系的比较研究都具有重大意义,担负着创造经验和建立理论基础的任务。

8. 末了儿,却不是次要的,就是方言学怎样结合民族或居民的人文历史作综合的研究。斯大林说:"要了解语言及其发展的规律,就必须把语言同社会发展的历史,同创造这种语言、使用这种语言的人民的历史密切联系起来研究。"[①]语言不能脱离社会生活而存在,语言的发展和居民迁徙、宗教信仰、生产活动、阶级斗争、风俗习惯(包括衣饰)等等,都有密切的互相呼应的关系。语言材料和社会历史互相印证,更能说明现象的本质。比如现代胶东方言,在北方话里自成一个土语群,这

---

① 斯大林:《马克思主义和语言学问题》,16 页,人民出版社,1971 年。

使我们合理地联想到胶东地区在春秋以前的居民是莱夷,和齐国是近邻,战国时期合并于齐,地域大致相当于扬雄《方言》里的东齐。这样的历史渊源跟现在胶东话的特殊面貌未尝没有关系。所以近来有人希望方言调查和社会人文调查(包括考古)互相结合或配合,这是完全合理的。早在十九世纪,就有人注意到借词所提示的民族迁徙的痕迹。不过我们一方面应该重视语言和社会人文现象的联系,另一方面也得注意社会人文的历史变革并不是语言发展的唯一因素。语言或方言是千百年间人民共同创造和使用的社会交际工具,社会制度发生急剧的变化必然会给语言或方言带来深刻的影响,特别是词汇和词义的新陈代谢,可是这决不会引起语言特征的本质的变革。语言发展的稳固性和变动性在任何历史阶段从原则上说是基本一致的,虽然具体情形的复杂性在各别语言或各别阶段决不相同。我们要处处从具体语言材料出发,不能把社会人文现象作为语言研究的前题。

9. 汉语方言学的建立是为我国社会主义文化教育事业服务的。汉民族共同语的发展——普通话的推广,标准音的教学,词汇、语法的规范化,汉字的简化,民间文艺(包括地方戏剧)的搜集和整理,这一系列工作跟方言调查研究都是不可分割的。少数民族语言,特别是汉藏语系各语族和语支的调查研究,也要采取同样的方式,首先建立一个语言或语支的方言体系,按部就班地进行各语族的内部比较研究,然后才有可能展开汉藏语系的大规模的比较研究,并回过头来联系汉语的最古阶段。汉藏语系以汉语的历史为最悠久。用描写方法和比较方法研究汉藏语系各语族或语支的方言分布和亲属关系,能不能联系汉语的最古阶段,可以作为一个检验的标准,检验我国语言科学的发展是不是攀登到了一个高峰。但是我们尽管重视语言的继承性和渐变性,却也要强调语言的变革和创新。我们应该丝毫不苟地指出语言长期分化的结果,同时也必须清楚地看到语言整化和统一的必然趋势及其过程。在社会主义社会的一切有利条件下,语言的发展将出现史无前例的变革和创新,将以整化和统一作为主要的运动形式。所以几千年来形成的汉语方言分歧现象,并不影响推广普通话和文字改革等运动的开展,同时汉语方言的调查研究工作的适当配合,也必然会产生积极的推动和促进作用。

第三章　汉语方言发展的历史鸟瞰

1. 要了解汉语和它的方言的发展的历史，必须密切联系汉族人民的历史。汉族和汉语的历史是悠久的。从周秦到现代的两三千年间，汉语随着汉族人民的分合，究竟经过几度的分化、集中和统一，我们现在还只能描写一个粗略的轮廓。

秦汉以来，汉语保持了统一的局面，表现了极大的稳固性，这和汉族人民的历史是分不开的。显著的历史条件是：

(1) 中央集权的统一政治体系，实际上包括封建割据，以自然经济为基础，这种社会状态长时期内继续保持，割裂和分立状态是比较短暂的。

(2) 文化传统富于保守性，一线继续不断；汉以后崇尚儒家思想，使之为封建统治服务；唐以后实行读经科举制度，巩固了古典文学语言的传统。这种情形一直维持到清末。

(3) 文字没有脱离意象体系，定型化以后没有改变，从古到今各地按不同的方音认字和读书，维系了书面语的统一，这在拼音文字几乎是不可能做到的。

(4) 汉族在历史上相对说来是个先进民族，远近四邻的部落或部族不断地吸收汉族文化，他们的语言也不断地借入汉语词语。特别是日本语、朝鲜语和越南语，其次是国内少数民族语言，都保存了大量的汉语借词，给古代汉语的研究提供了宝贵的资料——汉字本身所不能提供的资料。汉语给予人家的多，而只在和平时期，如隋唐时期的佛典翻译，接受了比较深刻的外来影响。至于外族的侵扰和征服，如五胡和辽金元，是汉语史分期的重大标志，但是并没有打断汉语发展的一线相承。

以下按照汉语史的分期谈谈汉语方言变迁的梗概。

上古时期

2. 上古时期包括周秦(公元前十一至三世纪)和两汉(公元前二世纪至后二世纪)。

我国在周朝以前没有信史。相传黄帝时中原有万国,夏时三千,周初分封八百诸侯。这种国就是氏族或部落,这种诸侯就是一个氏族或部落的首领。不难想象,每个氏族或部落都有自己的语言或方言。

《尚书·舜典》:"蛮夷猾夏",又《武成》:"华夏蛮貊,罔不率俾"。《左传·定公十年》:"裔不谋夏,夷不乱华。"《论语·八佾》:"夷狄之有君,不如诸夏之无也。"《孟子·滕文公上》:"吾闻用夏变夷者,未闻变于夷者也。"上引各文都以华夏和蛮夷并提。相传燧人氏之世,有大人足迹出于雷泽,华胥践而生伏羲。华字最早当出现于此。夏是大禹的国号,"禹受封为夏伯"(《帝王世纪》)。《说文解字》:"夏,中国之人也。"段注谓"称夏以别于四夷"。华(鱼部合口)夏(鱼部开口)音近,所指都是中原居民。

据近来一些历史学家的说法,殷人是东夷族,兴起于黄河中下游,约于公元前1600年击溃了中原的羌族——夏。其后也是羌族一支的周人,兴起于陕西渭水流域。①

秦汉统一以前的黄河流域,居民已经经过了几度的变迁,种姓是很复杂的,语言或方言也必然是复杂的。

先秦两汉的文献显示春秋战国时期的汉语产生了重大的变化和发展。周末许多部落互相并吞或联合,许多小的部落方言融合为几个较大的部落方言。同时百家争鸣,诸子的作品虽然带有不同的地方色彩,却逐渐形成了共同的统一的文学语言——雅言。《论语·述而》:"子所雅言,诗书执礼皆雅言也。"雅言的基础应该是当时王畿成周一带的方言。但是雅言的建立并不意味方言的削弱。

孟子斥楚人许行是"南蛮鴃舌之人"(见《孟子·滕文公上》),又对尧舜君臣关系的不正确的传说斥为"齐东野人之语"(见《孟子·万章上》)。另外有一段记载,更清楚地说明齐和楚是两个不同的方言。《孟子·滕文公下》:"孟子谓戴不胜曰:'子欲子之王之善与?我明告子。有楚大夫于此,欲其子之齐语也,则使齐人傅诸?使楚人傅诸?'曰:'使齐人傅之。'曰:"一齐人傅之,众楚人咻之,虽日挞而求其齐也,不可得

---

① 参看尚钺主编《中国历史纲要》,6—9页,人民出版社,1954年。

矣。引而置之庄嶽之间数年,虽日挞而求其楚,亦不可得矣。'"可见齐语和楚语是两个不同的方言,距离是相当大的。

《左传·文公十三年》有一段记载,暗示秦晋方言有一定差别。晋人害怕秦人任用本国人士会对己不利,就派魏寿馀诈降秦国,见机取回士会。秦伯欲取回魏降地,寿馀说:"请东人之能与夫二三有司言者,吾与之先。"秦便不得不派士会和他先行。寿馀和士会都是河东人,大家用乡音打交道自然便利些。

《礼记·王制》说:"五方之民,言语不通,嗜欲不同。"许慎《说文解字·叙》说:"诸侯力政,不统于王,……言语异声,文字异形。"可以想见,周末许多接近的小部落方言联合为几个大部落方言,数目是大大地减少了。可是每个部落方言内部不可避免的会产生土语的分歧,各部落方言间的差别也会变大。

3. 秦并吞六国,统一天下,不但在中国政治上是个划时代的标志,就是对汉语的发展也产生很大的作用。《礼记·中庸》托名孔子说:"今天下车同轨,书同文,行同伦。"《中庸》的所谓"今",应该是指秦统一(公元前221年)以后,跟《史记·秦始皇本纪》所描写的秦始皇的统一措施是相符的。李斯作小篆,"罢其不与秦文合者"。"书同文"就是文字定形而归于统一,消灭"文字异形"的现象。秦文既然作为天下文字的标准,秦方言的地位也必然有所提高。文字的统一对诸部落方言的发展会产生或大或小的影响,虽然并不意味方言土语的消磨。直到东汉时期,"书同文"以前的情景在人们的记忆里还是很清楚的。郑玄说:"受之(注:指文字)者非一邦之人也,人用其乡,同音异字,同字异音,于兹随生矣。"王充说:"经传之文,圣贤之语,古今言殊,四方异谈也。"可见先秦时期的方言和文字是同样的分歧。"书同文"的政策虽然不能消灭或改变方言的分歧,可是奠定了文字统一的基础。这个传统继续了两千多年,直到今天没有间断,在中国文化史上的重大意义是不用夸张的,对汉语方言的发展也有深刻的影响。

4. 我们对于古代方音的歧异,由于不表音的形义文字的限制,认识是很模糊的。清代学者研究周秦古音,主要根据《诗经》和《楚辞》的用韵,旁征《说文解字》的谐声。《楚辞》用韵比《诗经》略宽,但二者基本一致，这似乎说明春秋战国时期的语音结构，至少就书面语言或雅言而论，各地的差别并不太大。《诗经》三百篇采自广大地区，有些韵按照后代的韵书来看是不合的或勉强的。这里面可能有两个原因：一是古今音韵起了变化，用中古韵书去绳墨古音当然不能贴合；再就是所谓周秦古音的确含有各地不同的方音。至于方音混杂或一字异读，应该只限于少数的特例。但从词汇上看，《楚辞》所用"兮，些，只"等语助词和名物形动词多与《诗》《书》不同，似乎反映了周末南北方言的差异。（后汉王逸释楚语二十一则，近人瑞安李翘著《屈宋方言考》共六十八字，可供参考。）馀如"公羊多齐语，淮南多楚语；若易传论语，何尝有一字哉？"（顾炎武《日知录》）或者说，先秦典籍，有些方言色彩较重，有些却是以王畿成周方言为基础的雅言。

汉代距古不远，可是对于先秦典籍的语言文字已经感到生疏，经师们竞起作注，如《诗》、《礼》、"公羊"、"谷梁"、《淮南子》的笺注，建立了训诂学，这说明这期间汉语已有显著的演变。汉代著作，如刘熙多青徐语，许慎多汝南语，何休、郑康成多齐语，《汉书》注多陇西秦语，这些都提供了两汉方言的零星佐证。可是丰富的方言资料，首先要推扬雄的《方言》，其次是许慎的《说文解字》和刘熙的《释名》。扬雄答刘歆书说："蜀人有严君平，临邛林闾翁孺者……犹见轩之使所奏言，……君平才有千言耳，翁孺梗概之法略有。"又说："故天下上计孝廉及内郡卫卒会者，雄常把三寸弱翰，赍油素四尺，以问其异语，归即以铅摘次之于椠，二十七岁于今矣。"应劭《风俗通·序》："蜀人严君平有千余言，林间翁孺才有梗概之法，扬雄好之，天下孝廉卫卒交会，周章质问，以次注续。"扬雄二十七年的搜集记录可以说是继承轩使者的事业，书中主要材料采自孝廉卫卒之口，还有一部分却采自散佚的先秦典籍，所谓"旧书雅记"，带有考古证今的意味。所以《方言》所载实际上包括周末和秦汉的方言资料。其次，书中地名，如宋卫韩周都是沿用周代旧名，韩赵魏分说或并指三家分晋以前或以后也没有交待清楚，所以从地域上看也不限于汉代的方言。如《方言》卷一："……秦晋之间，凡人之大谓之奘，或谓之壮。燕之北鄙，齐楚之郊，或曰京，或曰将。皆古今语也，初别国不相往来之言也，今或同。而旧书雅记故俗语，不失其方，而后人不知,故为之作释也。"又如卷二:"眮,睇,晘,䁯,眄也。陈楚之间,南楚之外曰睇,东齐青徐之间曰晘,吴扬江淮之间或曰眮或曰䁯,自关而西,秦晋之间曰眄。"比较《说文》:"吴楚谓瞋目顾视曰眮","海岱之间谓眄曰晘","江淮之间谓眄曰眮","南楚谓眄曰睇"。① 两书所载大体符合,但并不是完全相同。这也多少说明调查方法受了时代的限制,要追寻一个方言词或几个方言同义词的古今南北的踪迹是一项艰巨的工作。

5. 扬雄《方言》里所记录的词汇,按照性质可以分为四类:一、通语,凡通语,凡语,通名,是普遍通用的词;二、某地某地之间通语,四方之通语,四方异语而通者,通行区域很广,但并不普遍;三、某地语,某地某地之间语,通行区域狭小;四、古今语,古雅之别语,是古语的残余,通行区域也是很狭小的。这些方言词的分布往往是错综的,从先秦到两汉的分布情况是经常发生变动的,所以扬雄说"初别国不相往来之言也,今或同"。换句话说,方言区的界限从来不是十分固定的。近人根据《方言》所称引地名之分合,把西汉方言分成十三个:一、秦晋;二:郑韩周;三、梁、西楚;四、齐鲁;五、赵魏之西北;六、魏卫宋;七、陈、郑之东郊,楚之中部;八、东齐与徐;九、吴扬越;十、楚(荆楚);十一、南楚;十二、西秦;十三、燕代。其中秦晋方言的地位显然高于其他方言。各方言间的亲疏关系也不是相等的。有些也许还夹杂一些非汉语成分,如东齐青徐之夷,秦之羌狄,南楚之蛮,北燕之东胡。这些非汉语现在无从稽考了。例如东齐海岱之间原为古东夷或莱夷所居。《说文》:"东夷谓息为呬。"郭璞注《尔雅》:"东齐呼息为咽。"这说明东齐方言含有东夷语成分。但是东夷语和东齐语的系属关系究竟是怎么回事,还是无从推断。

按照上引《左传·文公十三年》的故事,秦和晋原来是两个有一定差别的方言,但到西汉时却联合为一个方言了。上古是一个很长的时期,从奴隶制到封建割据和中央集权,社会政治情况发生了几次大改变。可是自然经济不可能消磨方言的分歧。总的看来,上古汉语以黄河中游为中心,但今天的吴语、湘语、粤语也开始播种和萌芽了。古楚

---

① 睇,今广州读[ᶜt'ai],按照《广韵》特计切,应该读阳去,声母不送气。语源可疑。

语包括湖北、湖南("南楚江湘之间")和长江中游南岸一带,所以在一定意义上可以说是今天湘语的前身。春秋战国时期,越灭吴,楚又灭越,政治疆界的变动也可能影响到方言由分而合。扬雄《方言》里提到吴楚、吴越、荆吴、荆扬、荆吴扬瓯、荆吴淮泗,可见汉代长江以南广大地区的几个方言是相当接近的。这种局面到了三国时期也许还有进一步的发展。三国时期的吴语如果按照政治势力范围而有平行的发展,那么吴越楚的方言界限也许更难划分了。今天吴语和湘语有些突出的共同特征,从这里可以找到一些历史上互相联系的线索。

中古时期

6. 中古时期包括隋唐宋三个朝代(公元七至十三世纪)。可是从上古到中古有一个很长的过渡时期:魏晋南北朝(公元三至六世纪),这期间五胡乱华(304—439年),对汉族和汉语来说,是一个空前重要的外来因素。这些操非汉语的西北部落——匈奴、羯、鲜卑、氐、羌,给汉族人民带来不少的灾难,迫使汉族人民的一部分向南迁移,可是给汉语并没有留下深刻的影响,或者说,汉语并没有从他们吸收多少词汇。汉语表现了一贯的稳固性,这跟汉族人口众多和文化先进是分不开的。

要研究晋代的方言词汇,可以利用扬雄《方言》的郭璞注。(《尔雅》注也可以作为参考)扬雄所记录的方言词,有些到了晋代已经变成通语,有些词形也由单音节变成双音节。例如卷一"虔、儇,慧也。……楚或谓之譠。""譠"注"他和反,亦今通语。"卷二"鈔、嫽,好也。青徐海岱之间曰鈔,或谓之嫽。好,凡通语也。"注"今通呼小姣洁喜好者为嫽鈔。"还有汉时某地的词,变成晋时另一地的词。如卷一"凡好而轻者……自关而东,河济之间,谓之媌。"注:"今关西人亦呼好为媌,莫交反。"卷五"杷,宋魏之间谓之渠挐。"注"今江东名亦然,诺猪反。"郭注不但反映了汉语古今南北的变迁,有时也反映了词义的发展。如卷一"凡物盛多谓之寇。"注"今江东有小凫,其多无数,俗谓之寇也。"这是一个由泛指而用于专称的例子。卷十三"炀、翕,炙也。"注:"今江东呼火炽猛为炀,音恙。"炀,今苏州读 iɒŋ²,俗亦作旺。(江东包括今江南吴语区)《方言》郭注让我们看出汉语演变的途径和间接所受外祸的影响。

7. 中古汉语音韵系统很完整地保存在一系列的韵书里。隋陆法言修集《切韵》五卷(601年)，分部一百九十三。他说："因论南北是非，古今通塞，欲更捃选精切，除削疏缓。"他又说："吴楚则时伤轻浅，燕赵则多伤重浊。秦陇则去声为入，梁益则平声似去。又支脂鱼虞，共为一韵，先仙尤侯，俱论是切。欲广文路，自可清浊皆通；若赏知音，即须轻重有异。"（均见《切韵·序》）所谓轻浅与重浊，可能是指韵母元音的洪细（如歌一等 ɑ，麻二等 a），但也可能是指声母发音的差异；各地调类一致而调值互异，根据现代方言的经验是不难想象的；支和脂，鱼和虞，先和仙，尤和侯，韵母音值趋于混同，的确由来已久了。

隋初《颜氏家训·音辞篇》是专论方音方言的著作。颜之推说："南方水土柔和，其音清举而切诣，失在浮浅，其辞多鄙俗。北方山水深厚，其音沉浊而鉝钝，得其质直，其辞多古语。"用地理条件来解释方音或方言歧异的原因，古今中外大不乏人，当然是不合科学的。唐陆德明在《经典释文·序录》里说："方言差别，固自不同，河北江南，最为巨异，或失在浮清，或滞于沉浊。"这样的说法是比较地客观的。

今《切韵》残佚，我们研究中古音韵，大都根据《广韵》。《广韵》遵循陆法，分部二〇六，平分上下卷，上去入各一卷。中古音四声俱备，平声尚未分阴阳。二〇六韵部大概是综合古今参照南北而有所取舍，未必是一时一地的语音。《广韵》似乎给我们一个印象：隋唐时期汉语音韵结构，南北大体还是接近的，因为如果差别太大，汇通或兼顾就是不易想象的事。但是陆、颜所说的南北方言差别具体内容如何，那就不是韵书本身所能告诉我们的了。韵书对音类的分析是精密的，但形义文字不能表示具体的音值。

8. 日语所保存的两种汉语借词，让我们今天还多少能够窥见隋唐时期汉语南北语音差别的具体内容。日译吴音借自第五、六世纪的江浙一带的话，日译汉音借自第七、八世纪的西北或长安的话，二者的语音特征的痕迹多少还保存在现代的吴方言和西北方言里。

西北和吴越的方音差别，请看下面的例子：

	马	母	挪	耐	偶	昂
日译汉音	ba	boː	da	dai	goː	koː
日译吴音	me	mo	na	nai	gu	goː
今山西文水	mba	mbu	ndu	ndɛ	ŋou	ŋaŋ
今上海	mo	mu	no	nɛ	ŋʏ	ŋɔŋ

鼻音声母带有浊塞成分,是西北方言的一个重要特征,现在还保存在局部地区,很清楚地反映在日译汉音里。

至于音节结构,隋唐时期西北和吴越都还保存了整套的鼻音韵尾 m n ŋ 和塞音韵尾 p t k。例如:

	粘	难	兵	猎	舌	白
日译汉音	den	dan	hei	rioː(repu)	setsu	haku
日译吴音	nen	nan	bioː	roː(ropu)	zetsu	biaku
今粤音	nim	naːn	piŋ	lip	sit	paːk

现代汉语方言里,粤语保存了完整的韵尾鼻音和塞音,所以上面引用粤音以资参证。

可是对中古的汉语方言要作出较全面的划分,由于文献不足,是很困难的。当时南北方言已经有了显著的差别,但是还没有发展到现代北方话和吴方言这样大程度的差别,从上引日译汉音和吴音可以看得很清楚。

9. 五胡乱华对汉族和汉语的间接影响,据近人研究,特别体现在客家话和闽语的萌芽。杨恭恒《客话本字》说:"客之先,居丰镐河洛齐鲁之交,或为衣冠世族,或为耕凿遗民,皆涵濡于二帝三王之化。自东晋永嘉五胡蹂躏,冠带数千里之地,戎羶污染,靡有宁居。于是衣冠之族,豪杰之徒,如侃逖峤琨之辈,相与挈家渡江,共图恢复,王谢之家,尤为卓著。王谢旧河东太原人也。其余入闽著姓,则有林邵何胡等八家。其他流民避乱江南,流离转徙,有南徐南司等州郡,谓之侨军州。军州即今之州县,所谓侨者即客耳。"中原汉人第二次向南迁移,发生于唐代黄巢起义年间,一般认为是客家南迁规模最大的一次。

近代和现代

10. 近代指元明清(十四至十九世纪),现代指鸦片战争(1840年)以后。语言的发展不能有爆发式的革命,语言史的分期是继承性的而不是割裂的,所以近代和现代汉语方言的发展这里当作一个时期处理。

近六百余年间,汉语发展为七个主要的地域方言:北方话、吴语、湘语、赣语、客家话、粤语、闽语。赣方言据目前的了解,缺乏独立突出的方言特征,赣东南接近客家话,赣北接近下江官话,赣西跟湘语不易划分界限,赣东一小部分地区接近吴语。中国长时期的中央集权和封建割据的政治局面以自然经济为基础,维系了汉族内部的统一,在一定程度上也维系了汉语的统一,特别是书面语言的统一。同时由于汉族人口不断增加,经常受到北方外族的侵扰,分布区域向南推移,日益扩大,加上其他的历史因素(如农民起义、集体迁移、区域经济的繁荣、地理交通条件的改进等等),汉语终于分化(同时也有整化)和发展为七个大方言。吴语、湘语、粤语萌芽于上古时期,闽语和客家话萌芽于中古时期,上面已经谈过了。黄河流域在上古和中古时期是汉语的中心地带,向北分布到长城以内。到了近代,随着政治经济文化等历史条件的改变,汉语的中心转移到河北,但仍然在北方话的范围以内。南宋局势偏安,金元奠都燕京,为现代北方话打下了新的基础。明代沐英平定云贵,北方话深入西南。清人入关,统治中国268年(1644—1911年),采用了汉语,并且把北方话传播到东北广大地区,同时山东移民把胶东方言的特色也带到了辽东半岛。所以近代汉语方言仍以北方话为主导,向南北发展,通行区域远远超过了上古和中古时期,逐渐变成全国性的交际工具,十六世纪以后叫作"官话",是今天"普通话"的基础。近代北方"官话"是在"滇南车马,纵贯辽阳,岭徼宦商,衡游蓟北"(明宋应星《天工开物·序》)的历史条件下形成的。宦和商往来于首都北京和全国各地,是官话——普通话的传布者。其他六个方言只在特定区域内活跃,同时也不断地接受北方官话的影响。

11. 就语音结构说,近代北方话是"新汉语"。元周德清《中原音韵》以北方语音为标准,平分阴阳,入派三声,声母不分清浊,开始形成现代汉语的基本面貌。相形之下,吴、粤、闽、客家诸方言似乎保存了较多的隋唐故语和秦汉雅言的遗迹,值得今后从纵横两方面深入调查研究,逐步揭示汉语悠久的发展史。

12. 从口头语言和书面语言的关系观察,北方话地位的重要也远远超过其他方言。秦汉以后,汉语的书面形式已经僵化了,跟人民口语逐渐脱节。这种正统的"文言"一直维持到二十世纪二十年代"五四"运动为止。可是早在十二、三世纪就出现了一种接近口语的新的书面语,如唐宋禅家和理学家的语录,诸宫调,话本,以及笔记小说里的片段对话。这种"白话"作品,继以金元的北曲,明代的《水浒传》、《西游记》、《三国演义》、《金瓶梅》和"三言"、"二拍"等长短篇小说,清代的《红楼梦》和《儒林外史》,都以北方话为基础,为现代汉语建立了深厚的传统,虽然没有完全摆脱旧文言的影响。这类话本、小说以及流行一时的俗曲,有时也夹杂一些吴中俗语,带有各自的地方色彩,可以说是地域方言对文学语言的形成起了丰富作用。

13. 鸦片战争以后,中国沦为半封建半殖民地的国家。帝国主义的侵略刺激了中国民族资本主义的发展。这样就产生了资产阶级民主主义思想和中国人民的强烈的民族意识。1919年的"五四"运动开始了我国反帝反封建的革命斗争。在中国共产党的领导下,1949年完成了中国大陆的民族解放运动,开始建设社会主义社会。汉族已成为社会主义范畴的新型民族。汉语发展的方向也愈益明确。1954年党中央提出推广"以北京语音为标准音,以北方话为基础方言,以典范的现代白话文著作为语法规范"的普通话。汉字简化工作正在稳步进行。1958年2月全国人民代表大会通过和批准了汉语拼音方案。在新的历史条件下,全国的政治经济文化空前的集中了。今后在一个长时期内,汉语规范化运动和方言的集中相辅相成,各地域方言将继续存在和发挥一定的作用,继续服从和丰富汉民族共同语,并终于消融在民族共同语里,使今天方言分歧的现象成为历史的陈迹。

现代汉语方言分类

14. 方言分类主要是根据语言特点,尽可能考虑到方言形成和发展的历史,这里面也包括地理因素。汉语方言的调查研究还不够全面和深入。1956年至1958年汉语方言普查,在全国两千三百左右方言点中调查了

1849点，使人们对汉语方言的分布有了一个轮廓的了解。现在就一般所知道的情况，把汉语分成以下七个方言：（使用人口按1956年统计数字）

　　(1) 北方方言　　　人口约38,700万，占汉族总人口(54,700万)约70％，
　　(2) 吴方言　　　　人口约4,600万，占汉族总人口约8.5％，
　　(3) 湘方言　　　　人口约2,600万，占汉族总人口约5％，
　　(4) 赣方言　　　　人口约1,300万，占汉族总人口约2.5％，
　　(5) 客家方言　　　人口约2,000万，占汉族总人口约4％，
　　(6) 粤方言　　　　人口约2,700万，占汉族总人口约5％，
　　(7) 闽方言　　　　人口约2,200万，占汉族总人口约4％。

　　以上数字是不很精确的。粤、闽、客三个方言的人口不包括海外华侨和华裔。闽方言具有突出的异于其他方言的特点，同时内部又有很大分歧。各方言间的距离或远或近，不可一概而论。两个毗连的方言要经过细密的调查才能划分界线，而这种界线往往是不很确定的。有些地方话的性质不易归类，例如江苏南通话有七个声调近似吴语，古全浊声母变送气清音类似客家话，从词汇和语法特点看又应该当作下江官话（江淮方言）看待，属于北方话系统。又如皖南徽州话，有点接近吴方言或赣方言，正确的分类尚有待于今后进一步的调查研究。各个具体方言的历史背景、语音系统和词汇语法特点，以下分章叙述，这儿就不细谈了。

参考文献

罗常培、吕叔湘：《现代汉语规范问题》，见《现代汉语规范问题学术会议文件汇编》，4—22页，科学出版社，1956年。
丁声树、李荣：《汉语方言调查》，见《现代汉语规范问题学术会议文件汇编》，80—87页。
《历史研究》编辑部：《汉民族形成问题讨论集》，三联书店，1957年。
何仲英：《训诂学引论》，第二章"代语的沿革"、第三章"现代方言"，商务印书馆，1933年。

（原载《汉语方言概要》，文字改革出版社，第一版，1960年）

阿细民歌及其语言

序　论

　　一九四九年冬天，我听得西南来的朋友说，我们工作的发音人毕荣亮先生在云南解放前夕，奋不顾身，突入路南城时，被蒋匪军残害了。这消息激起了我深沉的悲愤和悼念，便下决心整理这部旧稿——其中创作部分该说是毕荣亮先生的遗著。他是我一向所敬爱的一个优秀青年，他这样献身于革命，光荣地代表了阿细青年的前进精神。我的整理工作里还存有许多缺点，但是我为了纪念他，愿意早日发表，献给阿细族的兄弟姊妹们。我想象他们在解放后，一定正欢欣鼓舞地歌唱着毛主席和共产党带给他们的幸福生活，在发展他们集体的诗创作呢。

　　第一章材料的来源和第二章音系的语法，初稿写于一九四六年二月，曾发表在南开大学"边疆人文"第三卷第五第六期合刊（一九四六年七月，昆明油印版），现经一番修改和增删。我感谢张鋆如同志为我誊写记音和词汇部分，帮助我早日完成了整理工作。我希望这份工作对于今后发展阿细族语文教育的初步任务能有些帮助，并希望读者们遇见书中缺点和错误时能予以批评和指示。

一　材料的来源

　　一九四五年夏，云南路南县政府编修县志，我被邀参加帮忙，担任了语言调查的工作。路南境内的语言，除汉语外，尚有其他语言五种：撒尼、阿细、白彝（均属彝语方言）、沙（侗台语族）和苗（苗瑶语族）。后面三种说的人很少，唯有撒尼和阿细各自形成一族，好像双生兄弟，散居在四乡深山里，人口数目尚无确切统计（约各五万人以上？）。

七月十五日,我随同十余人由昆明动身赴路南。到了路南,在一位朋友那儿看见光未然先生写定的"阿细的先鸡"(昆明北门出版社,一九四五年),我于是想到发现"先鸡"的原文。

阿细族大部分聚居在路南和弥勒两县之间的深山里,较著名的几个阿细村寨是:

  凤凰山 mo˧t'a˧la˩(竹叶村? 又作 mo˧t'ɛle˧)
  澜(或滥)泥菁 dzi˩do˧xɤ˩(铜成塘?)
  散坡 dzi˩ɬo˩bo˧(铜月堆? 分上下二村)

以上在路南境内。

  磨香井 mo˧ʂa˧tse˩(摸金村?)
  野猪塘 ɣɤ˩ji˩(切水)
  法雨哨 vie˧ji˩(石水)

以上在弥勒境内。

我首次遇着的发音人是凤凰村中心小学生的教师段文彩先生,他受了汉人和天主教的影响,不大愿意给我介绍阿细劳苦人民的实际生活情形。我骑着马跟他到凤凰山去,雨天里走了六十来里泥泞的山路,屡次几乎从马背上滚下石缝里和山沟间。在凤凰山中心小学楼上住了六天,六七十个小学生围着我和同行的几个朋友,瞪着可爱的圆亮的大眼睛出神。这些孩子大都是赤足,穿着破旧的麻布短衫裤,据说冬夏并无替换。可惜我们言语不通,我也才只学了几个简单的词儿,不能跟他们交谈。

到凤凰山的头天晚上,我们浑身淋得像落汤鸡,生了个炭盆把衣服一件件烤干;胡乱吃了一顿晚饭,打开行李卷就倒头睡下了。深山里下雨天,气候凉爽,没有蚊子。我正是熟睡酣梦的时候,仿佛听见宏亮的弦乐声,从远处来到,终于把我惊醒;随后乐声似乎绕到屋后,渐渐远去,听不清晰了。

第二天我向段文彩先生探问深夜里音乐的来源,他害羞似的含糊说:"庄稼人家的年青小伙子,白天辛勤地在远近山地里工作,晚上得了闲,便聚在一起寻欢作乐。"的确,白天在村中很少遇见成年男女,整个村子好像被抛弃了似的,冷冷清清;而我们的住处是小学校,三个老师领着六七十儿童(其中只有两三个女孩子),上课时只听见老师高声讲解,或学生集体朗诵,我们几个好奇的远客却无事可做。村民除了夏冬两个年节外,终年的勤劳有如一日。早晨天色朦胧微亮,荷锄携筐到山地去,工作到太阳爬上山头时家里的一位妇人才送早饭来,一般都是吃的荞麦饭;直到太阳落山,他们才又慢吞吞走回家,忙着舂米麦和煮晚饭。年青人精力永远饱满有馀,吃完晚饭又开始他们热烈的社交活动:抱着大大小小的三弦(sa˩ɕe˩),聚到年青姑娘的住处(a˩me˩lie˥zo˩ ji˧dʐ˩)内外,弹唱说笑;有时男女对舞或对唱。女孩子手里往往不停的捻搓麻线,预备织麻布,那差不多是她们主要的手工艺,自己生产的衣服原料。

我们直到第三天才由路南县立中学的学生——住在凤凰山的汉人子弟——领着去拜访几家年青姑娘的住处。这个社交的中心地点,充满着生命的热情,设备简陋并不使他们介意。泥地七高八低,地上生了一堆柴火藉以取暖,还替代了灯光;浓烟有时使陌生客睁不开眼,壁上的影子似乎含有无限的神秘。那些年青的女孩子对我们这些陌生客有点惊惶,可是经过介绍和解释,看见我们谦逊的态度,也就放了心;找出平整的木板来请我们坐在避烟的火旁。她们的举止态度很自然地表现着温雅和斯文,她们粗大的手脚和丰满的容貌表示她们的壮健。

据说兄弟和姊妹忌讳在一处玩儿。年青男女情投意合时,男的有时请女的到自己家里来过一天,恋爱和婚姻是完全自由的,父母不能干预,媒妁更无需要。已婚的人便不大参加这类的社交,但是离了婚的人依然可以重新开始。阴历元月初和六月二十四,各村未婚的男女在山里举行盛大的舞蹈会;甲村的男子同乙村的女子组成一个团体,男的抱着三弦,围绕着女的;男的弹三弦,女的代以拍手,相对旋转跳舞,乐声和步伐相应,忽快忽慢。外地来的人去参观过,据说他们站累了,看累了,可是舞蹈的青年男女从来没有倦容。从上午九十点跳到傍晚,情投意合时男子往请女子到自己村里住一两天。

抗日战争期间,国民党反动派政府抽调壮丁——拉夫,结果附近村中男的越来越少;女的找不到伴儿,到处听得怨声。我们还到烂泥青村去玩过一天,那里有天主教堂(ja˧z̩˩˩xɛ˧洋人房),有小学,有大荷花池,一座树林荫森的山里流着碧清的龙塘水。须发雪白的毕神甫(阿细人)宰鸡沽酒,殷勤招待,席间精神抖擞的慨言当时的抽丁与苛捐,使一般忠勤善良的村民无法过活。山地只能种荞麦,大石纵横,可是耕者所应完的税同县城坝子里的稻田几乎是相等,不得不卖了荞麦再买米送到县仓去。收税吏量米的技巧高明,斗里装满之后,用脚踢两下,然后装得像个尖塔。

  我对于阿细劳动人民的风俗起了深深的憧憬和爱慕,对于他们当时生活的苦痛和缺陷也有了点了解。从凤凰山回到路南城,县志编修馆把毕荣亮先生从磨香井请来。毕年二十四岁,受过初中教育(路南中学毕业),接触了汉人的新思潮,对于天主教不能接受并表示反抗,在阿细族里远近驰名。他有文学兴趣,会唱全部的"先鸡"(ɕe˧dzi˧),据说他的父母和姊妹也会唱。他是个独子。他接触过许多少女,很多曾被他雄辩的歌辞所迷惑。他那时已经结了婚,他说他最后挑选配偶的标准是女子性情的温和,这样过起家庭生活来,婆媳之间才能和谐。他异常珍视阿细劳动人民公有的这份文化遗产,同时也是他自己多年经营的一部口头流传的作品。

  "阿细先鸡"比起我所知道的民歌来,有共同点,也有特异处。民歌是人民共同创作的,也是人民共同爱好的;个别天才的歌者如果有独特的贡献,必然因为他是人民的代言人,跟人民一体而不是孤立的。"阿细先鸡"便是这样的一种民歌,毕荣亮先生可说是这样的一个歌者。可是"阿细先鸡"自己形成了一种类型,内容丰富,各部分有不同的特点:恋歌至少可说是占了优势,是农民斗争生活中日常需要和愿望的美感的反映;有些段落特别适宜于边歌边舞,在不同的恋爱阶段应用不同的合适的段落,这些段落可以看作是舞歌(ballad);叙事部分形式很像史诗,但不是歌唱个别的英雄或贵族——骑在人民头上的压迫者,而是描写人民的日常生活及其物质环境。一个唱歌舞蹈的团体,团结一致,受了心理的和情绪的刺激,自然形成了集体的创作,同时也是个别歌者的创作的总汇。阿细人民受了汉人旧文化和法国帝国主义分子天主教徒的影响,社会发展和阶级关系多少起了特殊变化;可惜我没有深入调查,没有和他们共同生活在一起,所以了解很不够,不能把他们生活的物质环境和民歌形成的过程作正确的分析和研究。我相信一定还存在不同的口传的"活版本"或"异文"——没有文字纪录、无从翻印外传的活版本,我希望我自己或旁的同志们以后能有机会继续搜集和发现。

我所记录的"先鸡",尤其是那首短短的悲歌——"阳间一度相爱,阴间三度相爱",强烈地表示了阿细劳动人民的斗争生活,跟自然斗争,跟剥削压迫者斗争。那首短歌描写劳动人民的悲剧,同社会主义的现实主义在精神上很相接近,表现自觉的牺牲;歌中男女是整个民族的代表英雄,却不是个人主义的为压迫阶级服务的英雄。我读了深受感动,并感到兴奋、鼓舞和激励。受压迫的一对男女想象纵使到了阴间,仍要继续不断地斗争,并不失望悲观,也不消极放弃,却是一贯地忠诚勤劳。他们的苦痛反映了他们斗争的热情和智慧。换句话说,任何暴力,甚至死,决不能毁灭他们纯洁的爱,把他们分开。这首歌使我联想到"梁山伯和祝英台"的故事。

光未然先生写定的汉译,给我们介绍了这部长诗的内容,但是他凭歌者的解释,对于"原文"难以兼顾,所以译文在润饰上有卓越的功绩,而于原文的真相和细节也许不能完全传达。歌词并不太固定,歌者所凭的是记忆和兴会,所以光译和我的记录并不能完全符合,更不可能句句符合。我约费了半个月的工夫,逐字逐句用国际音标写下来,并且凭歌者的理解逐字逐句译为汉文。记音的头三四天,我发现歌者的聪明,于是把我所捉摸到的阿细语的语音和语法,一一告诉他,他终于也学会了应用这套符号来支配和记录他自己的语言。我现在的记录,初稿经过他校阅和同意,换言之,歌中每字每句的音和义都是发音人和记音人共同商得的结果;当然,初步的研究是难免有错误和疏漏的。

"先鸡"是当通行而为光未然先生所采用的译名,作故事或恋爱故事讲,也作歌或情歌讲。这个词儿见于阿细语,也见于撒尼语。长诗是歌颂恋爱成功的,共分六部分,严格地说,只有第一部"序诗",第五部"谈情",和第六部"成家"是情歌。"序诗"有些段落是引起下文的张本;"成家"一部里有许多段落是叙述结婚和家庭生活的风俗习惯。至于第二部"开天辟地"、第三部"垦荒"和第四部"洪水",主题是民族的传说,何以也不妨叫作情歌呢？我的解释是，解放前阿细人民的生活，除长年辛苦劳动外，很少旁的情趣，只有青年男女的恋爱是最富于诗意的一部分。村寨里，山林间，男女一对或成群地相遇了，热情激发了他们的想象和灵感，他们带点比赛性质似的运用他们的才智，汲取悠久的民族的记忆，唱个不休，达到互相求爱的目的。他们所唱的题材虽是天地宇宙的创始，和人类社会的形成，可是这些情节仿佛出现在他们的现实生活里；远古的记忆在他们依然感得新鲜，所以往事的追叙加强了目前的浪漫气氛，居古使现实更富于诗意。歌者驰骋他或她的才智，表示他或她对于宇宙和人生的理解；叙述故事的从容态度，衬托着目前迫切的追求。长诗里的叙事部分，跟歌唱时的物质环境——自然景物和辛苦勤劳，是互相调谐、不能分离的。所以这些叙述与其说的背诵，不如说是抒情。

我于记音下逐字附以汉义，另按大意译成汉语，辞句的修饰未能注意。读者倘对于阿细民歌的艺术价值发生兴趣，望参照光未然先生的译本；语言和文学的研究原是分不开的。列旺廷在"翻译与注译"一文的结论里说："俄罗斯苏维埃作家广泛应用注译的文学加工这一方法，是因为实际生活要求这样做：国家不能等着翻译家学习数十种苏联兄弟民族的语言。但实际情况不能等待，也绝不是说，我们翻译工作者就可以高枕无忧，而'忘掉'真正的翻译需要像普列汉诺夫所说的'您首先要懂得所由翻译的那种语言'。""只有真正的译品才是读者所需要的。这就是为什么我们今天的任务完全不是在于依靠实际不存在的'传统'。需要彻底确定：藉助注译从不懂得的语言翻译，绝不能使原文作者'穿着本来服装'、'具有人民面貌'，而只能对原著给予一个近似的、往往歪曲的素描，因为它是被'辛辛苦苦的译者'所贫乏化了的或是粉饰起来的。这就是为什么我们应当为学习兄弟民族语言而奋斗，不是口头、而是实际去奋斗。"（刘辽逸译文，见《翻译通报》二卷五期，页三六，一九五一年五月。）我深感我们从事兄弟民族语言和文学调查研究的干部，应该从这段话里吸取苏联先进的经验。

二 音 系

(1) 声母：三十四个作声母的辅音，按发音部位和方法，列表如下：

发音方法＼发音部位	双唇	唇齿	齿背舌尖	齿龈舌尖(叶)	硬颚舌面	软颚舌根
塞声	p p' b		t t' d			k k' g
塞擦声			ts ts' dz	tʂ tʂ' dʐ	tɕ tɕ' dʑ	
擦声	w	f v	s z	ʂ ʐ	ɕ j	x ɣ
鼻音	m		n			ŋ
边音				ɬ l		

说明：

1. 清塞声——即不带音的塞声，分全清和次清——即不吐气和吐气两套：p p' t t' k k'，['] 是表示吐气的符号。这六个辅音比北京话里相当的ㄅㄆㄉㄊㄍㄎ略硬，即肌肉略紧。

2. 浊塞声——即带音的塞声 b d g，在单字慢读时，前面往往带有同部位的过渡鼻音，可标写为 mb nd ŋg。浊塞擦声 dz dʐ dʑ 也有同样现象：ndz ɳdʐ ɲdʑ，但似乎更不显著。在连词和句里，这些鼻音成分差不多完全消失了，除非歌唱时特别加强或着重那些含有以上六个辅音的音节。因为没有两套对立的音位，这些不稳固的鼻音成分自然没有标出的必要。

3. 舌尖清音 ts ts' s 和卷舌清音 tʂ tʂ' ʂ 跟北京话里的ㄗㄘㄙ和ㄓㄔㄕ很相像，只是发音部位——即舌尖抵触齿缝或齿龈处，要稍微高些。

舌尖浊音 dz z 和卷舌浊音 dʐ ʐ 是地道的浊音；ʐ 摩擦很显著，不同北京话里的ㄖ。s 在 sa 一类音节里，尤其是读低降调时，带有强烈的吐气成分，严格应标写为 s'；但在其他元音前就没有这样显著。s' 并不能独立成为一个音位。（记音中仍保留 s'）

4. 舌面浊擦声 j 在元音 i 前面出现时，也许受了这高紧元音的影响,摩擦颇强,严格应标写为ʑ;但是在其他元音前面,发音时间短暂,摩擦也不显著。

j 和 w 在一般语音描写里往往另列一项,叫作半元音,就是相当于元音 i 和 u 而不成音节的音。但在阿细语里,j 既有刚才所说的特点,w 在我现有的材料里出现次数不多,也不与元音 u 相配(u 在音值上倒应和 v 相配),为简便计,我把这两个音列入了纯擦音一类。

5. n 在元音 i 前面,往往读似 ɲi,有时甚至像 ŋi。读 ɲi 和 ŋi 大概是 n 受了 i 的影响而颚化了。nie 和 nia 按音值也可以标写为 ɲe 和 ɲa,同样是颚化现象。所以我就不把 ɲ 当作一个独立音位。

6. 边音 ɬ 和 l,一清一浊,发音部位相同,即以舌叶(包括舌尖)抵触齿龈后部;但是 ɬ 抵触得不如 l 那么紧,并发出强烈的摩擦,空气从舌的两边流出时也要急些。单字慢读时,ɬ 的前面带有短暂的过渡音 l——即不带音不摩擦的 l。在几个日常用字里,ɬ 和 l 往往任意互换,如 ɬo˨ 又读 lo˨ "月"。ɬ 似乎是一个不很稳固的音位。

7. k(k')g x ŋ 等舌根音出现在元音 u 和 o 或以 u 和 o 起头的结合韵前面时,受了韵母影响,读成 kw,(k'w),gw,xw,ŋw。

8. 声母加韵母拼合而成一个音节,但单元音也能自成音节。所有的音节都没有辅音韵尾。

举例

p   a˧pu˧ 祖父,pi˧m˨ 诵经送鬼的毕麾。

p'   a˧p'i˨ 祖母,zo˧p'o˨ 男子。

b   a˧ba˨ 爸爸,a˧ba˨bi˨ta˧ 大爹,伯父,大姨父。

t   tɕi˧ta˧ 这儿,to˧ 造,安置。

t'   t'i˨,t'ɤ˨ 讲,t'o˨ 银。

d   di˧ 场,du˨mi˨ 阳间,人间;du˨ 话。

k   kɤ˧ 他,a˨kɤ˧ 不会。

k'   k'u˧ 年,k'a˧sɿ˧ (或 sɿ˧) 如何。

g   gɤ˨mo˧ 或 gɤ˨po˧ 身体,gu˨ 耕作。

ts   tsɛ˧ 美丽,tsɛ˨ 树,tsu˧tsu˧ 桌子,tso˨ 饭。

ts'   ts'u˨ 人,ts'e˨ 或 ts'ɿ˧ 十。

dz　dzɛ˦相好,dzo˩吃,dzo˩t'o˩时候。

tʂ　ʂʅ˦tʂʅ˦曲调,tʂo˩ma˦道路,tʂa˦星。

tʂ'　bu˩tʂ'ʅ˦糖,tʂ'ɛ˦人,tʂ'u˦六。

dʐ　dʐʅ˩床,dʐo˩听。

tɕ　tɕi˦ko˦这样,li˦tɕi˦太阳

tɕ'　ni˩tɕ'e˦弟,tɕ'i˩dʑi˩脚,tɕ'i˦山羊,tɕ'e˦村。

dʑ　dʑi˩楼,铜;lo˩dʑi˩汉人。

w　wɛ˦或 wa˦玩儿。

f　fɛ˦连,fa˦mi˦土地。

v　a˦vi˦姊,vi˦lo˩花,a˦vu˦舅父,va˩买。

s　sʅ˦三,so˦书,so˦so˩zo˩读书人,学生。

z　zo˩儿子,a˩mɛ˩zo˩女儿,zo˩p'o˩男子。

ʂ　vu˩ʂʅ˦果子,ʂʅ˦七,ʂo˦可怜的,ʂa˦金。

ʐ　ʐu˦造,生,ʐu˩mɛ˩绵羊。

ɕ　a˩ɕi˦p'o˦阿细人,e˦ɕi˦歌曲。

j　ji˩烟,jie˦鸡。

x　xie˦鸟,xɛ˩房屋,xɤ˩铁。

ɣ　ɣɛ˦爱,a˦ɣa˩叔父,小姨父,a˦mo˦ɣa˩婶母,小姨母。

m　mi˦地,a˦mo˦妈妈,ma˩或 ma˩lie˦妻,ma˩tʂ'o˦妇人。

n　a˦ni˦姑母,nɤ˦mo˦妹,t'u˦nie˦脸,nie˦tɤ˦瞎子。

ŋ　ŋo˦mi˦或 ŋu˦mi˦阴间,a˦ŋo˩(或 a˦mo˩)鱼。

ɬ　ɬo˦bo˩(或 lo˩bo˦)月亮,ɬie˦情伴。

l　a˦lie˦舅母,a˦p'u˩lie˦姑夫,la˦pia˦表兄姊妹。

(2) 韵母　七个单元音,一个自成音节的鼻音,另有七个结合韵——用括弧表示该韵母由两个音节在连词中结合而成,并不能算作独立音位:——

七个单元音:ʅ,i,e—ɛ,u,o,ɤ,a。(e—ɛ 算作一个音位)

一个自成音节的鼻韵:m

七个复韵:ie(iɛ),(ia),(uɛ),(ua),(oe 或 oɛ),(oa),(ɤɛ)。

阿细语的韵母系统跟其他彝语方言大体相似,韵母以单元音为主,

复合元音出现的频率不大。单元音发音时肌肉并不紧,唇形除 o 外,其余不论前后,都很自然。另外有几个韵母,或系借字,或系结合现象,如 a̱, ui 等,出现次数极少,没有列入上面的系统。

说明和举例

1. ɿ 代表两个舌尖韵母 ɿ 和 ʅ, ɿ 只出现在舌尖音 ts ts' dz s z 后面, ʅ 只出现在卷舌音 tʂ tʂ' dʐ ʂ z̢ 后面,可说是元音化的 z 和 z̢。两套部位不同的声母决定了这个音位的不同音值,所以单用一个符号表示并不会发生音值上的混淆。例如 sɿ˦ tsɿ˨ (又读 ʂʅ˦ tʂʅ˨)曲调, 歌曲; ts'ɿ˦(又读 ts'e˨)十, dzɿ˨ 双, 对; sɿ˦ 三, zɿ˦ 豹; sɿ˦ 蝴蝶, ts'ɿ˦ 称, 量轻重; aɿ˦ dzɿ˨ p'o˨ 造地的神, ʂʅ˦ 种子, z̢ʅ˦ 承认, 认为。

2. i 是高前元音, 在 j 后带有显著的摩擦, 出现在 p p' b t t' d ts (仅一次)ts' dz tɕ tɕ' dʑ f v s (z) ɕ j x (ɣ) m n (ɲ) l 等声母之后。例如 pi˦ 跳舞, p'i˦ a˨ mi˦ 为什么, bi˨ 衣服, ti˨ 里, t'i˨ 一, di˦ 羊, ts'i˨ 洗, dzi˦(又读 dzɿ˦)砍, tɕi˦ ɕi˨ 这样, tɕ'i˨ 脚, dʑi˨ 铜, fi˦ 掏, na˦ vi˦ 您, si˨(又读 sɿ˦)树, kɣ˦ ɕi˨ 他们, ji˨ 水, xi˨ 八, mi˦ 地, ni˨ 牛, li˦ 四。

3. e—ε: e 和 ε 在音值上有显著的区别, 但在元音系统上似乎应并为一个音位, 可以说是自由变式或一音两读。e 相当于国际音标里标准元音 i 与 e 之间的 ɪ, 在 ts ts' s 后面显得更高些。ε 比标准元音 e 略低。在我现有的材料里, e 和 ε 分布的情形是:

e 出现在 tɕ dʑ j 后面。

ε 出现在 p p' t t' d k k' g dz tʂ tʂ' f ʂ x ɣ m ŋ l 后面。

e 和 ε 都同样出现在 ts ts' tɕ' w v s z ɕ n 后面。

e 和 ε 同样出现在上列第三项十个声母后面时, e 出现于 tɕ' ɕ n 后的次数多于 ε, ε 出现于 v s z n 后的次数多于 e, 只在 ts 和 ts' 后 e 和 ε 分布的频率大致相同。e 和 ε 出现的那些语词里, 有些是汉语借字——如 wɛ˦ 又读 waɿ˦ "玩", mi˦ ɕe˨ "米线"等; 有些字可以两读——如 se˦ 又读 si˦ "烧", nɛ˦ 又读 nɣ˦ "毛"(比较 k'o˦ nɛ˦ "汗毛"), nɛ˨ mo˦ 又读 nɣ˦ mo˦ "妹", ɖe˨ 又读 ɖɣ˨ "重", tse˦ k'u˦ 又读 tsɿ˦ k'u˦ "锄头", tse˨ 又读 tsɿ˨ "下面, 边上", ts'e˨ 又读 ts'ɿ˨ "十"等; 还有些是语助词或感叹词——如 we˦ "啊", ve˨ 或 vɛ˦ "啊", sɛ˨ "啊", ɕe˦ 或

ɕɛ˧ 或 ɕɛ˥"这才,方才"。其次,结合韵母 ie 和 iɛ,oe 和 ɔɛ,往往自由互换,也帮助说明 e 和 ɛ 是同一音位的变式。可是我现有的材料不够丰富,所以字汇和诗歌的记音里仍保留了 e 和 ɛ 两个符号,藉以表示不同的音值。

e 例字如 tsʻe˥ 淹,tɕe˥ 枝子,tɕʻe˧ 村子,mi˧dʑe˥(地荒)荒地,se˥ 片(tʻi˥se˥ 一片),ɕe˥dʑi˧ 歌,je˧ 似·是,的;ɬe˧ti˧ 恋爱,e˧ɕi˥(或 e˧ɕi˥)歌。

ɛ 例字如 ni˧pɛ˥ 红,pʻɛ˥ 盘子,tɛ˥ 有,dɛ˥ 满,上;kʻɛ˧ 底下,gɛ˧ 把,tsɛ˥ 树,tsʻɛ˧ 钱,dzɛ˥ 相好,ma˥ɕɛ˧mo˧ 女子,ŋɛ˧ 人,个,线˧ 分(钱),连结;vɛ˧ 旋转,lɣ˥xɣ˧ 家里,ɣɛ˥ 爱,a˥mɛ˧ 少女,nɛ˥ 呐,也;lɛ˥ 租,ɛ˥gui˧ 还有。

4. u 是最高的后元音,唇形自然,上齿微触下唇,严格应标写为 ʊ 或 v̩,可说是元音化的 ɣ 或 v̩,出现在 p pʻ b t tʻ d k kʻ g ts tsʻ dz(仅一次)tʂ tʂʻ dʐ v s z ʂ ʐ n ŋ l 后面。例如 pu˧ 锤子;翻;pʻu˥ 开,bu˧ 有,tu˧ 饮,tʻu˥ 面,du˧ 出,ku˧ 中,ku˧ 年,节气,gu˧ 耕,tsu˧tsu˧ 桌子,tsʻu˥ 人,tʂu˥ 住,在,tʂʻu˥ 六,dʐu˧ 腰,nie˥vu˥ 看见,su˧ 数目,zu˥(见 mi˧nie˧to˧zu˧kʻa˧ 地球上,世界上),ʂu˧si˧ 松树,ʐu˧ 造,生,ni˧nu˧ 虽然(助词),ŋu˧ 见,lu˥ 种(mi˧lu˥ 种地,补(m˥lu˧ 补天)。

5. o 是介于标准元音 u 与 ɔ 之间的圆唇后元音,出现在 p pʻ b t tʻ d k kʻ g ts tsʻ dz tʂ tʂʻ dʐ s z ʂ z x ɣ(仅一次)m n ŋ l 后面。例如 po˥ 山,pʻo˥ 男人,者;a˥bo˥ 多余,to˥ 造,安放;tʻo˥lo˥ pʻo˥ 神名,do˥ 蜂,ko˥ 椿,kʻo˧ 柜,go˥ 玩,做;tso˥ 房;tsʻo˥ 盐,dzo˥ 吃,tʂo˥ 路,tʂʻo˥ 要,dʐo˥ 听见,so˥ 别的,zo˥ 儿子,小;ʂo˥ 可怜的,伤心的;zo˧ 右,xo˥ 养育,mo˥ 做,no˥ 多,ŋo˥ 我,ɬo˧ 月,lo˥ 龙。

6. ɣ 是相当于 o 的不圆唇后元音,比 o 要低些开些,出现在 p(只一次)t tʻ d k kʻ g x ɣ n ŋ ɬ 等声母后面。例如 tɣ˥ 火,tʻɣ˥ 讲,到;dɣ˥ 处,所在;a˥kɣ˥ 不会,kʻɣ˥ 偷,gɣ˥ 回,nɣ˥ 短,小;ŋɣ˥ 是,m˥dɣ˥ 风,lɣ˥xɛ˧ 家里。

7. a 是低中元音,略偏后,唇形自然,出现在 p pʻ b t tʻ d k kʻ g(仅一次)ts tsʻ dz tʂ tʂʻ dʐʻ dʐ w f v s (z) ʂ ʑ(少)j(少)x ɣ m n ŋ

l 等声母后面。例如 pa˧罢(助词),p'a˩白,ba˧射,kɤ˩ta˧那里,t'a˩莫,da˩打,a˩ka˧不要紧,k'a˧sɿ˩如何,tsa˧po˧(或 tsa˧sɿ˧)栗子树,ts'a˧割,dza˧咬吃,tṣa˧mo˧好好的,tṣ'a˧唱,dẓa˧四,wa˧玩,fa˧旱,干;va˧左,万;sa˧知道,ṣa˧金,黄;za˧块,ɕa˧看,xa˧骂,何处;ɣa˩大,ma˩妻,na˩你,你们,ŋa˩长,la˧了(助词),a˩不(a˩kɤ˧不会)。

8. m̩ 是自成音节的鼻音,不跟旁的任何声母配合,例如 m̩˧或 bie˧m̩˧告诉,m̩˧吹,m̩˩天,老;a˧m̩˩哥哥。

9. 所有的二合元音的重音都在第二音素上,严格应写作 ie,iɛ,ia,uɛ,ua,oɛ,oa,ɤɛ。ie 能独立自成音位,其余似乎都由两个音节凑合而成(blending),可以读成一个复合元音,但慢读时仍可分作两个音节;偶然有些例子不易识别,也许原来就是一个音节,也许原来是两个音节,久而不察其连结过程罢了。

ie(或 i̯e)出现在 p p' b t t' d v x m ȵ l 等声母之后,出现的频率比其他的复韵都大,所以我觉得它是个独立韵母。例如 sɛ˧pie˩碗,p'ie˧自从,如果;bie˧说,谈,唱;tie˧抱,抬起,在上,到;t'ie˩锋利,die˧t'i˩当一,vie˧石头,岩石;xie˧(又读 xie˧)鸟,mie˧兵,a˩ʥe˧nie˧明天(比较 p'ie˧ni˧后天,nie˧似系 ni˧与 e˧之结合),ȵie˧情侣,lie˧手。

tɕie 似乎也可写作 tɕ'e˧,例如 tɕ'ie˧脚下,tṣ'a˧tɕ'ie˧篱笆脚下,但比较 po˩tɕ'i˩山麓,vie˧tɕ'i˩石头脚下,可见 tɕ'ie˧系 tɕ'i˩"脚"与 e˧之连结。同样 ɕie 也可写作 ɕe,例如 ɕie˧给,纳(比较 ɕi˧献祭)。

10. iɛ 或写作 i̯ɛ,同 ie 应并作一个音位,ie 与 iɛ 往往任意互换。例如 vie˧(bi˩vie˧穿衣)。

二音节凑合成一个音节的例子如 nie˧"你",作受词用(ŋo˩nie˧ɤ˧我爱你),有时也保存原来的两个音节 ni˩lɛ˧。这是一种减缩现象(contraction)。又如 ɕie˧"拿"(可能与 ɕie˧"给"与助词 ɕie˧"是,才是"同一字源),也读作 ɕi˧ɛ˧ (ɛ˧是助词)。

iɛ 读为 ie,也许是 ɛ 受了 i 的影响变高了些,是前进的同化作用。好些字有 iɛ 与 ie 两读,例如 sɛ˧piɛ˧或 sɛ˧pie˧碗,piɛ˧或 pie˧连起,

tiɛ˧ 或 tie˧ 抬起,po˩ tɕʻiɛ˩ 或 po˩ tɕʻie˩ 山脚下,liɛ˥ 或 lie˥ 年青。(参看上节)这些字以-ie出现的频率较大,但 liɛ˥ 一字适相反。

11. ia 或写作ia̯,出现次数很少,如 lia˧ 棵。还有些语助词,如 tia˩ (表示完了),tia˩ ma˩ (表示意向,倾向)。dia˩ 则显系 di˧ a˩ 之结合(表示可能,可以),如 mo˩ dia˩ 可以做,a˩ dia˩ 不可以的,不行的;dia˩ 了。

12. ue 或写作u̯e,出现次数很少,所有的例字都显系结合现象,-ɛ(˧)是一个语助词的遗迹。例如 ni˧ ȝuɣ˧ 外边,kuɛ˧ 里,中间;ɛ˩ guɛ˧ 还有,guɛ˩ 过来,nie˩ (或 ni˩)vu˩ xuɛ˧ 看见了,tsʻuɛ˧ 在,a˩ tsʻuɛ˧ 不在。

13. ua 或写作u̯a,仅见于少数语助词,如 kɣ˥ sɿ˥ je˧ tua˩ sɛ˩ 那样是像的,意即好像是那样;ŋua˧ 系 ŋu˧ '要'与 a˧ 之结合:go˧ ŋua˧ ma˩ 要做的啊;xua˧ 了,可能是 xo˧ 与 a˧ 之结合。

14. oe 或写作o̯e,出现次数不多,大多是结合现象,常与 oɛ 互换。例如 mo˩ 做,亦作 moɛ˧;to˧ 起来,亦作 toɛ˧;doe˧ 或 doɛ˧ 用在受词后,有跟从之意,如 li˩ (女子)doe˧ so˧ (学),跟你(对唱的女子)学,do˩ doɛ˧ so˧ 跟蜜蜂学,模仿蜜蜂;doɛ˧ lɣ˥,xo˩ doɛ˧ 表示原因或时序,mi˧ doɛ˧ 原来的地,原处,有时 doɛ˧ 也解作'以后';ni˩ (你)ȝoɣ˩ (ŋo˩ ɛ˧)ȝɛ˥ (爱)你爱我;xoɛ˧ 站立了;z̯oɛ˧ (偶作 zoe˧)拿,把;tsɛ˩ (树)oɛ˧ 树上(oɛ˩ 显系 o˧ "顶"与 ɛ˩ 之结合)。

15. oa 或写作o̯a,出现次数极少,仅见于语助词 toa˩,表示肯定语气,有时加重作 toa˩ ma˩;toa˩ ȝa˧ 虽然(kɣ˥ sɿ˥ je˧ toa˩ ȝa˧ 虽然是那样,虽然如此。)结合例如 zoa˩ (zo˩ "小"与 a˧)。

16. ɣɛ 或写作ɣ̯ɛ,例如 tʼɣɛ˧ 出来,dɣɛ˧ (dɣ˩ 亦单用)处(gu˩ dɣɛ˧ 耕的地方,ji˧ dɣɛ˧ 睡处,卧室);ŋo˧ (我)kɣɛ˧ (=kɣ˧ lɛ˧)ɣɛ˧ (爱),我爱他;gɣɛ˧ 回来。

此外还遇见结合韵 ɛa(例如 tɛa˧ 着,lɛa˧=lɛ˧ a˧ 来),io(例如 tɕio˧ 脚,亦可写作 tɕo̯˧),io̯(例如 mio˧ tsɿ˧ ɕim˧ 苗子),后二例显系汉语借字。又遇见一个象声字里含有带鼻尾的韵 koŋ˩ 轰然,和一个汉语借字含有尚留鼻化遗痕的韵 ɕã˧(亦作 ɕa˧)想。这些例字只出现一二次,所以都不列入韵母表。

把自成音节的鼻音 m̩ 除外，e 和 ɛ 并作一个音位，ie 和 iɛ 并作一个结合韵，oe 和 oɛ 也并作一个结合韵，我们发现阿细语的韵母组成下面的系统：

单元音

	前	后
高	ɿ i	u
	e (ɛ)	ɤ o
低	a	

结合韵

ie (iɛ)　　ue (uɛ)　　oe (oɛ)
ia　　　　ua　　　　oa　　　ɤa

声母韵母配合表

	ɿ	i	e	ɛ	u	o	ɤ	a	ie
p	—	+	—	1	+	+	1	+	+
p'	—	+	—	1	+	+	—	+	+
b	—	+	+	—	+	—	+	+	+
m	—	+	+	+	+	+	+	+	1
f	—	+	+	+	+	—	—	+	+
v	—	+	2	+	+	+	+	+	+
w	—	—	1	1	+	+	+	+	+
t	—	+	1	+	+	+	+	+	+
t'	—	+	—	1	+	+	+	+	1
d	—	+	—	+	+	+	+	+	+
n	—	+	2	+	+	+	+	+	+
ɫ	—	—	2	1	+	+	+	—	1
l	—	+	—	+	+	+	+	+	+
ts	+	1	+	+	+	+	+	+	+
ts'	+	+	+	+	+	+	—	+	+

dz	+	1	—	1	+	+	—	+	—
s	+	+	2	+	+	+	—	+	—
z	+	—	1	+	1	+	—	—	—
tʂ	+	—	—	—	+	+	+	—	+
tʂ'	+	—	—	—	+	+	1	—	—
dʐ	+	—	—	—	+	+	+	—	+
ʂ	+	—	—	—	+	+	+	—	+
ʐ	+	—	—	—	—	+	—	+	—
tɕ	—	+	+	—	—	1	—	1	—
tɕ'	—	+	+	1	—	—	—	—	+
dʑ	—	+	+	—	—	—	—	—	—
ɕ	—	+	+	1	—	—	—	—	—
j	—	+	+	—	—	—	—	—	—
k	—	—	—	1	+	+	+	+	—
k'	—	—	—	2	+	+	+	+	—
g	—	—	—	+	+	+	+	+	—
ŋ	—	—	—	2	+	+	+	+	—
x	—	+	—	+	—	+	+	+	+
ɣ	—	—	—	1	—	1	+	+	—
O	—	+	+	+	—	+	+	+	—

上表就本文所有的字排列，以表示声母韵母配合的情形。表中"＋"号表示那种配合见于本篇材料中，"—"号表示那种配合不见于本篇材料中，阿拉伯数字表示那种配合只有一两个例子。自成音节的双唇鼻音 m 没有列入。ie 以外的结合韵也没有列入。参看上文（1）声母（2）韵母的说明和举例。

（4）声调 阿细语共有五个声调，而第五个声调实际上有两种不同的调值，可以任意互换。我现在所根据的材料是 ɕe˧ dʑi˧ 长歌，这个长歌是唱的，所以语调和吟咏之调往往把字调淹没了，不易识别；记音时不得不请发音人改唱为说，并经他一一辨别，这才把字调捉住了。连词和歌唱中，字调往往起变化，这些变调的情形暂时还不能整理出规律来。

以下应用赵元任氏的字母式声调符号，把阿细语的声调归纳为五个：

(1) 高平调　˥55
(2) 中平调　˦44(或˧33)
(3) 低平调　˨22
(4) 中短调　˦44(编者注:为阅读方便,本书改标为˧)
(5) 低降调　˨˩21(又读低短调˨˩21)

为便于比较,下面用 lo 和 ʂo 两个音节作例,并加说明:

(1) lo˥ 虎。ʂo˥ 蒜,ʂo˥ˈomˈ˥ 蒜头,蒜根。ʂo˥ 穷,ʂo˥ dzi˥ 穷人,ni˥ʂo˥ 伤心,ʂo˥ˈmɛ˥ 可怜。这个声调比较最高,所以写作˥55,其实微微有点上升,略似北京话的阳平,写作˦˥45 也可以。

(2) lo˦ 舌。ʂo˦ 柱香,索讨,找。这是个严格的中平调,应写作˧33,出现的频率最大。为了跟第三个调子分别得清楚些,我记音时写作˦44。

(3) lo˨ 城市。这个调子有时易与中平调相混。中平调的元音肌肉较为紧张,低平调的元音肌肉较为弛松,两个声调都是平而缓,高低相差也不远。

(4) ʂo˦ 很,ʂo˦ʂo˦ 很穷,很悲伤。这个声调很短促,也相当高,后面附带着一个喉塞声尾(ʔ),喉头的肌肉特别紧缩,可以看作这个声调的附属品,所以不另标明。词句连读时,调尾的喉塞声(并不破裂)往往不甚显著或甚至脱落。

(5) lo˨˩ 龙。ʂo˨˩ 划然长啸之声(象声字)。这个声调在词句连读时降势不显明,可以写作˩11。另有一种调值是短的,例如 ʂo˨˩ 穿,钻入,ʂo˨˩gu˦ 穿过;这样低降的短调,尾上不滞喉塞声,比起中短调来要长些,在词句连读时跟˨˩21 是不分的。好些单字也可两读——低降调或短低降调。例如 pʻo˨˩ 或读 pʻo˨˩ "者,男子"。清擦声 s 打头的字读低降调或短低降调时,s 的吐气成分特别强,例如 sa˨˩ 粒,颗;to˨˩sa˦sa˨˩(或 sa˨˩)金银粒,sɿ˨˩ 或 sɿ˨˩ 血。(参看声母说明 3)

(5) 文字草案

根据上面的声、韵、调,用拉丁字母给阿细语创造一套拼音文字,是阿细人民普及教育和发展文化的初步工作。方针和步骤要依据民族政策和阿细人民的愿望来决定,我这里暂时拟定一个方案以供参考;将来再深入调查研究之后，这个草案还需要加以修正。下面便是阿细文字草案，方括弧是本书所用的国际音标：

声　p[p]　　ph[p']　　b[b]　　t[t]　　th[t']　　d[d]
　　k[k]　　kh[k']　　g[g]　　tz[ts]　ts[ts']　　dz[dz]
　　c[tʂ]　　ch[tʂ']　　j[dʐ]　　kj[tɕ]　khj[tɕ']　gj[dʑ]
　　w[w]　　f[f]　　v[v]　　s[s]　　z[z]
　　sh[ʂ]　　zh[ʐ]　　shj[ɕ]　　zhj[ʑ]　x[x]　　xg[ɣ]
　　m[m]　　n[n]　　ng[ŋ]　　hl[ɬ]　　l[l]

韵　iu[ɿ]　　i[i]　　e[e,ɛ]　　u[u]　　o[o]
　　ou[ʮ]　　a[a]　　ie[ie]　　m[m̩]

调　˥55高平调　-q
　　˦44中平调　-r
　　˩22低平调　-v
　　˦44中短调　-w
　　˨˩21低降调　-y

　　声母里用 kj khj gj 代替 tɕ tɕ' dʑ，因为我疑心这三个舌面音是彝语历史上颚化作用的结果，舌根音演变为舌面音了。k k' g 不与 i 配合，可能是 *ki *k'i *gi 都变成 tɕ tɕ' dʑi 了。虽然我们对于彝语的历史还茫无所知，可是用 kj khj gj 代表 tɕ tɕ' dʑ 跟汉字的标音习惯并不违背，并可有触类旁通的方便。

　　韵母里用 iu 代表 ɿ，用 ou 代表 ʮ，但是根据音位学的原理，合并为一个，倒是更简便的办法。e 和 ɛ 是一个音位，所以只用一个符号 e 来代表；如果要分别开合程度不同的音值，可以用 ê 代表 ɛ（或在 e 上加任何其他符号）。

　　声调也用字母表示，便于书写。我利用三个不见于声母系统的 q r y，再添两个出现频率较小的 v 和 w。如果五个声调有一个不加调号，我们不妨取消 v，因为 v 的出现的频率比 w 要大些。

　　下面举长歌叙诗开头三十余行作例：

a˩ mɛ˩ lie˥ zo˩ we˦,	aymey lieq zoy wer,
zo˩ pie˦ wa˦˧ go˦ lɛ˩,	zoy pier wawv gor lev,
zo˩ pie˦ bie˦ go˦ lɛ˩。	zoy pier bier gor lev。
ma˩ tʂɛ˩ mo˦ zo˩ o˦,	maycevmor zoy or,
na˥ na˥ bie˦ go˦ lɛ˩,	naqnaq bier gor lev,
na˥ na˥ wa˦˧ go˦ lɛ˩,	naqnaq wawv gor lev。
a˦ m˩ na˩ ɕi˥ lɤ˥,	army navshjiy louq,
a˦ mo˦ li˩ zo˩ so˦,	armor liy zoy sor,
bie˦ kɤ˥ ɕi˩ a˩ ŋɤ˩,	bier kouq shjiy ay ngouv,
tʻɤ˩ kɤ˥ ɕi˩ a˩ ŋɤ˩。	thouv kouq shjiy ay ngouv。
tɕi˥ kʻo˦ je˦ to˩ so˦,	kjiqkhor zhjer tov sor,
a˦˥ m˩ na˩ ɕi˩˧ lɤ˥,	arqmy navshjiyv louq,
bie˦ kɤ˥ ɕi˩ ŋɤ˩ so˦,	bier kouq shjiy ngouv sor,
tʻɤ˩ kɤ˥ ɕi˩ ŋɤ˩ so˦。	thouv kouq shjiy ngouv sor。
zo˩ bie˩ li˩ no˦ lɛ˩,	zoy bier liy nor lev,
zo˩ tʻɤ˩ li˩ no˦ lɛ˦。	zoy thouv liy nor lev。
a˩ mɛ˩ lie˥ zo˩ o˦,	aymey lieq zoy or,
a˦ mo˦ zo˩ ŋo˩ lɤ˥,	armor zoy ngov louq,
ɣa˩ lɛ˩˦ pʻie˥ sa˥ lɛ˩,	xgay levr phier saq lev,
sa˥ lɛ˩ pʻie˥ ɣa˩ lɛ˩,	saq lev phier xgay lev,
a˦ pʻo˩ ji˩ vie˦ ji˩,	arphoy zhjiv view zhjiv,
tu˩ bu˦ dɛ˦ sa˥ ni˦;	tuv bur der saq nir;
a˦ mo˦ tso˩ mo˥ ji˩,	armor tzov mov zhjiv,
dzo˩ bu˦ dɛ˦ sa˥ ni˦。	dzoy bur der saq nir。
po˩ gu˦ na˦ ɬɤ˩ ve˩,	pov—guw nar—hlouv vev,
po˩ o˥ na˦ ɬɤ˩ tʻu˩。	pov—oq nar—hlouv thuy。
li˩ tʻu˩ pʻie˥ ŋu˩ xo˩,	liy thuy phier nguv xov,
bie˦ bu˦ dɛ˦ a˩ sa˥,	bier bur der sy saq,

wa˦ bu˦ dɛ˨ a˨ sa˦,　　　wawr bur der sy saq。
kɤ˥ sɿ˥ je˦ toa˨ vɛ˥,　　kouq siur zhjer toav vev,
e˨ ni˦ tɕi˦ t'i˦ ni˦。　　eynir kjir thiy nir,
li˨ t'u˨ ŋu˨ xo˦ nɛ˨,　　liy thuy nguv xor ney,
a˦ mo˦ zo˨ ʂo˥ lɤ˥。　　armor zoy shoq louq。

三、语　法

在语法上阿细语跟旁的彝语方言大休相同,这儿只择重要的几点略加说明。

(1) 单字显不出固定的词性;换句话说,就是不能在声韵调的变化上来分别词性,要看每个字在连词或语句中的作用,要靠次序和意义来决定。例如 pie˦ "跟,和"与 bie˦ "说,谈,唱"二字,在:

　　zo˨ pie˦ wa˦ lɛ˨ (男跟玩来罢) 跟我来玩啊,
　　zo˨ pie˦ bie˦ go˦ lɛ˨ (男跟唱来罢) 跟我来唱啊。

这两行诗里 zo˨ "男"系男子自称。pie˦ 可以叫作后介词,wa˦ 和 bie˦ 是动词。但是 bie˦ pie˦ "谈话或歌唱的伴侣",bie˦ 形容后面的 pie˦ 而类似形容词,pie˦ 却变作名词了。按照阿细语的词序或习惯讲,zo˨ pie˦ 的 pie˦ 说是个动词倒更合适,动词照例总是跟在受词后面的,pie˦ 是"随同"的意思。名词性质的 pie˦ 作受词用,后面跟动词,例如:

　　po˨ o˥ tsa˦ tsɛ˨ tɛ˨ (山顶椎栗树在) 山顶有椎栗树,
　　tsa˦ tsɛ˨ kɤ˦ tsɛ˦ tɛ˨ (椎栗树九棵有) 椎栗树有九棵;
　　xi˦ tsɛ˦ pie˦ bu˦ ni˦ (八棵伴有呢) 八棵有着伴儿;
　　t'i˨ tsɛ˦ pie˦ a˨ bu˦ (一棵伴没有) 一棵却没有伴。
　　pie˦ a˨ bu˦ kɤ˦ ti˨ tsɛ˦ (伴没有那一棵) 没有伴儿的那一棵
　　tɕe˦ do˦ kɤ˦ pie˦ mo˦ (枝生他伴做) 生了枝做他的伴,
　　t'o˨ do˦ kɤ˦ pie˦ mo˨ (叶生他伴做) 长了叶做他的伴。

(2) 语句的次序是:主语——宾语——述语,例如:

ŋo˩ tso˩ dzo˩（我饭吃）我吃饭。

有时宾语（受词）后面跟一个助词——后介词 lɛ˧，lɛ˧ 往往失掉声母同受词结合为一个音节，例如：

ŋo˩ ni˩ lɛ˧（或 niɛ˩, niɛ˩）da˩（我你啊打）我打你。

同样 ni˩ ŋoɛ˩ da˩ 你打我。

ni˩ kɤɛ˧ da˩ 你打他。

否定句在述语前加 a˩，如：

ŋo˩ tso˩ a˩ dzo˩ sɛ˩（我饭没吃呐）我还没有吃饭呢。

问句可以将述语重复，如：

ŋo˩ tso˩ dzo˩ dzo˩ xo˧（你饭吃吃么）你吃了饭么？

(3) 形容词往往紧跟在名词之后，如：

mi˥ t'o˩ zo˩（小刀）小刀，刀儿（zo˩ 亦解作'子，仔'）

lu˧ ʂa˧（石黄）黄石

vi˧ lo˩（花）ni˩ pɛ˩（或 gɤ˩）mo˧ 红红的花，红花

vi˧ lo˩ so˧ tsɛ˥（花很美）很美的花

so˥ po˩（书）t'i˩ po˩（书一本）一本书

a˩ mɛ˩（姑娘）liɛ˥（年青）zo˩（小）ji˧ dɤ˩ 年青小姑娘的卧室（睡处）

但是动词意义的字作形容词用时，往往放在名词前，例如 biɛ˧ piɛ˧ 谈话或唱歌的伴儿。

(4) 两个词连用时，前面的名词往往是形容或限制后面的一个，跟汉语相似，例如：

lɛ˧ mi˧ 山地（比较 fa˧ mi˧ 干地，ta˧ mi˧ 栽地，水田，都是较固定的习语。）

vu˩ ʂɿ˥ 菜子；

vu˩ ji˩（菜水），菜油。

po˩ o˥（又作 oɛ）山顶，巅；（po˧ 指童山）。

po˩ gu˧ 山凹,谷;

po˩ va˧ 山腰(又作 po˩ bo˩, po˩ dʐu˧ɛ˧ 或 dʑuɛ˧);

lɛ˧ pʻie˧ 山腰;

lɛ˧ tɕʻi˧ (又作 tɕʻiɛ˧)山脚,山麓。

(5) 人称代名词

ŋo˩ 我 ni˩ 你 kɤ˧ 他

ŋo˩ ɕi˩ 我们(不包括对方)

a˩ s̩˥ 或 a˥ s̩˥ 咱们(包括对方)

na˩ ɕi˩ 你们 kɤ˩ ɕi˩ 他们

a˩ s̩˥ 谁 a˧ ma˩ 各人,每人

加重或反指时于人称代名词后加 tɤ˩ mo˧ "自己":

ŋo˩ tɤ˩ mo˧ 我自己(独自一个)

ni˩ tɤ˩ mo˧ 你自己

a˧ ma˩ tɤ˩ mo˧ 各人自己,各自

表示领有关系时,语次与汉语同,但不另加介词或助词:

ŋo˩ tɕʻi˩ no˧ (我鞋子)我的鞋子

a˥ s̩˥ tɕʻi˧ no˧ 咱们的鞋子

(6) 指示代名词

tɕi˧ kɤ˧ 这个   tɕi˧ ɕi˩ 这些

va˧ kɤ˧ 那个   va˧ ɕi˩ 那些

tɕi˧ ta˧ 这儿   va˧ ta˧ 那些

tɕi˧ s̩˥ 或 tɕi˥ kʻo˥ (tɕi˥ 又读 tɕi˧)这样,如此

kɤ˥ s̩˥ 那样,如彼

kʻa˥ s̩˥ 又作 xa˧ s̩˥ 如何

a˩ mi˥ 什么,为什么

(7) 类词(或作量词)似乎特别少。lɤ˥ 可以相当于汉语的"个""只"……等,例如:

xie˧˥ zo˥ t'i˧ lɤ˥(鸟小一只)一只小鸟

xie˧˥ zo˥ tɕi˧ lɤ˥ 这只小鸟

mo˥ t'i˧ lɤ˥ 一匹马

ni˥ t'i˧ lɤ˥ 一头牛

tɕ'i˥ t'i˧ lɤ˥ 一条狗

a˧ ŋo˥ t'i˧ lɤ˥ 一尾(条)鱼

tsu˧ tsu˥ t'i˧ lɤ˥ 一张桌子

xɛ˥ t'i˧ lɤ˥ 一所房子

po˥ t'i˧ lɤ˥ 一座童山

la˧(或 lɛ˧) bu˥ t'i˧ lɤ˥ 一座山(有草有树的山)

但是比较 ts'u˥ t'i˧ tɕ'ɛ˧(人一个)一个人。

(8)助词 助词自身没有独立的意义,有时附加于旁的词或短语,有时附加于句尾使语气发生曲折。例如:

dɤ˥ tɛ˧ ŋo˥ ts'u˥ ni˥(想着我伴你)你是我所想念的伴侣。

ɤɛ˧ tɛ˧ ŋo˥ ts'u˥ ni˥(爱着我伴你)你是我所心爱的伴侣。

这两句里字字有意义,但是 tɛ˧ 字的意义不能独立,只是补充或附属前面的动词,所以可看作一个助词。译文里的"是"在汉语中按我们的定义也不妨叫做半助词。相当于汉语"是"字的,在阿细语里是 je˧ "似是"或 ŋɤ˥ "是",或二字连用 je˧ ŋɤ˥,或加 to˧ 于后:je˧ to˧, ŋɤ˥ to˧。这五个词儿表示语气的功用大同小异,但并不能随意互换,都可以看作一句的助词。下面举 je˧ 作例,同时句尾另用不同的助词,补足全句的语气,或者连接上下文,发生转折和连带的关系。

kɤ˧(或 kɤ˥) sı˥ je˧ do˧(那样似的)大概是如此。

与 do˧ 相同的还有 dɤ˥ 与 di˥,但语气比较肯定些。

kɤ˧ sı˥ je˧ so˧ 是这样呐。

so˧ 表示肯定的语势较强,与 so˧ 相仿佛的字还有 lɤ˥ 与 ma˥。

kɤ˧ sı˥ je˧ xo˧(或 xua˥)是这样的呢;

kɤ˧sı˧je˧xo˧do˧ 这样了呢，这样之后；

xo˧表示完成，xo˧do˧则有加重或起承之势，do˧单用时也表示完成。

kɤ˧sı˧je˧ŋa˧ 是这样的么？

ŋa˧表示犹豫或疑惑，既非肯定，亦非否定。比较下句：

tɕi˧sı˧ŋɤ˩do˧ŋa˧ 是不是这样呢。

k'a˧sı˧ŋɤ˩a˩sa˥（如何是不知）可不知道了，不知怎么回事。

表示转折的虚词，约有以下数例：

kɤ˧sı˧je˧mo˧ 假使是如此

kɤ˧sı˧je˧ni˩ 虽说如此

kɤ˧sı˧je˧nɛ˩ 虽说如此

kɤ˧sı˧je˧ni˧nu˩ 虽说如此

kɤ˧sı˧je˧nu˩ 虽说如此

夹在句中表示转折语气的虚词如 p'ie˧ "倘使，假使"。

tɕi˩zo˩p'ie˧tɤ˧xo˧（日小如落了）太阳要是落了山。

（9）修辞　修辞不属于语法范围，而是艺术或技巧的问题，但为了方便，姑附论于此。阿细民歌是阿细劳动人民生活的结晶，有着悠久的口头的传统，但受了格律的限制，情歌的语言跟日常的口语不完全一样。显著的特点是(a)一个字或词可以增减，变成几个不同的形式；(b)几个不同的字表示类同或近似的意义，同时保留微妙的区别。

（甲）一字数形　栗子树叫做 tsa˥tsɛ˧，又叫作 tsa˥p'o˩，又叫作 tsa˥sı˧，野栗树则称 sı˧。蝴蝶有以下不同的称呼：bu˩ 蝴蝶，bu˩zo˩ 小蝴蝶或蝶儿，bu˩ɤ˩ 或 bu˩ɤ˩zo˩（口语通用），tsı˧ 蝶（较文，只用于情歌）。伴侣本字为 pie˧，也常有变化作 pie˧zo˩ 伴儿，pie˧lɤ˥ ɽ（伴个），lie˩pie˧（lie˧ 系 lie˥ "年青" 的变形）。母亲称 a˧mo˧ "妈妈"，ji˧(e˧)mo˧，在情歌中 mo˧ 往往单用。太阳 li˥tɕi˩ 或 tɕi˩zo˩（白话），简称为 tɕi˩（文）。火 m˧tɤ˥ 简称为 tɤ˥（文）。

(乙)同义字 人叫作 ts'u˩ 或 to˩ 或 tṣ'ɛ˦ 伴侣或朋友叫作 pie˦ 或 tṣ'u˩ 或 va˦。有草而无树林的童山叫作 po˩，有草又有树林的山叫作 lɛ˦ bu˩，连词中也单作 lɛ˦。

相爱有三个主要的字眼儿：ɣɛ˦"爱"，dzɛ˦"相好"，li˥"喜欢"。游玩，玩儿，为 wa˦（又作 wɛ˦）或 go˦。说，讲，谈，可译为 bie˦"说"，t'ɤ˩"讲"，m˦"告诉，教导"，bie˦ m˦"诉说"，bie˦ 又引申为唱 tṣ'a˩。

汉语"烧"字可有以下几种不同的说法，"烧"这个现象跟所烧的东西是分不开的：

   a˦ bi˩（衣服）m˦ tɤ˥ do˦ 衣裳给火烧着了。
   lie˦ pu˦（手）m˦ tɤ˥ tsʻo˩ 手被火烫着了。
   m˦ tɤ˦ tsɛ˦（火烧）烧火（又作 tɤ˥ tsɛ˩, tɤ˥ zo˩ tsɛ˩）。
   tsɛ˩ si˦（或 sɛ˦）（柴烧）烧柴。

同义字也常变化而产生几个不同的形式，如 e˦（或 ɪ˦）ɕi˩ 情歌，调子；ʂɪ˥ tʂɪ˩（或 ʂɪ˩ tʂɪ˩, sɪ˥ tsɪ˩, sɪ˥ tɕɪ˩）歌，曲，mi˩ 曲调；另有 ʂɪ˥ du˩ 歌话，mi˦ go˩，mi˦ ɕi˩ 故事，恋爱故事，歌中故事，ʂo˥ go˩ 悲歌，ŋu˦ mi˩ 缠绕不清的歌曲，pi˦ m˩ ʂɪ˥ tsɪ˩ p'o˩ 毕麾歌者，意即歌调知道得最多的毕麾（巫师）。

画图的画是 xua˥（汉语借字），木匠画线条的画是 so˩。

zo˩（小）有亲密之意，附于字尾，好像北京话的"儿"。太阳 li˥ tɕi˩ 或 tɕi˩ 又叫作 tɕi˩ zo˩，火 m˦ tɤ˥ 或 tɤ˥ 又叫作 tɤ˥ zo˩，星 tṣa˦ 又叫作 tṣa˦ zo˩。同样，t'i˩ mo˦ 一个，意谓亲爱的一个。

依上所述，可见阿细民歌里的语言是口语经过了一道修饰，变简洁了，虽然其间的距离并不远，宁可说还是一致的，不像汉语因为文字的历史传统悠久，形成了显著的文白之分。再举一二例，如情歌里的 gu˩ lu˦ 耕种，口语为 mi˦ gu˩"耕地"与 mi˦ lu˦"种地"；情歌里说 na˦ tɤ˦ 春风，na˦ xie˦ 春鸟，即鸣春的小鸟，na˦ vi˦ 春花（口语花为 vi˦ lo˩），na˦ do˩ 蜜蜂，小蜂子（春夏出没于花丛间的），这些语词，很像从固定名词 na˦ da˩"春分，立春"脱化而来，虽是简洁的文辞，在口语里倒也时常出现。

(10) 民歌的格律 "先鸡"长歌全部以五字一句为主,偶尔杂以六言和长短句,长短句只一度大量出现在第五部"求爱"里,显然是感情最激越的部分,也可看作全诗的顶点。通篇没有押韵,是合于口语的自由诗。用简洁的语言表示真挚的感情,没有雕琢,没有铺张,形式和内容没有不相衬的地方。叙事部分似乎有点松弛和噜嗦,但是正衬托着舒缓自在的情景。最惯用的句法有两种,一是排比,一是连锁。

排比句是上下两句大半的用字相同,形式相同,例如

na˧ na˧ bie˧ go˧ lɛ˩ 快快来唱罢,
na˧ na˧ wa˩ go˧ lɛ˩ 快快来玩罢。

连锁句是上句的后半部和下句的前半部相同,内容相连而不可分的,例如:

ji˩ tsʅ˩ a˧ po˩ zo˩ 水边小青蛙,
a˧ po˧ kɤ˩ di˧ nɛ˩ 青蛙呱呱叫。

还有一个特点,就是歌者利用同音不同义的字,出现于连续的两句;这两个同音字并没有意义上的关连(如一语双关),只是诗人有意玩弄的技巧。例如长歌1280—83行:

tso˩ mo˧ sa˩ pa˧ zo˩ 水边小青蛙,
li˩ zo˩ tʻi˩ pa˧ lɤ˩ 女从今以后(女小一辈呐),
zo˩ xo˩ pʻo˩ o˩ dzʅ˧ 生儿跟父亲一般高(儿养大父头齐),
nɤ˧ xo˩ mo˩ o˩ dzʅ˧ 育女跟母亲一般高(女养大母头齐)。

后两行是排比句。第一句与上下文无关连,在意义上可有可无,只利用sa˩ pa˧ "柿花"的后一音节,引起第二句的 pa˧ "辈"。同样长歌1292——93行:

tso˩ tsʅ˩ li˩ xa˩ zo˩ 路边小石子,
zo˩ to˩ li˩ xa˩ lɛ˩ 男来领女罢。

这两句意义上似乎没有什么关系,附会的解释是:山地崎岖难行,请你带领我去罢。但是两句主要的关键是在那个同音字 xa˩(li˩ xa˩石子,

xa↓领)。又如：

ts'ɿ˧ŋo˧ɬo˧bo˧ve˧十五月亮圆，
ɬo˧bo˧a˥ɜv˧ve˧od˧o˧月亮团团圆，
ve˧ve˧bie˧gu˧le˧团转走着唱过来。

这三句互相连锁,光未然先生译为

十五月亮圆，
光明照四方，
我在四方找。(见光译"阿细的先鸡"页121。)

光译不但有意用"照"和"找"表达上面所说的同音字,并且"四方"两次出现,也多少传达了原文的连锁结构。可惜这一段在我记录的"活版本"里没有出现,可见同一歌者在不同时候或场合便自由修改和变换,内容和辞句并不十分固定。

(原载《阿细民族及其语言》,科学出版社,1953年)

窝尼语音系

绪论：窝尼民族

戴维思著云南一书，末尾附论云南的夷族，关于窝尼(Wò-ni)有几段叙述大意如下：①

云南南部住着许多民族，说的是倮㑩语的方言，汉人管他们都叫作窝尼。这倒是个方便的名称，可以包括那些民族，他们的语言系统跟倮㑩相同，体格与外貌却赶不上倮㑩，我所遇见的这个种族里有许多小民族，如卡都(Ka-tu)巴都(Pa-tu)比窝(Pi-o)马黑(Ma-hei)，罗比(Lo-Pi)和阿卡(A-ka)此外还有苦宗(Ku-tsung，与西藏古宗 Ku-tsung 不同)山苏(San-su)普拉(Pu-a)以及其他。

窝尼人分佈区域不超过北纬二十四度以北，这个民族的老家似在地郎厅，即今墨江县(北纬二十三度二十五分，东经一零一度四十五分，)他们人口的主要部分就在这里。他们有大批的人向南迁移，阿卡是最南的一支，现在占有景东山区人口的大部分。

住在他郎厅的三个小民族是布都(Pu-tu)，比窝和卡都，后者有些地方又叫作卡多(K'a-to)。这三个民族讲的方言可以彼此了解。他们外表的标记依然还是在女子的服装上。布都和比窝女子穿一种上衣，其长几及膝，前面开了岔，另用一块布结在胸部。布都女子用扣扣把这块布扣在上衣上。比窝女子却用一方不相连的布结在上衣里面。裙边都在前面开岔，跟缅甸人的拖幔相似。头巾上有五长条的布，掠过头顶，垂在脑后，可是未婚的少女是戴帽子的，把头发剪成一尺来长，披在

---

① H. R. Davies, Yun-nan, the Link between India and the Yuntze, Cambridge University Press. 1909. 引文见 pp.194—196.

颈脖上。比窝女子的衣裙往往是白色的,还戴大银耳环作装饰品。

卡都女子跟布都、比窝不同,穿长裤子替代裙子,用好些小小的金属装饰品垂挂在头巾前面。

马黑自称巴洪(Pa-hawng),也住在他郎县,我在思茅和普洱也遇见他们。马黑女子的服装是黑色的。她们所穿的短衫长可及膝,结了婚的还用一方布结在腰围,垂盖在裤子上面。她们头上什么也不戴,头发编成辫子,她们戴些银饰物。从脖子上挂到短衫前面。

阿卡,也叫作考(Kaw),人数很多,住在景东县东部,以及安南老挝与云南毗邻的地方。女子穿的上衣很短,还到不了腰际;同样很短的裙子,还到不了膝头。头饰很特别,用两片竹子,一片捆着脑袋,另一片竖在脑袋后面,而这两片竹子几乎是看不见的,因为全部裹着深蓝色的布,点缀着零星的银饰物。这个民族有一个特别的风俗,就是吃狗肉——这在西南夷族里是不常见的。

据戴维思以上的报道,汉人所说的窝尼可以包括卡都,巴都,比窝,马黑,罗比(又作糯比),阿卡,苦宗,山苏,普拉,布都,诸小部族。这样几乎把所有的迤南民族,都认为是窝尼的分支,除方便以外,究竟还有什么语言文化或其他的根据,似乎很成短疑问。但是迤南有一个民族,自称和尼(xɔ˩ni˩)汉人管他们叫窝尼的,却被戴维思遗漏了。依1942年夏天高华年先生在扬武坝的调查,1943年夏天我在峨山县的调查(两次调查都是受南开大学边疆人文研究室委托),结果告诉我们,汉人所说的窝尼都自称和尼,跟云南地方志上的记载大体符合。又据陶云达先生的调查,现在建水石屏乡间和沿红河流域一带,也有窝尼人居住。元江还有一个部族,汉人管他们叫作黑窝尼,大概是窝尼很近的表亲。我调查的地点是峨山县,约在北纬25度,所以窝尼人的分布区域,最北的至少该说是北纬25度哩。

我住在峨山正从事窝尼语的调查时,当地人士帮忙从山苏山上请来了一个山苏人。山苏人。山苏山介乎新平与峨山(或玉屏与碧支二乡)之间,山脊(俗名樑子)便是二县的交界处。山上住着一百来户的山苏人;其中有一个村寨叫作咩左格,住户约三十家的,汉人与山苏参半,汉人都姓伍。这一带的山苏人(ʂæ˩ɖu˩pʼæ˩)共分竹与木二姓:竹姓

(vʊ˦ɕe˧)供奉一种细山竹(vʊ˦),可作笔杆原料;木姓(mæ˦ɕe˧)供奉一种樱树(mæ˦或 ne˦),开着米粒儿似的一球球小白花,树干可以挖空作盆。这类植物,一旦被供奉,便视为神灵(ne˦),插在房屋的背后或门上或大门前面,于旧历六月二十三日和腊月二十三日各献祭一次。山苏人住在山顶,搭棚为屋,在山地里种植荞麦和玉蜀黍作为经常食粮的来源。竹木二姓互相通婚,但一族以内的男女不得通婚。迎娶时由男家派二男二女来到女家将新娘挟回,富有之家宰羊请客以示庆贺。约一年以后,新娘生了孩子,男家这才给女家送致聘礼。假使新娘不怀孕,或有别的不能使男方满意处,则男家可将女子遣送回娘家,脱离关系,男女各自另觅婚配。所以山苏人的生活方式还保留着原始图腾制的氏族社会。

这般山苏人很受倮㑩的压迫,很多人懂得倮㑩话,但绝少通汉话的。我的发音人属于竹氏,名字叫作禿巴霸(t'o˦pa˨pa˦),住在咩左格村,由玉屏乡第六保保长汉人伍子恒君陪送来到峨山县城。禿巴霸身材短小,眼睛令人联想到猴儿,外貌跟汉人或旁的夷族显然不同。也不懂汉语,只懂得一点倮㑩话,而我们的通译员伍子恒君也只懂得很少一点山苏话和倮㑩话。结果不得不用直接传授法,因为我发现转译太靠不住。在四五天的时间内,我多少捉摸到一点儿山苏语的特点。山苏语有浊声母,韵母都是单元音,只在极少的连词里因同化或结合作用偶然发现收鼻音 ŋ 的复韵,声调是四个基本调和两个变调,大体上跟黑夷倮㑩语很接近,或者受了后者很深的影响也未可知,但与窝尼语距离较远,就像黑夷倮㑩语与窝尼语之间的距离差不多是一样远。

又据峨山城乡人士说,峨山县化念乡(现并入玉屏乡)住着一个部族叫作罗比或糯比,语言跟窝尼很接近,但并不相通。单就山苏和罗比说,如果把他们认为窝尼的支派,既不是当地汉夷人民的习惯,也还缺少旁的妥实的根据。关于迤南的许多小民族,尤其是他们的语言和文化(如社会组织与信仰等),我们至今还知道得太少,所以各民族间的亲疏关系,无法作可靠的推测。我们只能暂时假定:黑夷倮㑩、窝尼,山苏、罗比都是一个语言系统的方言分支,彼此间关系有远有近,但是因为黑夷人数多,社会政治的势力大,所以旁的语言多少都受了黑夷倮㑩语的影响。

窝尼人散居在峨山(ȵʑɿ˧mi˧)县境的情形,就我探访所及,约有以下几个村寨,都是依山傍水环境异常幽静:(一)脚落村(tso˧lu˧su˧),距峨山县城北约十一二华里,分上中下三寨,住户共一百来家,除一二家汉人外全说窝尼话。(二)江北村,旧名阿宝珠(本村人管它叫ɔ˧po˧tsu˧,脚落村人管它叫ŋa˧pu˩tsu˧),在漪河(又名大河)之北,距峨山城约六华里,住了五六十户人家,纯说窝尼话的占三分之二,兼说汉话的占三分之一,都是窝尼人。(三)大鱼塘,距城四十华里,住户约三十家,汉化程度很深。(四)水尾(lu˧lat˧su˧),距城西十四华里,住户约三十家。(五)花园,距城西二华里许,住户约五六家。水尾和花园的人全说窝尼话,汉化程度极浅。以上各村的窝尼话,语音和词汇常有小小出入,但是能够完全互相了解。又峨山县城以西偏北约五六十华里的棚榨(或作拿鲊坝),也住了很多的窝尼人,语音词汇比以上靠近县城的各村的话似乎更多不同之点。

我调查窝尼语前后换了三个发音人。第一个是阿宝珠人,六十多岁,略有瘾癖,我耐性侍候了他一星期,终于无法继续。第二个是峨山城内赶街天无意间找来的脚落人,二十二来岁,不会讲故事,镇天陪着我咿咿哑哑地很不耐烦,便设法给我介绍了一位同村人,据说是脚落村驰名的善讲故事的能手。这最后第三个发音人,果然很满人意,汉名李永开,年四十六岁,住脚落上村,妻汉女,家里养了猪和鸡(却不是狗和猫),可是打扫得倒还干净。他讲起故事来很有条理,每天上午他把原文词句慢慢地说,我便用国际音标逐字记录;接着模仿给他听,等他首肯之后算是第一步工作完了。下午我再从头逐句念给他听,遇有困难或疑惑处再经过一番推敲,然后逐字逐字译成汉文。他虽能兼说窝尼话和汉话(bilingual),可是从一种话译成另一种话,可把他难倒了。经过四五天的练习,他才恍然知道两种语言的词句结构不同;最使他吃惊的是谓词与受词,名词与状词,在两个语言里次序恰巧相反。这样讲了两星期的故事,我对于窝尼话的发音,觉得略有进步,我们便把记下的十几个故事重新温习一遍,这回完全是我根据原稿讲给他听,这要又改正了好些记音和翻译上的错误。以下的语音系统和语法撮要,便是我根据一千余字汇和十四个故事抽绎出来的。

这个报告是我初次调查夷语的结果。窝尼语跟黑夷倮语同属于藏缅语系,跟黑夷倮语有许多相同之点,也有很多不同之点,我暂时假定它是跟黑夷倮语并立的一个方言;但是这个方言似乎受了外来的影响,自身也许不便单纯一致,所以有些语音现象,尤其是复韵母一项,很使我踌躇,虽然我不得不下一个暂时的解决方案。

——一九四七年三月整理后记。

窝尼语音系

I. 声母　窝尼语的声母系统里,有一个值得注意的特点,就是缺少带音的塞声擦声,而这些在黑夷倮语里往往是齐全的,所以至少在这一点上窝尼语和倮语是两个平等的方言。还有一点值得注意的,就是边音共有三个:音响偏后的 l,清擦声 ɬ,和浊擦声 ɮ。假使半元音和元音起头的字也计算在内,整个系统里共有二十九个音位,列表如下:

发音部位＼方法	双唇	唇齿	舌尖上齿	舌尖齿龈	硬颚舌前	软颚舌后	喉头
塞声	p　p'		t　t'			k　k'	ʔ
擦声		f	s　z	ṣ　ẓ	ҫ　j	x	
塞擦声			ts　ts'	tṣ　tṣ'	tҫ　tҫ'		
鼻音	m		n			ŋ	
边(擦)音			l	ɬ　ɮ			
半元音	w						
无声母字						O	

各声母的发音状态简单地说明并举例如下:

1. p　清塞声,双唇闭塞而破裂时肌肉并不紧张,可说是个弱辅音(lenis)例如 pa˩t'ŋ˧ 肩,Pi˧ts'l˩ 尺杆,pu˧pu˧ 饱饱的,puŋ˧ 飞。

2. p'　吐气的清塞声,双唇闭塞,破裂时带时带有较强的送气,肌肉也不显得紧张,比英语里的 p 单独在字头时还要稍较弱些。例如 p'ɔ˩ni˧ 足趾,p'i˩k'ʊ˧ 或 p'i˩kʊ˧ 胆。

3. t 清塞声,软弱,舌尖抵触上齿的后面或者稍高些——接近齿龈,跟北平话里的ㄉ相像。例如 tɔ˩xuŋ˧ 背,tH 活,to˩pɔ˩ 话。

4. t' 吐气的清塞声,发音部位跟 t 相同,跟北平话里的ㄊ也相像。例如 t'ɔ˩ 一个 t'i˩xɔ˩ 痰。

5. k 清塞声,软弱,舌后或舌根和软颚抵触,和北平音ㄍ相像,例如 kɔ˧mɔ˧ 路,tɕ'i˩ku˧ 一里,kʊ˧ 的,ku˩li˩ 故事。

6. k' 吐气的清塞声,发音部位同 k 一样,跟北平音ㄎ相像。例如 k'ɤ˩p'ɤ˧ 汗,k'ku˧mɔ˧ 或 k'ʊɔ˧ 六个,k'ɿ˩ 说,告诉。

7. ʔ 喉塞声,声门突然闭塞,接着突然开放,略有吐气的成分,跟玉溪话里的喉塞声似乎不完全一样,因为后者并不显得吐气的样子。这个辅音在一般语言里出现时照例是清音,而没有浊音相配,也往往没有吐气和不吐气的区分;在有些语言里,它有时很不稳,易于丢掉。在窝尼语的峨山方言里只偶然出现,并且只限于象声字,有时也会丢掉。所以把这个音位取消,也未尝不可以。例如 ʔɛŋ˧ 水牛,有时作 ɛŋ˧。

8. f 清擦声,上齿与下唇摩擦而成,有时也可以作双唇清擦声 ɸ。据高华年先生调查的扬武坝窝尼话,完全作 ɸ 而不作 f。例如 tɕ'i˩fe˧ 一分,fɔ˧te˧ 刀,fu˧ 年(又作 xu˧),fu˩lɔ˩ 回来。

9. s 清擦声,舌抵触齿缝或上齿的后面摩擦而成,但是抵触得并不很紧,例如 sɤ˧ 喘(ṣa˧sɤ˧ 气喘,打呵欠)suaŋ˧ 三个。

10. z 浊擦声,发音部跟 s 相同。例如 zo˧lɔ˧ 或 zu˧lu˧ 鹏,zɔ˧ɕiə˩ 晓得,聪明;zɤ˩ 走。

11. ṣ 清擦声,又称翘舌音,舌尖或舌头抵触齿龈摩擦成声,但是抵触得不很紧。例如 ṣa˧ 气,ṣɤ˧tsɿ˧ 牙齿,ṣi˧ 金,死;la˧ṣo˧ 手指甲,ṣy˩ 血,ṣɔ˩ 肉,ṣʊɿ˩ 七。s 和 ṣ 常相混,恐由于发音人方言不很单纯。

12. ẓ 浊擦声,发音部作跟 ṣ 相同。(假使 s 和 z 的发音部位向下稍移——舌尖抵触齿缝或甚至下齿的后面,则 ṣ 和 ẓ 也随着下移——舌尖抵触上齿与齿龈之间这是因人因地而异,但并不影响两对声母的区分。)例如 ẓau˧ 儿子,zɔ˩Im˧ 女儿,ẓuŋ˧tẓuŋ˧ 树。z 和 ẓ 也常相混,恐系方言不纯,记音时为保持本来面目,没有把它统一改正。

13. ɕ 前舌面与硬颚互相摩擦而成的清音。例如 kʻo(ŋ)˩ɕɹ˧ 颈,ɕi˧ 杀。

14. j 发音部位与 ɕ 相同的浊擦声。例如 ja˧ tʂɤ˩ 押赤,昆明,省城;i˥ɕɹ˩ 祖母;jɔ˧ ʐɤ˩ 于是,随后;je˧ tsʻo˧ kɤ˩ 从前,古时候。j 有时似从 z 或 ʐ 变来,拿鲊坝方言往往读作 z;如后介词(Post-poition) jo˥ 在拿鲊坝和阿宝珠都作 zo˥ i˥ɕɹ˩ 又读 i˥ zo˩。

15. x 后舌面或舌根和软颚互相摩擦而成的清音。例如 xɤ˧ mɤ˩ 嘴,xa˥ nuŋ˧ 男子,cx˧ mɤ˩ ɕʐ˩ 女子,xiɕ˧ 八 xi˩ xɤ˥ 八百,xo˥ 餐,饭;xo˩ xɹ˥ 豺狗,xu˧ 年(又作 fu˧)。这个声母没有跟它相配的浊音。

16. ts 舌尖抵触下齿或齿缝,使劲摩擦而带破裂性的清塞擦声。例如 tsu˧ 腰,tso˩ 吃,tsu˥ tʻi˩ 钥匙,tsɹ˩ mɤ˧ 县官。

17. tsʻ 发音部位和方法都跟 ts 相似,但是开放时带有吐气的成分,像北平音的ち。例如,tsʻa˥ tʻaŋ˩ 脐,pɤ˧ tsɤ˥ 扁担。

18. tʂ 翘舌音,舌尖抵触齿龈或上齿与齿龈之间的清塞擦声。例如 tʂu˥ 有,住,tʂu˩ ma˧ 猪(或单作 ma˧,第一音段 tʂu˩ 恐系汉语借字),ʂu˩ tʂu˥ pʻɕ˩ 或作 ʂu˩ tʂu˧ 老师,先生,师父。

19. tʂʻ 发音部位和方法跟 tʂ 相同,但是开放时带有吐气的成分。例如 tʂʻo˥ 人,la˧ tsʻɹ˧ 手肘,tʂʻɕ˥ 什么。

20. tɕ 清塞擦声,前舌面和硬颚互相摩擦而带有破裂性。例如 i˧ tɕi˧ 尿,i˧ tɕi˥ tɕi˩ 解小便,o˥ tɕe˩ 姊,tɕɹ˧ xuŋ˧ 发,头发;tɕɕ˥ 表示完毕的语助词。

21. tɕʻ 跟 tɕ 相当的吐气清塞擦声。例如 tɕʻɹ˥ ɕɤ˧ 十个,tɕʻi˧些,tɕʻɕ˧些,几个(放在名词后)。

22. m 双唇鼻音,例如 ma˥ mu˧眉毛,眼毛,nɤ˧ mɤ˩ 鼻。

23. n 舌尖抵触上齿或齿龈与上齿之间的鼻音。例如 nɤ˧ xɤ˧ lɤ˧ 胸,nɤ˧ ɕi˩ 心脏,nio˩ 二,no˥ 你,nɤ˧ 好,美。

24. ŋ 后舌面或舌根抵触软颚的鼻音。例如 ŋo˥ 我,ŋɤ˥ 是,ŋo˥ 五。

25. l 浊边音,发音时后舌面似乎微微凸起,听起来有点像后"l",

而不大像前"l",但这可能是发音人自个儿的特点。例如 laɬ 手,lɔɬ 来,ɤɬluŋɬ 牛塘。l 偶亦自成音段,如 lɬ(又作 ɮɬ) kɔɬ 四个。

26. ɬ 清边擦声,发音部位跟 l 相同,但声带不颤动,而舌叶与齿龈之间摩擦甚强;气流由舌旁冲出,同时舌头中间并不完全堵塞。例如:tɕi˥ɬoɬ 一石,一担;ɬoɬ 晒,ɬuɬ 炒,ɬeɬ 吹打,ɬoɬɬemɬ 石头,pɔɬɬɔɬ(或 pɔɬɬɔɬ)pɔɬ(或 pɔɬɬɔɬ)月份,ɬuɬp'uɬ 坟,cxɬɔɬ 虎。

27. ɮ 浊边擦声,发音部位跟 ɬ 相同。ɮ 能自成音段。例如 ɮlɬ(或作 ɮɬ)mɔɬcmɬ 男生殖器,ɮɔɬɬ 四。

28. w 跟 u 的发音状态相同,亦可写作 u,例如 waɬ(或作 uaɬ,象声字,写作 ua 时这个音段可以看作是由一个复韵母组成的。w 发音时唇形或圆或扁,似因结合韵里第一元素的来源而定,来源为 u 时则唇形自然而略扁,来源为 o 时则唇形稍圆,参看下段韵母 u 和 o 的描写)。假使把 ua uɔ……等都当作复韵 w 半元音或带元音性的声母,也许不必另立一个音位了。

29. O 这是表示元音自成音段,起头没有任何声母。差不多所有的单元音和一部分的复元音都自成音段。例如 uɬ tuɬ 头,端,顶;uɬ nuɬ 脑;ɔɬcɔɬ 舌;aɬ tsuɬ 乳房;iɬ tɕiɬ 便溺,ɤɬ tsɤɬ 涎;ɛɬ kɛɬ 舅父,姨父(或作 ɜɬ kɜɬ;cɤɬ ɬɛɬ 或 ɬɛɬ cɤɬ 父亲;oɬ 他,她;oŋɬ 卖,天(oŋɬ mɔɬ 天体);ɛŋɬ 水牛;ioɬ 或 ioɬ(偶作 ioɬ)去(系 iɬcɬ 之结合);ooɬ 或 oaɬ,系 oɬ"他的"与 ɔɬ ɬɛɬ"父亲"等字之第一音段互相结合;uaɬ uaɬ 牛羊叫声(象声字);ɔuɬ 后来的那个。

二　韵　母

韵母可分三类:单元音,收鼻韵和结合韵,后二种又可统称复韵。

单元音共有十三个,组成很规则的系统:

　　　　　　　　ɿ　　　ʮ
　　　　　　i　　　　　u
　　　　　　ɪ　　　　　ɤ

```
              e         y  o
                           ̥
                  ɛ     ɔ
                     a
```

此外还有自成音段的浊边音 l 和浊边擦音 ɮ，跟 l 和 ɭ 带有摩擦性相仿佛。不过依目下记音习惯，l 和 ɭ 自成音段时写作 zl 和 zɭ，其实按发音原理讲，可以更简单地写作 l 和 ɭ 或写作 z 和 ẓ。各单元音的形成，跟辅音配合的大概情形，就现有的材料加以分析和归纳，简单地说明并举例如下：

1. l 这是个辅音性的元音，出现在 s z ts ts' 之后的是齿音，写作 l，而出现在 ʂ ẓ tʂ tʂ' 之后的是翘舌音，可写作 ɭ。但 l 和 ɭ 各不相混，发音部位由紧接在前面的声母决定，没有分别标记的必要，认作一个音位似更简单，在我现有的材料里，l（和 ɭ）曾出现在 s ts ʂ z tʂ tʂ' ɮ 之后。例如 ʂl˩ tsl˥ 牙齿，tɕ'l˩ 抱（动作），ʂl˥ 金，死；tsl˩ 洗，tʂ'l˥ tʂ'l˩ 江河。

2. ɭ ɭ 是圆唇的 l，只发现在 ʂ 之后。例如 ʂɭ˥ 血，ʂɭ˩ 七。为简单计，ɭ 似不必看作一个独立音位而是 l 和 ɭ 合体，就是 l 加上圆唇的成分，可写作 lo 或 lº。

3. i i 是很高的扁唇前元音，曾发现在 p p' t t' k ɕ x tɕ tɕ' m n ɬ O 之后。例如 i˥ p'i˩ 祖父，tɕ'i˥ 暗，发暗；mi˥ p'i˥ 唇，i˥ mi˥ 家，家庭；ɕi˩ 颗粒。

4. ɿ ɿ 是介乎元音 i 与 e 之间的扁唇前元音，距离 i 更近些，但是发音时 ɿ 的肌肉似较紧，音量似稍长。ɿ 会出现在 p t t' ɕ j x tɕ tɕ' m n ɬ O 之后。例如 н t'oɿ˩ 睡着，tɕ'ɿ˥ 十，xɿ˩ 钱。

短调的 i 与 ɿ 容易相混，如 ni˥ 与 nɿ˥ 二音节，往往要靠肌肉的紧张度来判别。而口腔的开度分别不很显著，但也可能是一个字的异读（variants）。

5. e e 是比标准元音 e 微微高一点的扁唇前元音，曾发现在 p p' t t' f ɕ j x ts ts' tɕ tɕ' m l ɬ O 之后。例如 te˥ 栽，种植，fe˥ 分（tɕ'i˩ fe˥ 一分），tɕe˩ 牲口，me˧ 吞吃，ɬe˧ xe˧ 折断，折。

高平调和低降调的ɪ与e容易相混,也可能是一字异读,如nɿ˥与ne˥ɿ˩与je˥mɿ与me˩ːu˩xɤ˩与e˩xɤ˩"很大"等。

6. ɛ　ɛ是个半开的扁唇前元音,跟标准元音ɛ差不多;有时读作卷舌音,可写作ɛɹ或ɚ,在阿宝珠几乎完全读成后面的一种;比美语的ɚ(bird)和北平音的"儿"(儿),口腔开度略大。ɛ(或ɚ)曾出现在p p' t t' k f s z j x ts ts' tʂ' m n ŋ l O之后。例如pɛ˩ts˥ɛ˥扁担,tɛ˥kɛ˩装,放着;tsɛ˥kɛ˥草,干草;ɛ˩kɛ˥舅父,姨夫;lɛ˥fɛ˩左,mɛ˩xɛ˩烟(香烟,大烟),nɛ˩ɾɛ˥鼻,p'ɛ˩剖。

7. u　u是很高的后元音,唇形自然而成长缝式,曾发现在p p' t t' k k' f z ʂ z x ts ts' tʂ' m n l˩ O之后。例如:ma˥p'u˥lu˩(眼)白,me˩pu˩颌,下巴;u˩tu˩头,端,顶;p'u˥银,ku˩回返,捡拾;ʂu书,字,信;ku˩tsu˩山,xu˩或fu˥年,zu˥mu˥毛,o˥ɬu˥嫂,ʂu˩读nu˩黄牛,tsu˥腰,ɕu˥炒,u˥买。

8. o　o是相当高的圆唇后元音,严格应写作ʊ,曾发现在p p' t t' k k' s z ʂ z x j x ts ts' tʂ tʂ' tɕ m n l˩ O之后。例如to˩话,lo˩ko˥门;ʂo˥完全,干干净净;o˩xɛ˩很早,从前,nɛ˥你,o˩他,tʂ'o˥人。

9. ɤ　ɤ是跟o相配的不圆唇后元音,也可以写作ɯ,曾发现在p p' t t' k k' s z ʂ z x ts ts' tʂ' tɕ m n ŋ l˩ O之后。例如kɤ˥lɤ˩皮,k'ɤ˩p'ɤ˥汗zɤ˩走,ʂɤ˥带领,xɤ˥大,tʂ'ɤ˥谷,nɤ˥美,好。

10. ǫ　ǫ比o稍开,发音时肌肉似稍紧,音量也稍长。发音人觉得这是跟o不同的,但就现有的材料,ǫ出现很少,只发现在k n l˩之后。例如lǫ˥闲,lǫ˥kǫ˥山谷,(比较lo˥ko˥或lo˥koŋ˥门),nǫ˥(xɤ˥nǫ˥撕碎,)nǫ˥海,le˥lǫ˥土砖,纸牌,lǫ˥pa˥(pa˥)嫖,调戏;ɖǫ˥船。

11. y̠　y̠跟ɤ不同,就好像ǫ跟o不同,稍开,肌肉略紧,音量微长。y̠出现得也不多,只会发现在p p' k ʂ m之后。例如py̠˥倒下,压倒;k'a˥py̠˥弓,py̠˥射;ɛx˩p'y̠˩米糠;p'y̠˥变成;my̠˩墨,my̠˩医治,my̠˥鸟叫;my̠˥ɕi˥吹熄;pa˥ky̠˥发呆,ʂy̠˥削,my̠˥fu˥霉腐。

ǫ和y̠出现的频率是这样小,而出现时以中平调和短调为最多,这使我怀疑ǫ和y̠是不是一对独立的音位。如果假定ǫ和y̠只是o和ɤ的变式(variants)，我却找不出什么条例来，譬如 no˧"你的"，但是 nɔ˧"海"，发音人很坚执地觉得这是两个不同的音段，不同点似乎只在元音上。在黑夷倮语里往往有 ʊ 和 o，ɯ 和 ɤ 两对元音，我现在用的标音符号是 o 和 ɔ，ɤ 和 y，因为我觉得每一对里两个音的音质很相近，也能有混同的地方；将来倘有更多的材料，可能找出更满意的解决方案来呢。

12. ɔ ɔ 是半开的圆唇后元音，在阿宝珠方言里显得更开更低，几乎可以写作 ɒ。ɔ 会发现在 p p' t t' k k' f s z ʂ ʐ ɕ j x ts ts' tʂ tʂ' tɕ tɕ' m n ŋ l ɬ ʐ o 之后，所以声韵的配合可算是最完全的了。例如 ʰɔ˧ pɔ˧ 父亲，ɔ˩ ɬɔ˧ 舌，t'ɔ˩ 一个，ŋɔ˧ 五，kɔ˧ ʰɤm˧ 路，ŋɔ˧ ɕɔ˩ 鱼，zɔ˩ ʰɤ˧ 小孩，zɔ˩ k'ɔ˩ 筛子，tɕ'ɔ˩ 些个。

13. a a 是最低而偏中的后元音，唇形自然。曾发现在 p p' t t' k k' f s z ʂ ʐ ɕ j x ts ts' tʂ tʂ' tɕ tɕ' m n ŋ O 之后。例如 ma˧ na˧ la˧ 眼乌，xa˧ 丈夫，a˧ ni˧ 亲戚，a˧ pa˧ 叔父，姑夫，ts'a˧ n y˧ 绳索，tsa˧ 有，ka˧ ta˧ 坡。

14. l̩ 和 ʐ̩ l̩ 和 ʐ̩ 两个浊边音，能自成音段，但出现的次数极少。例如 l̩˩ 或 ʐ̩˩ 四(见于短语 ʐ̩˩ p'a˧ 四面)。

收鼻韵是元音后面紧跟着一个鼻音 ŋ，但是这个鼻音尾有时不大稳，却使前面的元音鼻化，而自身消失。这类韵母共有七个：iŋ eŋ ɛŋ aŋ uŋ(oŋ) uaŋ auŋ。uŋ 和 oŋ 似可合并，至少发音人不能分别，只因来源可能有两个，分作两个韵母也可以。

1. iŋ 只见于 iŋ˧ iŋ˩ pa˧"樱樱坝"(村寨名)和 ɕa˧ waŋ˩ ɕiŋ˧"下晚上"二短语，大概都是汉语借字，字形还没有被本语言完全吸收而变质。ɕiŋ˧ 也可读作 ɕĩ˧，韵母是鼻化的 i。

2. eŋ 曾发现在 p k m l s tʂ' 之后，例如 peŋ˧ 笨，keŋ˧ leŋ˩ 呱呱，青蛙叫声(象声字)，meŋ˩ 好，ɔ˧ meŋ˧ 舅母，姨母，seŋ˩ 骨，桃子，tʂ'eŋ˧ ʰɤm˩ kɔ˩ 行不得，不成。

3. ɛŋ 只见于一个字：ʔɛŋ˥ 或 ɛŋ˥ 水牛。

4. aŋ 曾发现在 p t t' k' j ts w 之后，如 paŋ˧ 搬，paŋ˧ 半，xuaŋ˧ taŋ˧ 晃荡，t'aŋ˧ ku˧ 盆，汤盬；k'aŋ˧ 扛，背；jaŋ˧ 样(tɕ'i˧ aŋ˧ 每一样)，jaŋ˩ 喂(象声字?)tsaŋ˧ 沾，waŋ˩ 晚(亦作 uaŋ˩)。这些例字多半

好像是汉语借字。

5. uŋ　这个韵母发音时嘴唇微圆，主要元音的音色近似 o 而不像 u，所以严格应写作 oŋ。记音时我有时写作 uŋ，有时写作 oŋ，实际上只辨得出一个音位。它曾发现在 p t tʻ k s z x ts tsʻ tʂ m n l ɟ O 之后，如 puŋ˨ pi˥ 食囊，puŋ˦ 涨，漫；tuŋ˥ 飞，tuŋ˥ 祭，tuŋ˦ (穿)，tuŋ˨ 门；tʻuŋ˥ 万，说，tʻuŋ˦ la˦ xa˦ 半，中间，tsʻa˦ tuŋ˥ 脐，tʻuŋ˨ 桶(借字)；kʻuŋ˥ 信，kʻuŋ˨ tʻa˦ la˦ 食道，气管；suŋ˨ 三，块 suŋ˥ tsʻɛ˥ 锅子；zuŋ˨ 用，zuŋ˨ xuŋ˦ luŋ˥ 孔穴；xuŋ˥ 放下，tʻɔ˨ xuŋ˥ 不消，na˦ xuŋ˨ 称，秤，te˦ xuŋ˥ 客人，tɔ˦ xuŋ˥ 背；tsuŋ˥ 棵，簇，族，uŋ˥ tsuŋ˥ 帽子；tsʻuŋ˥ 拉，ɳe˦ tsʻuŋ˥ 锁起；tsʻuŋ˦ 重，变重，u˦ tsʻuŋ˦ 蹲；muŋ˨ 马，zɔ˨ muŋ˦ kɔ˦ 老人家，长老，muŋ˦ 街；nuŋ˥ mɔ˦ 日，太阳，nuŋ˦ xa˦ 日子，xa˦ nuŋ˥ 男子，nuŋ˦ tu˦ 发出；luŋ˨ 龙，mu˦ aŋ˦ luŋ˥ 猪圈，tɕʻi˨ luŋ˨ 一两，tʻuŋ˦ luŋ˥ 中间，由，kʻɤ˨ luŋ˥ 狗吠，咬，ɕuŋ˦ 滚；uŋ˥ 家畜或牲口之窝，uŋ˨ tʻa˦ 床板，u˨ 天，uŋ˦ lɣ˥ 进来。

6. uaŋ　uaŋ 的第一元素来源往往是 o 而不是 u，音质也是近于 o 而不近于 u，严格应写作 oaŋ，但为系统整齐起见，不妨写作 uaŋ (比较 uŋ)。我记音时则有时写作 uaŋ 有时或写作 oaŋ。这个结合韵母曾发现在 tʻ kʻ s x(w) O 之后。例如 tʻuaŋ˥ (似由 tʻuŋ˨ ɔ˦ 二音段结合) 说道，pu˥ kʻuaŋ˦ 不料，suaŋ˥ < suŋ˨ ɳo˥ < suŋ˥ mɔ˥ 三，xuaŋ˦ li˦ xuaŋ˦ taŋ˦ 晃来晃去，漂荡，xuaŋ˦ lɔ˨ 碗，(w)uaŋ˨ < uŋ˨ ɔ˦ 卖呢，ɕa˥ (w)uaŋ˨ ɕiŋ˦ 下晚上，傍晚。

7. auŋ 这个结合韵照来源和音质讲，可写作 aoŋ，大概都是 a 与 uŋ (oŋ) 的结合。例如 pauŋ˥ 和尚，mauŋ˥ (< ma˦ uŋ) luŋ˥ 猪窝，xauŋ˥ < xa˥ uŋ˥ 鸡窝。

这类韵母的收鼻尾 ŋ 在脚落方言里还完全保留，偶然丢掉时前面的元音往往有鼻化的痕迹，在阿宝珠方言大都消失，连鼻化痕迹也不存在了。例如 zɔ˨ muŋ˦ 老人，阿作 zɔ˨ mo；tʻuaŋ˥，偶作 tʻua˥ 说；nuŋ˥ mɔ˦，阿作 no˥ mɔ˦ 太阳。

口部复韵 (oral diphthongs) 共有二十二个，但限于材料，这个数目只可算是暂时的假定，其中有些似乎还可以细分，有些显然可以合并。

这些复韵的主要来源有二：一为二音段快读时发生连结作用(sandhi)，于是二音段有了轻重轩轾，一个比另一个较重较长，终于合为一音段，较重较长的音素成了复韵重心的所在，但其间多半是受了字调尤其是语调的影响，并不一定受字义重要与次要的支配。另一来源为汉语借字，所以这些字的发音状态往往还保存汉语的本来面目。前一种来源的复韵，假使有意慢读，依然可以还原为二音段。

在发音原理上，复韵的重心或响亮的高峰(peak)要看二结合元素各自的响度(sonority)，较响的一个是重心，另一个可说是起点或终点(valley)。可是窝尼语是个有声调的语言(tonal language)一个声调统率一个结合韵组成的音段，所以声调能以决定一个复韵的特性，大概情形如下：

(1) 高升调(˧˥35)的复韵是上升(rising diphthong)，重心在第二音素，有点像法语 fier moi [fier mua 或 fjer mwa]二字的复韵，但是在法语二音素的响亮度和复韵的重心是一致的，在窝尼语里却有时不一致，如 z̩au˧˥儿子。

(2) 短促调(˧44)的复韵，发与收都很短暂，所以不能显出是上升还是下降，不妨叫作平衡的二合元音(level diphthong)。

(3) 低降调(˨˩31)和高降调(˥˧453)的复韵是下降的(falling diphthong)，跟英德语里普通的二合元音相似。但是在英德语里二音素的响亮度和复韵的重心大体一致，在窝尼语里却有时不一致如 iə˧祖母。(但比较英语的 ear[iə]，和 Bavarian 德语的 guat[gu̯æt]，重心均在第一音素，由轻重决定，不由响亮度决定。)

(4) 中平调(˧33)和高平调(˥55)的复韵决定于二音素的响亮度，较响亮的元素是复韵的重心。但是 iu 一韵似是例外，跟英语 you, yew mew 等字的韵[ju:]有点相像，也许第一元素是很高的前元音，第二元素是较低的后元音，实际上 u 的响亮度要大些，所以 iu 或 ju 近似上升的复韵。

让我根据第二因素，把二十二个窝尼复韵分为五组：

收-e 的七个 le, ie, ue, oe, ʏe, ɔe, ae

收-ɛ 的二个:iɛ, uɛ

收-u 的四个：iu，ɛu，ɤu，au

收-ɔ 的七个：lɔ，ɥɔ，iɔ，eɔ，uɔ，oɔ，ɤɔ

收-a 的二个：ua，ɤa

其中十四个是由合而开：le ie ue iɛ，uɛ，lɔ，ɥɔ，iɔ，eɔ，uɔ，oɔ，ɤɔ，ua，ɤa；五个是由开而合：oe，ae，ɛu，ɤu，au 三个开合度相近，但是两个由后而前：oe ɤe，一个由前而后：iu（跟单元音 y 绝不相同）。下面照第一种分类——五组加以简单的说明和举例：

1. le 是 l 和 e 的结合，如 ṣle˧ < ṣl˧e˧，见于 xu˧ṣl˧（年节，新年）ṣle˧ ŋɔ˧ 过着新年呐。

2. ie 跟 je 不同，j 是很短暂而不能停留的辅音性流音，i 在 ie 里却跟 e 几乎一样地着重，所占的时间也差不太多。例如 ie˧ ʒ，tie˧ 点，块（tɕʻi˧ tie˧ 一块。）

3. ue 有两个来源，一部分由于二元音之结合如 kue˧ < kʻu˧e˧做着，kue˧ < ku˧e˧ 回去，kʻue˧ te˧ < ku˧e˧te˧ 这么说，kʻue˧ < kʻu˧e˧ 叫喊。这些例子里 e˧ 或 e˧ 表示动作或情态之持续或开始。另一部分来源是汉语借字，发音状态因此跟上面的不完全相同：前一种有时重心由声调决定，这一种似乎保存汉语的原形，是上升的二合元音——第一音素是短暂的流音。例如 tsue˧ tʻɔ˧ 主意一个，tue˧（对）tsu˧ ɕm˧ kɔ˧ 对不住。还有发音状态近于第二种，来源看来并不是借字，如 xue˧ pʻa˧ kɤ˧，那边的，远方的，下面或下层的。

4. oe 发音时唇形由圆而扁，音质由后而前，跟 ue 不同，因 ue 发音时由合而开，由后而前，但是唇形始终是自然的，不圆的。oe 出现得很少，如 xoe˧ 水底，koe˧ 过，活下去（ko˧ "过"与 e˧ 结合），pʻoe˧ 去（pʻo˧ e˧）。这是个上升的复音，第二元素响度比第二元素略大，但二元素响度相差很微，所以又有点像平衡的二合元音。

5. ɤe 系 ɤ 或 ʁ 与 e˧ 之结合。如 lɤe˧ < lɤ˧ e˧ 起来（puŋ˧ lɤɣ˧ tɿ˧）涨起来了，ni˧ lɤe˧ ɲin˧ lɤɣ˧ ɲɔɲ˧ 来到了）；xɤe˧ 挖去；pʻɤe˧ < pʻɤ˧ e˧ 变成。ɤe 和 ɣe 似无分作两个独立音位的必要，统作 ɤe。

6. ɔe 系 ɔ 与 e 之结合，例如 ŋɔe˧ < ŋɔ˧ e˧ 借来，lɔe˧ < lɔ˧ e˧ 来。

又如 zae˧ miɔ˩ 小姑娘，一作 zaˀ˨ miɔ˧。

7. ae 出现得很少，如 z̧ae˧＞zaˀ˨ e˧ 下去。

8. iɛ 是 ie 之又读，并入 ie 也可以。例如 tie˧ 又作 tiɛ˧，见于 cɔ˩ p'o˧ tiɛ˧ 布一块。

9. ue 只见于汉语借字，如 kue˧ 怪(kue˧ pu˧ te˧ 很奇怪)，k'ɑu˧ 块(ts'ɔ˨ p'i˨ tɕ'i˧ k'ue˧ 棘地一块)。ue 也更像个上升的二合元音 (参看上面的 ue)。

10. iu 严格可标作 iɤu，很像英语的 juː(you, yew)，但第一音素比英语的略升。例如 piu˧ 蛋，cɔ˨ miu˧ (cɔ˨ ciŋ˨ jo˧ 女儿)(作受词用)，jiu˧ 又，liu˧ (lŋ˧?)溜。

11. ɛu 只一度见于 ꜩxɛu˧ 宽。

12. ɤu 只一度见于 ꜩxɤu˧ ti˧ 宽(xɤu˧ 系 xɛu˧ 之又读)。ɛu 和 ɤu 也许该并作一个音位，是同一音位的变式。

13. au 有两种读法(diaphone) au 与 ɔu (oo)，很像英语的 au (owl, how)。例如 xau˧ (xa˧ u˧) 鸡蛋；z̧au˧ (z̧ɔˀ˨ u˧＜z̧u˧ 或 zaˀ˨ zu˧，后者系拿鲊坝方言)儿子，有时标作 z̧ɔu˧；kau˧ kɤ˧ 前面的，在前的；au˧ kɤ˧ 后面的，在后的，kau˧ 和 au˧ 读作 kɔu˧ 和 ɔu˧ 时更多 ʥ̂ kau˧ (＜kɔ˨ jo˧)ts'ɔ˧ 把四个人请来；ŋɔ˧ mau˧ (＜mɔ˨ jo˧)t'a˧ pa˧ tu˧ pi˨ 把我的母亲给抬出去(t'a˧ 一下，pa˧ 抬，tu˧ 出，pi˨ 给)；tsl˨ mau˧ (＜mo˧ jo˧)k'ɔˀ˨ ʂl˨ 对县官说；ɛu˧ pau˧ (o˧ ɛu˧ jo˧)k'ɔˀ˨ ʂl˨ 对他的父亲说。这些都是 ɔ 与 o 的结合，所以音质也往往是 ɔo。

又例：k'ɤ˧ tau˧ 袜子，k'ɤ (狗) ɛm˧ (只)ɟuŋ˧ (吠)au˧ au˧ 狗汪汪的叫。

14. lɔ 系 l 与 ɔ 之结合，例如 k'ɔˀ˨ ʂlɔ˧ (k'ɔˀ˨ ʂl˨) 说道，tslɔ˧ p'ɔ˨ 媒人，uŋ˨ tsl˨ (天响，雷)tslɔ˧ tsl˨ 雷鸣。

15. ɥɔ 只见于 ʂɥ˧ 七 (ʂɥ˧ mɔ˧ 七个)。

16. iɔ 出现次数甚多，例如 miɔ˨ 妻，niɔ˧ ＝ (ni˧ ɛm˧) ɕiɔ˧ 四，xiɔ˧ 八，kiɔ˧ 九，nioz˧ ɬiŋ˧ ɕiŋ˧ (＜ni˧ ɕɔ˨) 年轻，la˧ ɬiŋ˧ ɕiŋ˧ 手指，na˧ xɔ˨ (看察) tɕ'i˧ tɕ'iɔ˧ (＜tɕ'i˧ ɕɔ˨) ne˧ 能好好看察，tɕiɔ˧ ɛm˧ 生气，tɕ'i˧

(＜tɕʻi˧ɔ˦)这就(tʻa˦xa˧tɕʻi˦一下歇这就,这就歇一下),ɕiɔ˥这才,iɔ˥或iɔ˦去罢,iɔ˦(＜i˦i˦或i˦i˧)祖母,liɔ˦或liɔ˥了,去了,H tiɔ˧或H tiɔ˥或i˦ mi˦ɕi˧这回,ŋɔ˥tʻɕi˥我呐,z̩ɔ˦ɕiɔ˥(z̩ɔ˦ɕi˧)知道了,uŋ˧i˦˧(风)˧i˦˧风吹起来了。

17. eɔ 出现得很少,如 me˥ te˥ tʻɛɔ˥ kɣ˧最低洼的。

18. uɔ 是 u 或 o 与 ɔ 的结合,如 kʻuɔ˥(＜kʻu˦ɔ˥)叫喊,kʻuɔ˥六,kuɔ˥六,kuɔ˥(＜ku˦ɔ˥)做了(又作 ku˦ɔ˦或 kuɔ˦),kuɔ˧(＜ku˧ɔ˧)怕起来,kɔ˦puɔ˥使得,就行,fuɔ˥(＜fu˦ɔ˥)养成,xɣ˧tuɔ˥埋着,luɔ˥河;uɔ˧pɔ˧(o˧˧pɔ˧)他的父亲,uɔ˥mɔ˦(o˧˧mɔ˦)他的母亲。

19. oɔ 是 o 和 ɔ 的结合,发音时嘴唇始终是圆的,而 uɔ 的嘴唇由扁而圆,开度也有分别。但是 uɔ 和 oɔ 互混的时候很多,有时来源为 o 和 ɔ 而实际发音很接近 uɔ。例如 toɔ˥(＜to˦ɔ˥)穿着,koɔ˥ so˦mi˧怪可怜的,koɔ˥z̩ɔ˦哥儿们,soɔ˥三(见于 ni˧soɔ˥＜ni˧suŋ˨˧kɔ˨)二三个),zoɔ˥nɔ˨孩子,z̩au˥zoɔ oɔ˨keɔ˥男孩,moɔ˥(mo˥)要呐,moɔ˥(又作 moɔ˥＜mo˦ɔ˥)看见了,moɔ˥或 m˦keɔ˥(moŋ˥),(煮)熟了,noɔ˥后面,H xoɔ˥是的,xoɔ˥前面。oɔ˥(o˦ɔ˥)他。但是 uɔ˧pɔ˧"他的父亲"和 uɔ˥mɔ˦"他的母亲"二词,uɔ 来源虽 o 和 ɔ,因出现频繁,所以音质更近于 uɔ。

20. ɣɔ 是 ɣ 或与 ɔ 的结合。例如 kɣɔ˥罢,呢(语助词),ŋɣŋ˥(＜ŋɣ˥ɔ˧)是的,kɣɔ˥直到。这些字往往出现在句尾。又 zɣɔ˥zɣ˦ɔ˥走着,s̩ɣɔ˥(ṣɣɔ˦)生下了。

ɣ 与 ɔ 结合,例如 mɣɔ˥(mɣ˥ɔ˥)鸟叫,鸣,pʻɣ˥(pɣ˥ɔ˥)变成了。

21. ua 是 u 或 o 和 a 的结合。例如 sua˦或 sua˥三,tʻua˥或 tʻoa˥(tʻuaŋ 失掉了鼻尾 ŋ)说,ua˦ua˥牛羊叫声,咩咩。把 ua(或 oa)并入 uɔ 也可以。

22. ɣa 系 ɣ 与 a 之结合,出现得很少。例如 zɣ˦zɣa˥ne˧走着走着。把 ɣa 并入 ɣɔ 似乎也可以。

韵母余论

（1）结合和缩减　细按上述复韵母，大半是两个独立自成音段的单元音在连词里快读时发生结合作用（blending），变作一个音段的二合元音，有时还丢了中间的一个辅音——第二音段的声母，甚至丢了中间的一个元音和一个辅音——即第一音段的韵母和第二音段的声母，但后面的一种情形所得结果仍是单元音。这种现象可以叫作缩减（contraction）。同时声调也随着结合和缩减而起自然的变化。

一至九的数目字，在化念河拿鲊坝都读作二音段在阿宝珠和脚落都变成一个音段了。如下：

t'i˩ mɔ˥＞t'ɔ˧ 一

ni˧（或 ni˩）mɔ˥＞niɔ˧ 二

suŋ˩ mɔ˥＞suŋ˩ ŋɔ˥＞suaŋ˧ suā˧ 三

ʑi˩（ɕi˩）或 l˩（li˩）mɔ˥＞ʑiɔ˧，liɔ˧＞lɔ˧, ʑɔ˩ 四

ŋɔ˩ mɔ˥＞ŋɔ˥ 五

kʻu˩ mɔ˥＞kʻuɔ˧ 六

ʂɿ˩ mɔ˥＞ʂɤ˧ 七

xi˩（偶亦作 ɬi˩）mɔ˥＞xiɔ˧ 八。

kɛ˩ mɔ˥＞kiɔ˧ 九（注意 ɔ 变质为 i）。

声调的变化也可看作二调的结合，大体上是很自然的，两个中平调相遇而合成一个中平调（ku˧ʅe˧＞kue˧ 做着，xa˧u˧＞xau˧ 鸡蛋），两个高平调相遇依然还是一个高平调（kʻu˥ʅe˥＞kʻue˥ 叫喊），至于两个不同的声调相遇，则有以下的情形：

中平调，低降调，短促调＋高平调＝高升调

tsʅ˧ mɔ˥ jo˥＞tsʅ˩ mau˧ 县官（受词）

（例外：mo˥ʅɔ˥＞mɔɔ˥ 或 mɔɔ˧ 看见了）；

ŋɔ˧ʅe˥＞ŋɔe˧ 借来；

ni˧ mɔ˥＞niɔ˧ 二。

（例外 pʻɤ˧ʅa˥＞pʻɤa˥ 变成）。

低降调＋中平调＝高升调 zɔ˩u˧＞zau˧ 儿子。

高平调＋中平调，低降调＝高降调

k'u˥te˧＞k'ue˥te˧ 这么说；

i˥jɔ˧＞iɔ˥ 祖母。

短促调＋中平调＝中平调：tɕ'i˧＋tɕ'i˧＞tɕ'i˧ 这就。

中平调＋低降调＝低降调 ku˧＋＞kuɔ˨ 做了。

高升调＋中平调＝中平调（例子较少）：ku˦＋tɕ˧＞kuɔ˧ 怕起来。

因结合与缩减，一字往往可有几个字形，得随意应用，但是较简单的字形——合体字，似更占优势。例如 zɔ˨ zu˥ 或 za˨ zo˥ "儿子"简化为 zɔ˨ u˥，再简化为 z̦au˥。

有些三个音段的词儿，简化的历程较为曲折，值得特别提出来的，如：

zɔ˨ u˥ cɔ˨＞z̦au˥ z̦uɔ˥ 或 cɔ˨ u˥ cɔ˨ 青年男子，小伙子。（后面简化的字形里，第一音段是 zɔ˨ u˥＞z̦uɔ˥ 或 z̦au˥ 第二音段是 u˥ cɔ˨＞z̦uɔ˥，u 与 z̦ 换了地位，原来中间的 u˥ 被前后音段都吸收了。）

zo˨ no˧＞zoo˧ no˧＞no˨ 或 cn˨ no˧ 小孩。表示"小"可将末一音段重复：zo˨ no˧＞或＞zo˨ cn˨ 或 zo˨ no˧。

cɔ˨ mi˥ cɔ˨＞ɕe˥ miɔ˥ 小姑娘，又作 zo˨ mi˥ ciɔ˥。（ɕe˥ 是 zo˨ mi˥ 合体，miɔ˥ 是 mi˥ zɔ˥ 合体；zo˨ mi˥ miɔ˥ 似乎又把原形和变形混在一起，用重复来表示年青或幼小的意思。）

ɔ˧＋ɕɛ˥ 舌，tɕ˥ɕ˥＞tɕ˧ɕ˥ 小舌。

zu˧ nu˥ nun˧＞zu˥ cun˥ uz˧ 姓李，又作 zu˥ nuɔ˥ 或 zu˥ nun˥ kʏ˧＋cun˥ uz˥（这个名词，见于一篇讲李自成的故事，意义我不大明了。）

xɔ˨ cɛ˥ 蚊子，xɔ˨ cɛ˥ iɔ˥ pu˨＞ɕx˥ iɔ˥ pu˨ 蚊帐。

以上都是些名词，表示动作情态的连词也有许多例：

mo˨ cɔ˥ 要的，要呐＞moo˥ cn˥；

mɔ˨ mo˨ ɔ˥ 不要 ＞cn˨ moo˥＞moo˥，(moo˥ 一字形，可作"要"或"不要"解，须看上下文决定)。

最后，我还想举两个有趣的例：

lɔ˨ tɕ'ə˥ 茶，lɔ˨ tɕ'e˥ la˧ p'a˧＋茶叶＞lɛx˥ tɕ'ɛ˥ p'a˧＋（其中 lɛx˥ 似是第一音段 lɔ˨ 先吸收了第二音段 tɕ'ə˥ 的韵母 e，e 又影响 ɔ，使

变为较高而不圆唇 ɣ 或 y。第三音段 la˧ 消失，la˧ pʻa˧ 简作 pʻa˧)。

钱，无论是花银或是纸币，都叫作 xi˦，可能是从 xɤ˦ ji˥ "铜钱" "货银" 变来的。一度遇见这样的句子：xɤɔ˦(ɤ˥cɤ˦ (ɤ˥ɔ˦?) tɕŋ˥ (或 tsŋ˥ "赌") jeˀ˦ (去) mɔ˦ (要) 意思是让我们俩去赌博罢 xɤ˦ 也许较 xɤ˦ 是更原始的形式。

结合和缩减现象，在汉语里最显著的例是"诸"，由"之于"(求诸己)或由"之与"(有诸)？变来，现代北平话里"偺"(tsan 或 tsa 读阳平)由"咱们"变来，"甮"pɔŋ 或 peŋ(均读阳平，由"不用"变来；吴语里"勿要"和"勿曾"也，往往合为一体。英语里这现象也常见，例如 I am going [ai am gouiŋ aim goiŋ]又 How do you do? [hau du juːduː? ＞hau djuːduː?]不过这种现象并没有影响到汉语或英语的音韵系统或结构；在窝尼语里似乎不能说是特例，而是很普遍的现象，单词在连语里快读起来往往起变化，结果变形或变体的字或词渐渐占了优势，因此影响到整个音系的结构。窝尼语里复韵或结合韵母大半是这样的来源；黑夷倮语里也许可以找到一些特例，但是远比不上窝尼语里这现象的普遍。

(2) 变韵　上面所述是一种合体字，另外还有一种变体字，虽限于一部分常用的字，并不影响音韵系统，却也值得注意。所谓变体字，专指一字因韵母或元音变换而有两个或三个字形，也许可以看作义似而音异的不同的字，但依发音人的感觉和我的判别，宁可说是一个字的变形。这种现象有点像元音互换(vowel gradation or ablant)又有点像元音和谐(vowel harmony)，但因例子不多，不能寻绎一般的规律，所以我们不能说窝尼曾经有意地运用这种语音和语法上的技巧。以下的例子只是指示曾被注意到的现象。

e:/ɔ-　jeˀ˦/jɔˀ, jɔˀ˧(jeˀ˦˧cˀ˦, jɔˀ˧ɔ˧ 那一家, jeˀ˦ tɕʻi˦ peˀ˦ 那一晚, jɔˀ˧ xɤ˦ 那边；jeˀ˦ tsʻɔˀ˧, jeˀ˦ tsʻɔˀ kɤ˦, jɔˀ˧ tsʻɔˀ kɤ˦ 从前，古时候。)e˧ xɤ˦/cˀ˦ xɤ˦ 很大。

ɔ/ɤ/aː-　tsɔ˧/tsɤ˧/tsa˧(ɤsɤ˧ kɤ˦ 吃的 ni˦ peˀ˦ tsɤ˧ tŋ˥ 或 tsa˧ tŋ˥ 两餐吃，吃两顿；zɔ˧ tsɤ˧ cɤ˧ ip˧ 吃下了 xɔ˧ tsɔ˧ 吃饭 xɔ˧ cm˦ tsɔ˧ 没饭吃)，tsɔ˧ 似是原来的字形，tsɤ˧ 或 tsa˧ 出现时往往调也起变化，因为后面还有字眼

紧跟着呢。

tɕʰi˧ ˥xɔ˩ 洗/ɔ˩ ˥kʰ'ɤ˧ ˥tɕʰi˧ ˥xɤ˩ ˩˥ 或 kɤ˩ ˥i ˥ʂu˩ 脚洗的水，洗脚水。

na˥ ˥cx˩ 看/na˥ ˥xɤ˩ ˩˥ kɤ˥ 看察的。

ɔ˩ uo˥ ʂɔ˩ ˥˥ kɤ˩ ni˥ mɔ˩ ˥cɔ˥ ˥cu˥ ˥c 那边穷的娘儿俩/ʂɤ˩ ˥˩ kɤ˩ ni˥˥ mɤ˩ ˥cɔ˥ ˥kɤ˥ 穷的娘儿俩。

ŋɔ˥ 了，在问句里作 ŋɔ˥ la˥ 或 ŋa˥ la˥。

ɛ/ɔː- pɤ˩ pɛ˩ nic˥/pɔ˩ pɔ˩ nio˥ 二类(pɔ˩ pɔ˩ 脸)。

ɛ/a:- pʰɤ˥ ˥cɔ˥/p'ɤ˥˥ ˩˩ 破开

eŋ/ɤː- meŋ˩/ mɤ˩ 好。(或许是同义字)

这样的变韵字，在现代北平话里也是常见的，往往被认为文言和白话之分。例如肉[ruº, rouº]，贼[ˌtse, ˌtsei]，粥[ˌtʂu, ˌtʂou]；着[tʂe]轻声字，[ˌtʂuo]见于"着落"，[ˌtʂau]见于"着凉"，[ˌtʂau]见于"睡着"。这样的一字异读，英语里也有相似的例子。但有时还加上方言的区分，如 fertile, reptile futile……一类字，英国人念作['fərtil, 'reptil, 'fjuːtil]。上面所述脚落窝尼语里的一字异读，似乎是一个单纯方言以内的现象，并没有其他方言的混杂。

三　声　调

窝尼语有六个声调：

1. 中平调˧ 33
2. 高平调˥ 55
3. 高升调˧˥ 35（夹在一个气群 breath group 或意群里面，这个升调往往没有那么高，按"调值"可以写作˧˥ 24 或˧˥ 34，并且时常发现是从中平调(˧˩)和低降调(˩˩)变来的。在二音段结合为一音段或加重语气时，这个字调可以升得特别高。在二音段结合为一音段或加重语气时，这个字调可以升得特别高。在气群或意群的末尾，因停顿而拖长，调尾有点微降，按调值可以写作˧˥ 354。后面的两种情形，可说是字调受了语调的影响）。

4. 高降调˥˥˧ 453（开头有点微升，但是在气群或意群里面时这开头的微升并不显著。这个声调往往发现在句尾，所以也是语调中很重要的一个调形。）

5. 低降调˧˩ 31。

6. 短促调˦˦ 44。（调尾附有喉头塞声ʔ，但在连语里面ʔ往往丢掉或代以肌肉的紧缩。还可能有两个短促调，一是高短调˥˥ 55，一是中短调 33，因为喉塞声尾子丢掉时，大半变成中平调，另一部分变成高平调，可是我没有其他根据，而发音人也不能感到这个区分的存在。）

这六个调类，如何分辨举例如下：

［例一］ni 音段具备六个声调，假使把两个结合韵的字调也算在内。

1. ni˧ 垫，(u˧ ku˧ ni˧ pi˩ 枕头垫给，给垫上枕头。)

2. ɔ˩ ni˧ 妹，ni˥ 哭。

3. niɔ˥(ni˩ mɔ˥)二，双，对。

4. pʻɔ˩ ni˩ niɔ˥ 小足趾。

5. xɔ˩ ni˩ 和尼，窝尼，kɔ˥ mɔ˧ ni˧ pu˥ tɿ˥ 路近得很；ŋ˥ tʻuŋ˩ ni˩ lɔ˥ 睡醒了，tɕʻi˧ ni˩ 三觉。

6. ni˧ tɕʻi˩ 二十。

［例二］ʂɿ 音段有五个声调：

1. ʂɿ˩ tsɿ˥ 牙齿 ka˧ pi˩ ʂɿ˩ 叫化子，乞丐。

2. ʂɿ˥ 金，黄，死，ɔ˩ ʂɿ˥ xɣ˦ kɣ˩ 黄黄的，ʂɿ˥ kɣ˧ cɣ˩ 金(的)鱼，ʂɿ˥ tʻɔ˥ 死掉，tʻa˧ ku˧ ʂɿ˥ 莫害怕，ʂɿ˥ nɛ˧ 以及和 ʂɿ˥ nɛ˧ kɣ˥ pu˥ tɿ˥ 实在美得很。

3. xo˥ ʂɿ˥ kɣ˧ kɔ˩ 货脏的人，识宝的人。

4. 缺

5. ʂɿ˩ 血；kʻɔ˩ ʂɿ˩ 告诉，说道。

6. tʂʻo˥ zu˧ ʂɿ˩ 大仙，仙人；ʂɿ˩ tɕʻɿ˥ 七十；xu˥ ʂɿ˩ (或 ʂɿ˩ 年过，新年，年节。)

［例三］mɔ 音段有四个声调：

1. ɬo˧ mɔ˧ mɔ˥ 石头一块，tsɿ˩ mɔ˧ 县官，u˩(或 o˩)mɔ˧ 肚子。

2. mɔ˨ ɣɔ˥ 竹子，mɔ˨ ɣɔ˥ kʻo˨ lo˥ 滑杠。

3. 5. mɔ˨ pu˥ tl˥ ɣɔ˦ ɣɔ˦ tl˥ 多得很，多多；mɔ˨ ɣɔ˨ 不多。

[例四] ɕɤ 有四个声调：

1，2，4. ɔ˥ ɕɤ˥ ɣɔ˥ 或 ɔ˥ ɣɔ˥ ɕɤ˥ 舌头，ɔ˥ ɕɤ˥ ɣɔ˥ 或 ɔ˥ ɣɔ˥ ɕɤ˥ 小舌，zo˥ ɕɤ˦ 魂，ɕɤ˥ kʻu˥ 叫魂。

5. sɔ˨ ɕɤ˨ （或 lɔ˨）草棉；xɔ˨ ɕɤ˨ 虎。

有些语助词，往往有三个或甚至四个声调，尤其是在句尾，总有高升调，因为这两个调子似乎易于拖长。这里字调和语调是一致不可分的。例如：

ŋɔ˦，ŋɔ˨，ŋɔ˥，ŋɔ˧ 了。

lɔ˦，lɔ˨，lɔ˥，lɔ˧ ɕɤ˦ 来，呐，呢。

te˦，te˦，te˥，te˥，te˧ te˥，着，呐。

这一类的字自身没有意义，也不能独立存在，原来的字形不易断定，所以记音时并没有标明本调和变调。

变调　变调的条例很繁琐，下面只叙述我曾注意到的很显著的几种。

(1) 后介词 jo˥ 前面的代名词或名词，一律变为高升调，jo˥ 有时跟前面的一个音段结合，有时又可以省略。关于人身代名词当于语法部分详细说明，现在只举两个简单的例子：

o˦ xa˦ o˦ jo˥ ɔ˥ tsʻa˥ o˦ ax˦ o 她的丈夫骂她。

她的丈夫　她　骂。

o˦ z̩˦ o˥ mu˥ tɕi˨ noŋ˥ 把他们的女儿关禁起来。

他们的　女儿　关禁。

(2) kɔ˨ 相当于现代汉语里的"的"，"者"（管家的，打柴的，耕者，富者），用 kɔ˨ 组成许多复合名词，而 kɔ˨ 前面紧接着的一个音段往往变为高升调。例如：

z̩au˦ xɤ˦ kɔ˨ ɕɤ˥ ɤx˦ nu˨ z̩ 儿子大的大儿子

z̩ɔ˨ mu˥ ɤx˦ kɔ˨ 大女儿

zɔ˩ mɯ˧˩ kɔ˩ cɤ˧˩ɯ˧ cɔ˥ 做女儿的

tsɿ˩ mɔ˧˩ kɔ˧˩ cɤ˧ kɔ˩ 县官,当官的

zau˩ suŋ˧˩ kɔ˧ cɤ˩ kɔ˩ 第三个儿子

zɔ˩ mɯ˧ ni˧˩ ɯ˧ cɔ˥ 第二个女儿

(kɔ˩ cɤ˩ kɔ˩ 第一个音段作"第"讲,也许跟 kɔ˩ 是同一个字,可写作 kɔ˧˩ cɤ˩。)

zɔ˩ muŋ˩ (或 moŋ˩,或 mo˩)p'cɤ˧˩ kɔ˩ 又作 zɔ˩ moŋ˩ cɤ˧˩ kɔ˩ 老人家,长老。

ŋcɤ˥ ʂɔ˩ (鱼) ni˩ p'cɤ˧˩ kɔ˩ 捕鱼人(又作 ŋɤ˥ ʂɔ˩ ni˩ tɕ'i˩ kɔ˩ 捕鱼人一个)。

(3) kɤ˦ 前面紧接着的一个音段往往变为高升调,例如:

e˩ xɤ˩ tH˧ kɤ˦ 很大的(个)

xɔ˥ xɤ˧˩ kɤ˦ t'cɔ˥ cɤ˥ 很大的一个

xɤ˧˩ kɤ˥ zau˧ kɔ˩ 大的个儿子

mɯ˧ tsɔ˩ (柴) pa˧˩ kɤ˦ 打柴的

mɯ˧ tsɔ˩ kɛ˧˥ kɤ˦ tɕ'i˩ cɤ˩ 烧柴的一个

ʂɔ˩ p'cɤ˩ xɔ˥ xɤ˧˩ kɤ˦ p'a˩ 腿大的边,那条大腿

ɔ˥ tsɿ˩ tu˧˩ kɤ˦ p'a˩ 日出的边,东方

(4) 带有喉塞声ʔ的短促调,在连语里很容易变为中平调,有时变为高平调,但是不变的时候也很多,有时可变可不变。大概说:这个喉塞声尾子是不大稳的。例如:

me˧˩ mu˧ 脸毛,胡须。

ɔ˥ k'ɤ˥ (腿) tɕɜ˧ xɤ˧˩ ɜ˧ 腿瘸,瘸腿

p'a˧˩ pe˩ 挑去,抬去

˧˩ tsa˧ tɕ'i˩ ni˧ 睡醒一觉

ka˧˩ xa˧˩ (气力)tsa˧ 有气力,强壮

但是二三个短调连成一串时,不变的时候似乎更多,如 la˧ xo˧ lo˧ 手掌, tɕ'i˧ ku˧ 锄头, ku˧ ʂɿ˧ tɕ'fu˧ 六七十年, u˧ nu˧ 脑, k'o˧ xɛ˧

tʻoꜜ 咬断掉。

（5）升调或高升调往往表示意思尚未完了（non-finality），在汉语英语和旁的语言里似乎都有这种情形，在窝尼语里我也注意到同样现象。但是语调是最难分析的，我对于窝尼语调或句调的调类还不能下什么结论。下面的例句只是偶然被注意到的高升调夹在一句里面，表示有余不尽的语气。

  xɔꜛ tɕʻꜛ laˉ 地耕去，耕地去罢。
  tsɔꜜ piˉ lȧˉ 吃给么？给点吃的么？
  meŋꜜ meŋˉ tH tɤˉ tɕʻeꜛ 好好的记起，记住。
  mɔˉ moꜛ omˉ 没有看见啊。

四 余 论

  照以上的叙述，声韵调三者在某种情形之下会发生变化，因此一个字——尤其是常用的字，可有不同的声或韵或调。现在再举几个例，来说明一字数形的现象。

  ［例一］tʻuŋꜛ 说，与后面紧着的ɤꜛ结合而成 tʻuaŋꜛ，鼻尾脱落而 tʻuaꜛ，单元音化而成 tɔꜛ 或 tʻɔꜛ。这个字唯有声母不变。

  ［例二］suŋꜜ mɔꜛ 三，因同化作用变成 suŋꜜ ŋɔꜛ，三音段结合而成 suaŋꜛ。另外还发现许多不同的字形 suŋꜜ, suŋꜛ, suaꜛ, suaꜜ, sɔɔꜛ, sɔꜛ, suꜜ，发现在下面的语句里：

  ʐeꜜ mɯꜜ au꜋ suŋꜜ kɔꜜ   三男三女
  女儿 儿子 三 个
  niˉ suŋꜛ tɕʻꜛ xuˉ kɤˉ nɯuꜛ 二三十年之后
  naˉ tʻɔꜛ xɔꜜ pɔˉ niˉ lˉ suaꜛ naˉ tʻɔꜛ qiꜜ
  看 着 看着 月 三 三 看 到 了
  且看，且看，看，真看了。二三个月了。
  naꜛ niˉ suaꜜ kɔɔˉ ɕʻꜛ 你家二三个哥儿们（儿子）。
  pɔˉ lɔˉ niˉ sɔɔꜛ luˉ ɕiꜜ 过了二三个月。

o˧ ʐau˦ ni˧ so˥ kɔ˩ 他的儿子二三个。

ni˧ su˩ tʻɤ˧ tɕi˩ 二三下击，打两三下。

［例三］ȡiɔ˦ 四，单元音化为ȡo˦，连语里韵母丢掉变作ȡ˩；声母ȡ跟 l 对换，有 liɔ˦, lɔ˦l˩；另外发现变调的ȡ˧和 l˧。l 和ȡ互换的例有 pɔ˧lɔ˧ 月，原作 pɔ˧ȡɔ˧；f 和 x 互换的例有 fu˧ 年，通常作 xu˧；z 和 ʐ 相混的例有 zau˦ 儿子，常作 ʐau˦。

至于同一事物而名称不同，如 ɔ˥ tʂʻo˥ mɔ˧ 或 no˥ mɔ˧，因为是不属于音韵范围以内的问题，暂不论列。

(原载《学原》，第 1 卷第 11 期，1944 年)

峨山窝尼语初探

峨山窝尼语的词句结构，有许多跟黑夷倮语相同之点。我这儿只想把几个重要的现象加以分析和叙述。假使分析下面这个完全的句子：

ṣı˥ kɤ˥ ŋɑ˅ ṣo˅ mo˦ ʂ tɕɯ˅ ɕʮ˦ o˩ kɤ˦ zu˧ tɕ'i˅ kə˅ p'ɤ˦ lo˩。
金　的　鱼　个　人　的　仙　　一　个　变　成

一条金鱼变作一个仙人了。

其中谓词和受词的次序，作主词和受词用的整个词儿的构成部分——名词和类词和状词，谓词的情态，都是值得注意的。跟名词相当的，还有几种代名词。以下依照这个程次，一一说明，然后略谈词或字的特性。

1. 词序（Word-order）

窝尼语跟其他藏缅语系的方言一样，一句里三个主要部分的次序是：主词—受词—谓词。受词总在谓词的前面，受词后面往往跟着一个助词 jo˥（阿宝珠作 zo˥），就好像主词后面有时跟着一个助词 lʜ。例如：

tsɤ˦ lʜ mo˅ ʜ ɤɯ˅ ni˅ xɛ˅。贼偷东西。
贼（助）东西　偷

ŋo˥ no˦ vɯ˅。我教你。
我　你　教

o˦ mio˅ lʜ o˦ jo˦ tṣ'a˦。他的妻骂他。
他的妻（助）他（助）　骂

mɔ˧ mɔ˧ mɔ˦ lH ŋɔ∨ ɕo∨ xuŋ˧. 竹竿钓鱼。
　竹　一根　(助)　鱼　钓
tsu˧ t'i∨ lH p'uŋ˦ ʨɔ˧. (用)钥匙打开。
　钥　匙(助)　打　开　了

有许多日常的短语,汉语的窝尼语的词序刚相反:

种　田:xɔ˦ ti˧ 田种。
织　布:xɔ˦ tsɤ˦ p'ɔ˦ɣɔ∨ 布织。
杀　人:tʂ'o˧ ɕi˦ 人杀。
宰　牛:nu∨ ɕi˦ 牛杀。
扫　地:mi˧ xɔ˧ ʐɤ˦ 地扫。
抱孩子:ʐɔ∨ ɕu˦ tʂ1∨ 孩子抱。
吃　饭:xo∨ tso∨ 饭吃。
喝　水:i˧ ʂu∨ to∨ 水喝。
说　话:to∨ pɔ∨ t'oŋ˧ 话说。
走　路:kɔ˧ ɤʐ∨ ɕu˦ 路走。
过　河:luɔ∨ ku∨ 河过。
牵　牛:nu∨ t'ɔ˦ tsʻɿ˦ ʨʰH 牛一头牵引。
烧　柴:mi˧ tsɔ˧ kɛ˦ 柴烧。
洗　衣:xɔ∨ ɬu˦ tɕ'i∨ ɕɔ˦ 碗洗。
洗　碗:xuaŋ∨ lɔ∨ tɕ'i˦ ɕɔ˦ 碗洗。
打鸟去:ŋa˧ tsɔ˧ ji˦ ʐɔ∨ ɣɔʐ˦ŋɤ 鸟打去。
谢谢你:no˦ nɔ∨ ɕu˧ ɕɔ˧ 你谢。

2. 类词 (Calssifiers)

类词表示一件事物的单位和色样,在窝尼话里并不丰富。例如:

mɔ˧个:tsʻɤ˦ tɤ˦ mɔ˧:个口袋个,一个口袋。
　　u˦(或 o˦)ɤ mɔ˧ mɔ˧肚子个,一个肚子。

ʂuˇ mɔˉ 一本书。

z̦ɔˉ kuˍ tsuˍ mɔˉ 那座山。

zo┤ ky┤ ly┐ mɔ┐ 皮一张。

xɤˇ p'ɔˇ mɔˇ 一只田鸡。

以上所有的 mɔˉ 都可用 t'ɔˉ "一个" 代替，但 t'ɔˉ 着重在数量。

kɔˇ 个（指人，不分男女）：tɕ'iˇ kɔˇ 一个：

    xɤˇ kɤ┤ z̦auˉ kɔˇ 大的儿子个，大（的个）儿子。

    tṣ'oˉ ni┤ kɔˇ 人两个，两个人；tṣ'oˉ suŋˇ kɔˇ 三人。

    xɤ┤ xɤˇ mч z̦ɤˇ kɔˇ，那位女子。

    那　女　子　个。

    xɤ┤ ka┤ piˇ ʂˉ kɔˇ，那个叫化子。

    ŋɔˇ șɔˇ ni┤ kɔˇ 捕鱼人。

p'ɔˇ 个（男性）：ʂuˉ la┤ p'ɔˇ 心爱的人（男子）。

    ŋɔˇ șɔˉ ni┤ p'ɔˇ 捕鱼人。

    z̦ˇ moŋˇ p'ɔˇ 老人家（男）。

    ɔˉ ko┤ ni┤ p'ɔˇ 兄弟们。

mɤ┤ 个（女性）：ʂuˉ la┤ mɤ┤ 心爱的人（女子）。

    z̦ˇ moŋˇ mɤ┤ 老人家（女）。

p'ɔˇ kɔˇ 者，由上述 p'ɔˇ 与 kɔˇ 连用：

    z̦ˇ moŋˇ p'ɔˇ kɔˇ 老先生。

    z̦ˇ moŋˇ mɤ┤ kɔˇ 老太太。

    ŋɔˇ șч p'ɔˇ kɔˇ 渔夫。

    ʂuˇ p'ɔˇ kɔˇ 先生，老师。

kɤ┤ 的：xɴ p'iˇ po┤ kɤ┤ 钱最值的，最贵重的（东西）。

    mɴ tsɤˇ kɛ┤ kɤ┤ 烧柴的人（男或女）。

3. 人称代名词 (Personal Pronouns)

第一身：单：ŋɔ┤ 我（主格）。

    ŋɔ┤ 或 ŋɔ┤ kɤ┤ 我的（领格）。

ŋɔ˦ 或 ŋɔ˦jo˧ 我(受格,jo˧ 在阿宝珠作 zo˧)。

多:ŋɔ˦xɔ˦ 或 ŋɔ˦xɔ˦xɤ˧ 我们(主)(不包括对方)。

ɔ˦xɔ˦ 咱们(主)(包括对方)。

ɔ˦xɔ˦kɤ˦ 咱们的(领)。

ŋɔ˦xɔ˦kɤ˦ 我们的(领)。

(o˧kɤ˦ 我们,曾见一次。)

双:a˧ni˦kɔˇ ,或 ŋa˧ni˦kɔˇ 我们俩。

(a˧ni˦mɔ˦ 或 ŋa˧ni˦mɔ˦ 我们娘儿俩。)

例:ŋɔ˦miɔˇ 我的妻。

ŋɔ˦tɕeˇ 我的牲口。

ŋɔ˦tɔ˦ 我这里,我处。

ŋɔ˦moɔ˦ 我的后面。

no˧ ŋɔ˦mɔˇ coɔ˦(<moˇɔ˧)。你不要我了。
你 我 不 要 了。

ŋɔ˧jo˧mɔˇmoˇ tsɤˇ。就不要我了。
我   不 要 了 就

ŋɔ˦xɔ˦xɤ˧ I˦tʂo(ŋ)˧tʂo(ŋ)˧tɕ'i˦o˦kɤ˦tʂ'o˧。
我 们   都   是 一 家 的 人

o˧xɔ˦ka˦ka˦tɕ'i˦o˦ŋɤ˧ti˧。咱们都是一家。

ŋɔ˦ko˦ɕo˦tʂ'u˦(<ŋɔ˦ɕo˧ko˦ŋɔ˦ɕo˧tʂ'u˦)。
我哥我嫂。(ŋɔ˧与ɔ˧结合而变为 ŋɔ˦。)

第二身:单:no˧ 你(主)。

no˦(kɤ˦) 你的(领)。

no˦(jo˧) 你(受)。

多:no˦xɔ˦(xɤ˧) 你们。

no˦xɔ˦(xɤ˧)kɤ˦ 你们的。

双:na˦ni˦...你俩。

例:no˦miɔˇo˦ 你的妻。

no˦kɤ˦tɔ˧ 你那儿。

nɔ˦ni˧(no˦oˇni˧) 你的妹妹。

noˉ┤joˉ┐mɤ∨mo∨ 不要你了。

ŋoˉ┐noˉ┤(joˉ┐)k'ɔ∨tʂ┐ɕuˉ┌ɕ 我告诉你。

nɔˉ┤xɤ┤ʐɤ∨kɤ∨ 你们四个人。

nɔˉ┤xɤ┤xɤ┐sıˉ┐ɤ┌ʐɤ┤xɤ┤xɤ┤kɤ┤tɕeˉ┐tsoˉ┐。

  你 们 是 我 们 的 旁 在

(你们是我们的邻居。)

na┤niˉ┤mɤ┤你们娘儿俩。

na┤niˉ┤mioˉ∨ɤ∨axˉ∨ʑɤ∨你两夫妻。

 你 二 妻   夫

第三身:单:o∨他,她(主):o∨t'oˉ∨t'o∨他自己。

  o┤(kɤ┤),偶作o∨kɤ┤他的(领)。(阿宝珠作 ua┤kɤ┤ɤo┤)

o┤(joˉ┐)他(受)。

 多:o∨xɔ┤或 o┤xɔ┤他们(主)。(阿宝珠作 ua┤xɔ┤xɤˉ┐)。

  o∨xɔ┤kɤ┤他们的(领)。(阿作 ua┤xɔ┤xɤˉ┐kɤ┤)。

 双:o┤ni┤kə∨他俩。

 例:o┤ʐʅ∨mɯ∨ɤ 他(们)的女儿。

  o┤mio∨(=o┤xɤ┤mɯ∨ʐʅ∨)他的妻。

  o┤mio∨ɯˉ┐o┤joˉ┐tʂ'aˉ┐他的妻骂他。

  ŋoˉ┐o┤tɕi∨mo∨tıˉ┐我要打他呢。

  我 他 打 要 (助)。

  nɔˉ┐o┤tɕi∨你打他。

o┤(他的)在 o┤pə┤(又作 o┤pəˉ┐)父亲,o┤mɤ∨母亲,o┤koˉ┤兄,o┤ɕ'u┤嫂,o∨li┤妹…之前,o┤与 o┤发生结合作用:uo┤pə┤uo┤mɤ∨他的爹娘,u┤koˉ┤u┤tʂ'u┤他的兄嫂,u┤li┤他的妹妹。

 多数受格形曾发现为 o∨xauˉ∨(=o∨xɔoˉ┐<o∨xɔ┤joˉ┐)。如 o∨xauˉ┤k'ɔ∨tʂ┐ɕ 告诉他们。

 第一第二身的多数受格形式没有出现,所以上面未列入,类推应是主格形式后面跟 joˉ┐。

 (附)疑问与泛指代名词:

oˉ∨ɕiəˉ┐?谁?如 o∨ɕiəˉ┐ŋɤˉ┐tʂ'u┤tıˉ┤?是谁呀?

jɔ˧mə˧ 那一个。

ɔˇxɔ˧kɤ˧cɛˇ 别人。

e˧tə˧? 什么?(常用在名词前面)。如:

  e˧tə˧ tɕ'i ˇşɤ˧k'ɤ˧lɛ˧? 到了什么时候啦?
  什么 时 候 到 了

  e˧tə˧ kɤ˧mɪ˧tsʻɔˇŋɤ˧tɪ˧? 是什么地方呢?
  什么 的 地 方 是 (助)

e˧tə˧ 或 ɔ˧tə˧ 独用时,意义为彼处,何处,如:

  e˧tə˧lɛ˧ 什么地方?
  jɔ˧tə˧lɛ˧ 彼处。
  e˧tə˧ ŋɤ˧tɪ˧? 是哪儿?
  ɔ˧tə˧ɔ˧tə˧ ŋɤ˧tɪ˧lɛ˧ 是什么地方?

4. 指示代名词(Demonstrative Pronouns)

指示代名词也可以作状词(qualifier)用,但放在名词的前面。共有二组:xɔ˧ 与 xe˧ 这,jɔ˧ 与 je˧ 那,ɔ 与 e 可以互换,但是 ɔ 比 e 更常出现。

(a) xɔ˧ 这,xɔ˧kɔˇ 这个(人),xɔ˧mə˧ 这一个,xɔ˧(kɤ˧)tşʻɔ˧kɔˇ 这个人,xɔ˧xɔˇmɪ˧zɔ̊ˇkɔˇ 这个女子,xɔ˧şŋ˧tsoŋ˧tsoŋ 这棵树,xɔ˧o˧ 这一家。

xɔ˧,或 xɔ˧tə˧,这儿,指地方。

多数形式:lî.ˆtşʻo˧lɔ.ˆ这些人,或作 xɔ˧tşʻo˧li.ˆ;变形 xoe˧tɕʻo˧, xoe˧(?) < lî.ˆ这些。

xe˧kɔˇ 这个(人),xe˧ni˧kɔˇ 这两个(人),xe˧o˧(kɔ˧) 这一家; xe˧tɕʻo˧ 这些。

(b) jɔ˧ 或 zɔ˧ 那个,那儿,jɔ˧mə˧ 那一个,jɔ˧tşʻo˧kɔˇ 那个人,jɔ˧şŋ˧tsoŋ˧tsoŋ 那棵树,jɔ˧o˧ 那一家,jɔ˧tɕʻi˧noŋ˧ 那一天,jɔ˧xoŋkɔ˧ 那里面。

多数形式:jɔ˧tşʻo˧lɔ.ˆ那些人,jɔ˧zɔ˧ɕen˧no˧tɕʻi˧(zɔ˧no˧no˧tɕʻo)那些小孩。

jeˊkɤ˧ 那儿的，jeˊtɕ'iˇnoŋ˧ 那一天。

又见 ɔˇnoŋˇ 那一天。

(c) 指时间空间的先后远近，也可算作指示代名词的一种。如：

kauˇkɤ˧ mɔ˥ 在前的，在先的一个。

auˇkɤ˧ kɔˇ 在后的一个。

ɔ˥ nɔ˧ kɤ˧ mɔ˥ ɔnˊtɕnˇ 后面的那个。

ɔ˥ noˊɔ˥ noŋ˧ (kɤ˧) 后来，其次。

a˥ na˧ (ɤ) p'a˧ 后边。

5．状词（Qualifiers）

所谓状词，包括性质和数量的描写词（qualifiers and quantifiers）和一般语法里所谓的形容词和疏状词（adjectives and adverbs）。状词可以附加在名词的前后，也可以当谓词用。例如 oˇnɤˇpu˥tɪ˧ 他美得很。下面便是这类状词的几种形式：

(a) ˧... tɪ˧ 表示加强，附在一词前后，如：

˧ k'uaŋ˥ tɪ˧，宽，宽。

ɪ˧ xɤu˥(或 xɛu˥) tɪ˧，厚。

ɪ˧ kɔ˥ tɪ˧ 高。

ɪ˧ uaŋ˧ tɪ˧ 长。

ɪ˧ xɤ˧ tɪ˧ 大。

这类词如果直接用在名词的前面（attributive），则 tɪ˧ 改为 kɤ˧，如 ɪ˧ xɤ˧ kɤ˧。

(b) mɪ˥ 表示加强和完整，附在词尾，如：

tiˇnoŋ˥ noŋ˧ ɔ˥ mɪ˥ 短。

tsʻɛ˧ tsʻɛ˥ mɪ˥ 快快的。

mɔˇ nɤ˥ mɪ˥ 不是的，很不可靠。

ʂˇkɤ˥ la˧ mɪ˥ 四方，方方的。

tɕˊʂ˧ mɪ˥ 两半个，两面，两边。

mɪ˥ 附在名词后，意谓"都，全"。如：

mɔ˧ mə˧ ʈʂ˅ ku˅ ʈʂ˅ pʻa˧ mɳ tsʻo˧ tʻɔ˧ tʻɔ˧ ɕɯ˧。
竹子　四片　四边　都　插　下　了

(c) pu˧ tɪ˧ 附在词尾,"很,异常的"。

mɔ˅ pu˧ tɪ˧ 多得很（又 ɕɯ˅ ɕɯ˧ mɔ˧ tɪ˧）。

nɤ˧ pu˧ tɪ˧ 异常美。

mo˧ mə˅ kɔ˅ pu˧ tɪ˧ 看不见,黑暗。

mo˧ kɔ˅～～光明（能看见）。

ku˧ ɸ pu˧ tɪ˧ 怕得很。

ʂa˧ to˧ pu˧ tɪ˧ 惭愧。

pʻɔ˧ pu˧ tɪ˧ 很轻。

tsʻoŋ˧ pu˧ tɪ˧ 很重。

ka˧ pu˧ tɪ˧ 冷得很。

pɛ˧ noŋ˧～～很臭。

ɔ˧ tsʻɔ˧ tsʻo˧ pu˧ tɪ˧ 太阳热得很,天很热。

kə˧ lu˅ ɸoŋ˧ pu˧ tɪ˧ 身上很热。

kɤ˧～～很干。

pʻɛ˧～～很涩。

tʂʻɪ˧～～很甜。

pʻi˧～～很辣。

tsʻɛ˧～～很酸。

xə˅～～很咸。

pʻi˅ kɤ˧ ni˧ pu˧ tɪ˧ 胆很小。

pʻi˅ kɤ˧ xɤ˅～～胆很大。

kɔ˧ mə˧ ni˅ ɕɯ˧～～路很近。

kɔ˧ mə˧ la˧ ku˧ ku˧～～路很弯曲。

kɔ˧ mɪ˅ mɪ˅ pu˧ tɪ˅ 路很滑。

kɔ˧ mə˧ ka˧ ʂo˧ ʂo˧ pu˧ tɪ˧ 路笔直。

ʂɪ˧ tsoŋ˧ ʂo˧～～树笔直。

fo˧ tɪ˧（刀）mɔ˧（一把）tʻa˧～～刀快,刀很锋利。

i˧ ʂu˅ ʂu˧～～很渴（i˧ ʂu˅ 水）。

xo˅me˦～～很饿(xo˅饭)。

ɤ˦nɪ˦nɪ˦pu˦tɪ˦水很浑(ɤ˦nɪ˦水浑,浑水)。

ɤ˦koŋ˦koŋ˦～～水很清(ɤ˦koŋ˦清水)。

kɛ˦ʂɪ˦pu˦tɪ˦秀好笑。(kɛ˦笑)。

ni˦kɔ˧pu˦tɪ˦号哭。(ni˦哭)。

tṣ'o˅tṣ'o˦～～跑得很快(tṣ'o˅跑)。

后半部的例,是名词加状词;最后三例是动词加状词;都已变成日常的用语了。

(d) 重复表示微小,可以组成状词或缩形的名词。

i˦tɪ˦tiɔ˧(＜ti˦tɔ˧)小,小点儿。

tsu˦tsu˧t'ɔ˦狭。

pɔ˦pɔ˧t'ɔ˦薄。

me˦t'i˦t'i˦e˧ɪm˦低。

p'ɔ˦ni˦足趾:p'ɔ˦ni˅ɕin˧小足趾。

la˦ni˦手指:la˦ni˧ɕin˧小手指。

n˦xo˅鬼:n˦xo˦xo˅小鬼。

ɔ˅ɕ˦舌:ɔ˦ɕ˅＜ɔ˦ɕɔ˅小舌。

6. 动作情态(Aspects of Verbs)

动作的情态如趋向,了结,持续,完成,或二种混合,能用少数的语助词附加在谓词的后面而显示出来。

(a) lɔ˦来,je˦去,表示动作开始的趋向。lɔ˅来了,je˅去了,表示动作将了结的趋向。所谓动作的趋向,不一定合于实际或逻辑,宁可说是语言的心理或习惯。

[lɔ]: lɔ˦来啊;xo˦lɔ˦来这儿啊。(可见lɔ˦原是可以独立的一个词。)

t'u˦lɔ˦起来;xo˧t'u˦lɔ˦站起来。

tɔ˅xoŋ˦lɔ˦客人来。

lɔ˅lɔ˦迎接。

na˦xo˅lɔ˦看一看。

ʂɔ˧lɔ˧（亦作lɔ˧）讨来。

ku˦lɔ˧回来。

a˧na˦p'a˦ku˦lɔ˧向后退出来。

le˦lo˦（牌）ɕe˦kɔ˦lɔ˧玩（打）起牌来。

p'i˅t'u˧lɔ˧放出来。

ȵ˅t'oŋ˅（睡）ni˅lɔ˦（醒来）tɕ'i˅ni˅，睡醒了一觉，一觉醒来。

koŋ˅t'u˧lɔ˧凸（鼓）起来。（～～～tɿ˧鼓起来的。）

[je˧]: p'o˧je˧去罢。

oŋ˧je˧进去。

k'ɤ˧je˧去到，来到。

t'u˦xɔ˦je˧跪下去。

ʂo˦fu˦je˧送回去。

to˅xoŋ˦ʂɔ˦je˧把客人送去，送客。

me˦xɔ˦je˧凹（低）下去。

je˧有时作jɔ˧:ʂɔ˧lɔ˧讨去，p'a˦lɔ˧破开，剖开。（比较p'ɛ˦le˦破开。）

[lɔ˅]: na˧xɔ˅（看）t'u˧lɔ˅看出来了，想起来了，记起。

fu˦lɔ˅回来了。

ɬu˦t'u˧lɔ˅动起来了; ma˦ɬu˦t'u˧lɔ˅不动了，静止。

p'ɛ˧tu˧lɔ˅破出来。

mo˅（活计,工）ku˦t'u˧lɔ˅工作起了。

mo˅mɔ˦ku˦t'u˧lɔ˅工没作成。

mo˅nɿ˅（货物）pa˦lɔ˅东西抬来了。

[je˅]: mo˅nɿ˅pa˦je˅东西抬去了。

ʂɤ˦ja˦ɤ˅领去。

（b）t'ɔ˧"了"，"着了"，表示动作完了，有时完了之后还保持已完了的状态; lɔ˧，"了"表示动作完了并已结束; t'oŋ˧"完了"，表示经过相当程序的动作业已完结; lɔ˧"掉""了"，表示了结。

[t'ɔ˧]: tsə˅t'ɔ˧吃完。

ʂɿ˧t'ɔ˧死掉。

ʂɿ˩ pi˩˥ t'ɔ˥（死给了），弄死了。

tsɛ˩˥ kɛ˥ t'ɔ˥ 吃进去了。

mɪ˦ kɛ˥ t'ɔ˥ 咽下了。

t'ɿ˥ p'u˦ t'ɔ˥ 倒下了。

mo˩˥ nɪ˩˥ mɔ˥ lɪ˩˥ t'u˥ t'ɔ˥，把东西卷起来了。
东　　西　一件（助）卷 起 了

mɪ˩˥ p'u˦ t'ɔ˥ 滑倒了。

kɔ˥ mɪ˩˥ mɪ˩˥ ɔ˥ nɛ˥, mɪ˩˥ p'u˦ t'ɔ˥ tɪ˦ tɪ˥

　路　 很　滑　哩　 滑倒了 啊。

tɪ˦ tɪ˥ 表示"终于"，即经过相当程序之结果。比较 p'a˥ je˥
tɪ˦ tɪ˥ 爬着去。）

i˥ t'ɔ˥ 拿着，携带着。

pa˦ t'ɔ˥ 扛着; pa˦ t'ɔ˥ 扛着呢。

ni˦ t'ɔ˥ 垫着; ni˦ t'ɔ˥ 垫着呢（u˦ ku˦ ni˦ t'ɔ˥ 垫着枕头。）

to˥ kɤ˦ t'ɔ˥ 喝干了。

[ŋɔ˥]：xɤ˦ tu˦ ŋɔ˥ 挖出来了。

poŋ˦ fu˦ lɔ˥ ŋɔ˥ 满（漫，涨）起来了。

[t'ɔ˥ ŋɔ˥]：tsɛ˩˥ pu˦ t'ɔ˥ ŋɔ˥ 吃饱了。

mo˩˥ nɪ˩˥（东西）mɔ˥（件）kɤ˩˥ t'ɔ˥ ŋɔ˥（扔掉了），把一件东西扔掉。

te˥ t'ɔ˥ ŋɔ˥ 栽完了。

xɤ˦˥ lu˥ t'ɔ˥ ŋɔ˥ 挖够了。

na˥ xɔ˩˥（看见）xɔ˥（看）t'ɔ˥ ŋɔ˥（掉了），遗忘。

[tɕɔ˥]：k'o˥ t'o˥ tɕɔ˥ 嚼吃掉。

te˥ t'ɔ˥ tɕɛ˥ ŋɔ˥ 栽完了。（tɕɛ 可能是 tɕɔ 之变形。）

（c）以上表示动作情态的语助词，相当于谓词的语尾。还有一个字 zɔ˦ 或 za˦，凡乎是个字头（Prefix），放在谓词前面，表示动作的完成，有时还有获得的意思。

zɔ˦ mo˥（tɕɔ˥）看见了。

zɔ˦ tsɛ˩˥ 吃得; zɔ˦ tsɤ˩˥ ɕi˦ 吃下了。

z̵ɔ˧ uŋ˅ 卖掉了。

z̵ɔ˧ u˧(ɕi˅) 买得。

z̵ɔ˧ kɔ˅ 听得。

z̵ɔ˧ je˅ 割得，刈毕。

z̵ɔ˧ ɣz̵˅ 走完了。

z̵a˧ lo˧ 捞得。

z̵a˧ pʻɣ˧tʻɔ˧ 烧掉了。

z̵a˧ tʂ̵a˧ 煮好。

z̵a˧ nɪ˧ 捉得。

z̵a˧ xɣ˧ 挖完。

7．词与字(Forms and Words)

就造句的作用(syntactic function)说，一句里的各单位叫作词，如主词受词谓词状词数量词等。构成意义单位的叫作字，一个字也许指一件事物，也许指一种行为或动作或状态，也许兼有二者，因地位或上下文不同而意义发生变化。在理论上把词和字分立，有时感到方便；但实际上每个有意义的字必是语句里的一种词，所以"字"和"词"是二而一，一而二的。以下是窝尼话里词或字的几种特点。

(a) 名动状相通——这是倮倮语系的普通现象。照语言心理讲，一种事物自有它特殊的行为或状态，跟另一事物的行为或状态，虽然可有共通之点，，但未必完全相同。例如：

i˧ ʂu˧ ʂu˧ li˦ 水退了。

水 浅 下去

oŋ˅ ɖi˧ɖi˅ 风吹，括风。

风 吹

oŋ˅ tsɿ˅ tsɿ˅ 雷鸣。

雷 响

xu˧ ʂɿ˧ tʂe˧(＜ʂɿ˧tʂɿ˧) 过年。

年 节 过

z̵ɔ˧ kʻɔ˧ 筛子：kʻɔ˧ 筛。

k'a˦ pɤ˦ mɔ˧ li˧ pɤ˦ 张弓。
弓　个
k'a˦ ɖu˦ mɔ˧ li˧ pɤ˦ 射箭。
箭　个

人的行为或动作最为复杂，有些类似的行动因对象或受词不同而用不同的字，如：

luɔ˥(河) ku˨ 过河。
ta˦ tʂu˥(桥) tsɔ˥ li˦ tɪ˦，过桥。
ko˥ ɕe˥(或 ku˥ tsu˥ 山) kɛ˦ li˥ tɪ 过山，越岭。

(b) 多音段与造字

窝尼语里许多事物的名称，都有二或二以上的音段，如 mo˥ nɪ˥ "货物，东西"，ʂo˥ xɔ˥ lɔ˥ "纸"。我还遇见四个音段以上的字，各音节自身有没有特殊意义，尚不可知。例如：

ɤ˥ p'u˥ t'a˦ li˥(mɔ˥)葫芦(一个)；两个的葫芦则于中间插入"二"字：ɤ˥ p'u˥ ni˦ t'a˦ li˥ mɔ˥。
ɔ˦ kɤ˥ lɔ˥ mɔ˦ ta˥ tʂ'u˦(mɔ˥)蜘蛛(个)。

其次，窝尼语可能受了汉语和倮语的影响，利用固有的字，创造许多多音段的字。

ʂo˥ xɔ˥ lɔ˥ 纸，mɛ˥ xɛ˥ 烟，xɪ˥ 钱：
ʂo˥ kɤ˦ mɛ˥ xɛ˥，或 mɛ˥ xɛ˥ ʂo˥ kɤ˦ 纸烟；
ʂo˥ xɔ˥ lɔ˥ kɤ˦ xɪ˥ 纸币。
nu˥ kɤ˦ lɤ˦ kɔ˨ lu˦ tɛ˦ kɛ˦ kɤ˦ mɔ˥(或 tɛ˦ kɛ˦ tɪ˦ mɔ˥)
牛　皮　的　衣　裳　装　的　个
衣箱，皮箱。
mo˥ nɪ˥ uŋ˥ ɕɔ˦ 摊子。
货　物　卖处
xo˥ ʂa˦ kɤ˦ mɔ˥ poŋ˥ soŋ˦ tʂ'ɤ˥ 饭蒸笼。
饭　蒸的　笼屉　　锅

i˧ʂu˩pa˦kɣ˧ɣ˩tʻoŋ˩ 水桶。
水　挑　的　桶

z̩˧mɔ˦l̩˧tsl˧kɣ˧tsɔ˩tl˩，象牙筷。
　象　牙　的　筷

moŋ˩tʻɔ˧tsl˧(tsl˧)tʂʻo˧tsu˦kɣ˦lɯ˧ 马鞍。
　马　骑　　　人　坐　在　的　个

ku˧nu˩kɣ˦kʻɣ˧tʂʻu˦lu˩，粽子。
糯米　的　脚　小

l̩˩ɕɔ˩ʋɕɔ˩u˩nu˦tsɔ˩pʻɔ˩l̩˧
　香　椿　吃　者
mi˧li˧kʻo˩tsɛ˦ɕɔ˩pʻɔ˩　素食者
结索子的　细　草　吃　者

ma˦ʂɔ˩tsɔ˩pʻɔ˩ 吃荤人。
　猪　肉　吃　者

ma˦ʂɔ˩pʻɔ˩zo˦kɣ˦ɣ˩ 火腿。
猪　腿　干

xu˦ʂl˧kɣ˦sɛ˧ 腊肉。
年　过　的　肉

ʂɔ˩ni˧tɛ˦kɛ˦tl˧kɣ˦zu˦lu˧ 香肠。
肉　瘦　装　入　的　肠

ʂɔ˩xɔ˩kɔ˩li˧po˩tl˧kɣ˦ɕɔ˩tɕʻi˧ 膏药。
　纸　　上　　敷　在　的　药

ɔ˦pi˧lo˩ɕɔ˩kɣ˧ɣ˩tu˩ 天井。
天　　上　的　井

ɣ˧tsɔ˩lo˩kɣ˦tʻa˩pa˦la˩ 楼板。
楼　　的　　板

mɯ˧tsʻɔ˩ɣ˧tsɔ˩lo˩tʻa˩pa˦la˩ 地板。
地　楼　　　板

ɔ˧tsʻɔ˩fu˦tsɣ˧kɣ˦lɔ˩ 棚。
日　雨　挡　的　个

tsɛ˧ kɛ˦ xɔ˦ tsʻoŋ˧,草棚。
　草　　棚

o˧ ko˦ lo˧ tɕʻo˦ kɤ˦ mo˅ ku˅ xɔ˧ 工厂。
　众　人　　　的 活 作 处

ɬo˦ mɔ˦ ta˧ tʂu˧ 石桥。

ʂ˧ tsoŋ˧ ta˧ tʂu˧ 木桥。

ɤ˧ tso˧ lo˧ kɤ˦ ta˧ tʂu˧ 楼梯。

xɔ˅ pʻɔ˅ v˅ ta˧ tʂu˧ 板梯。

i˧ ʂu˅ na˦ kɤ˦ 酱油。
　水　黑　的

怪有趣的是倔强的"强"（tɕaŋ 去声，不吐气），在汉语里跟"酱"字同音，所以发音人翻译"强"字时，先告诉我"酱油"，随后又告诉我

nɔ˦ pɤ˧ tsʻo˦ kɤ˦,揪耳朵。
　耳　朵　提　的

因为小孩子倔强时，窝尼人跟汉人一样要揪小孩的耳朵的。还有两对字，义通借用，如：

kɔ˅ mɿ˧ tɕʻi˅ koŋ˧ 面一条；

kɔ˅ mɿ˧ uaŋ˧ kɤ˦ tʂʻo˧,长寿的人。
　命　旺　的　人

在汉语里"面""命"音近，也可能是巧合。

tsʻa˦ ɤ˦ 索子，藤；tsʻa˦ ɤ˦ pu˅（又作 tsʻa˦ ɤ˅ pu˅）米线，点心。

（原载《边疆人文》第 4 卷合刊，1947 年）

广西壮语方言分布概况和创制文字的途径

广西壮语可以分作两大方言——邕南与邕北,邕江和右江一带是南北交界处。南壮语向北伸展到左右江汇合处的隆安和邕宁西南部,南方跟越南北部边境的 po tai 话相同,跟遥遥相隔的暹罗话也很接近。北壮语向西南伸展到向都和天保部分地区,右江话跟贵州仲家话和云南剥隘广南的话也有些共同的语音特点。南北壮语在语音上最显著的区别是:南壮有 p pl ph phl t th k kl kh khl 等不吐气和吐气的两套清塞声母,北壮丢掉了吐气成分,只剩不吐气的一套 p pl t k kl。看下面举的例字便能明白。(南壮:隆代表隆安和邕宁西南部,龙代表丽江和宁明,崇代表崇左扶绥上思,秾代表镇都(秾茗)大新;北壮:武代表武鸣横县,来代表来宾象县武宣迁江贵县,平代表平果万冈,田代表田东田阳百色田西即右江一带。语言现象往往是参差错综的,这儿暂不细分。例字右下角 1 2—8 数字表示调类平上去入——各分阴阳。)

(南)				(北)				
隆	龙	崇	秾	武	来	平	田	
pa₃			:	pa₃				大姑母,伯母,大姨母
pha₃			:	pa₃				掌
phɯ₃	pha₃	phy₃	phɯ₃	fɯ₃	—	—	ɦa₃	云
pla₁	pja₁	pa₁	tsa₁	pla₁	pja₁	pa₁	tsa₁	鱼
phla₁	phja₁	pha₁	sha₁	pla₁	pja₁	pa₁	tsa₁	山
ta₆			:	ta₆				河
tha₁	ha₁	tha₁	—	ta₁				目
kai₅			:	kai₅				鸡
kha₂			:	ka₃				杀

hau₃	chau₃	—	—	:	hau₃			谷,米,饭
kla₃	kja₃	kja₃	tsa₃	:	kla₃	kja₃	tsa₃	—	秧
hlai₅	khjai₅	hai₅	lai₅	:	klai₅	kjai₅	tsai₅	—	蛋

照壮语发展的现阶段看,复辅音 pl phl kl hl 只保存在局部地区,很不稳固。

南壮倘以龙州音为代表,大部分字的 s[ɬ]相当于北壮的 r[代表各方音 r z ɣ l j]和 s[代表各方言 s θ ɬ]。例如:

(南)				(北)				
龙	崇	秧		武	来	平	田	忻城
ɬɯɯn₂	luun₂	zuun₂	:	raan₂	ɣaan₂	zaan₂	laan₂	jaan₂	屋,家
ɬam₂	lam₂	zam₂	:	ram₂	ɣam₂	zam₂	lam₂	jam₂	糠
ɬu₄	lu₂	zu₂	:	ro₄	ɣo₄	zo₄	lo₄	jo₄	知
ɬaɯ₁	—	saɯ₁	:	θaɯ₁	saɯ₁	saaɯ₁	ɬai₁	saɯ₁	清楚
ɬap₇	ɬap₇	sap₇	:	θap₇	sap₇	sap₇	ɬap₇	sap₇	涩
ɬaak₈	—	zaak₈	:	—	—	zuuk₈	luak₈	juuk₈	呕吐

但是在有些字里,来宾(代表北壮)的 r 相当于龙州(代表南壮)的 h,n,l:

(南)		(北)		
龙		来	田	
ha₁	:	ɣa₁	la₁	找
nook₈	:	ɣook₈	look₈	外面
laai₂	:	ɣaai₂	laai₂	斑麻

韵母系统上,南北壮语都一致有六个基本元音 i e a u ɯ。(李方桂《龙州土语》里,ɯː 和 əː 依音位原理可以并为一个符号,ɯː 只用作单元音,əː 只用于复合元音和带辅尾的韵母。)但是南壮左江方言崇左扶绥多添一个 yː,上思 ɯː 全变为 yː,北壮在柳江忻城,多出来一个 y,例如 ja₁,jyː,jɯ₁,jɯ₁(田)jia₁,"药"。右江话少了 ɯː,aɯ……,田阳 liat₈ 血,bai₁ 叶,在来宾丽江都读 lɯɯt₈,baɯ₁。其次,元音的长短高低在南北壮语里也起了变化:

(南)		(北)		
龙		来		
leeŋ₂	:	ɣiŋ₂		午饭

deeŋ₁	:	diŋ₂	红
theeŋ₁（崇）			
pheeŋ（龙）	:	piiŋ₁	黄瓜
nooŋ₄	:	nuuŋ₄	弟
po₆ nooŋ₂	:	pou₄ noŋ₂（平）	侬人
nooŋ₂	:	nɯn₂（元音前后不同！）	睡

声调上南北一致①，平上去入各分阴阳。可是南壮在镇都部分地区阴平中喉塞音与带喉塞音声母的字转入阳平，上声不分阴阳，天保（城内外）阴平阴去中喉塞音与带喉塞音声母的字和吐气清塞声母的字转入阳平阳去；北壮在右江一带阴上中喉塞音与带喉塞音声母的字转入阳上（与贵州仲家同），平治万冈凤山一带阴去中喉塞音与带喉塞音声母的字转入阳去。这些局部地区起了特殊变化的方言，倘作为壮语的代表方言制订文字，会或多或少地破坏了南北壮语原有的统一基础。个别字偶有分歧，例如 ma₁ 狗，ma₂ 来，在局部地区二字都读阴平（象县 ma₁ 狗；来）。

基本字汇——自然现象和劳动生产的字，南北大部分一致，还共同借了许多汉字，但是南北之间有些差别，两大方言内部各小方言间也有些差别。南壮语在隆安崇左扶绥上思一带，跟北壮语更接近些。不同的例字：

龙		来	
fa₄	:	bɯn₁	天
min₂	:	te₁	他
ɬɯ₁	:	kuk₁	虎
loot₇	:	tau₅	梭子
meeŋ₂ thɯuŋ₁（虫糖）	:	ɣɯi₁	蜜蜂
ɬɯ₃	:	pu₅	衣
bjook₇, jook₇	:	va₁	花

同源而异形的字如：

bjaai₁, jaai₁	:	daai₁	耕
bɯɯn₁	:	dɯɯn₁,（右）dian₁	月份

---

① 南北吐气清塞声母的字，调类往往不一致，变化条例，暂不多谈。

mɯ₂	: fmŋ₂	手
maɯ₂	: mmŋ₂	你
ha₁ van₂	: taŋ₁ ŋɔn₂	太阳
tha₁ van		

有些字俱见于南北，但不普遍，例如 ŋaɯ₂"希望"一字只在龙州平治来宾万冈遇见过。解放后壮语里涌现了大量的汉语普通话借字，例如在龙州遇见 kaai₅ faaŋ₅ 解放，tsaaŋ₅ fe₅ 蒋匪，ti₃ tsi₃ 或 ti₃ tsi₅ 地主，kuŋ₃ shaan₃ taaŋ₃ 共产党，thoon₂ kje₂ 团结，phin₂ nuŋ₂ 贫农，jo₂ tsi₂ 或 jo₂ shi₂ 学习，thi₂ kau₁ 提高……。这表现了壮语的敏感和吸收的能量，但并不会减低创造新词的能力，例如"香水"，多数借用粤语 hjooŋ₁ shui₃，有些地区说 nam₄ hoom₁（水香）；thu₅ ŋaat₃ 豆芽，ŋaat₈ thu₅（土中豆发出的芽）；baɯ₁ tsa₂ 叶茶＝茶叶。

壮语语法结构，南北完全一致，虽然受汉语语法影响的深浅，因人而异，城乡微有不同。今后语文干部必须向广大的农民群众学习。

目前壮语区域还处于比较落后的农村经济状态下，交通困难，还谈不到民族的经济政治文化的中心；沿铁路和左右江的城市，交通条件较好，但汉语似乎渐趋优势。所以，要选择一个（只一个！）中心地点的方言，作为标准来制订拼音文字，是太勉强的硬性办法。但是五六百万讲壮话的农民迫切地需要学习文化，决不能等待这个中心地点在经济建设中逐渐形成。柳州和南宁一带，城市里几乎完全用了汉语，唯有两大城市之间的来宾农村的话，在基本结构上比较能代表北壮（来宾农村有百分之九十五是壮人，普遍操壮语的），跟南壮也没有显著的抵触。至于南壮，龙州话城乡一致，可以通行于丽江和宁明（旧明江宁明凭祥思乐）。百色在桂西和云贵的邻境在某种程度上倒是个经济政治文化的中心，但是城内也以粤语为主，而且右江话在基本结构上容纳不下南壮北壮；相反地，来宾或丽江话倒容纳得下右江话。来宾和丽江话也不能完全互相容纳尤其是基本字汇上有些差别，抛弃任何一方面都会在语言的内容上和文字推行的过程中遭致很大的损失。唯有兼容并包，采用来宾和丽江话制订互相汇通的两个文字方案，才能照顾南北壮语的全面。在吐气清塞声母上，北壮服从南壮，南壮的 ph, th(h), kh(h) 在北壮读 p—f, t, k—h, 这多少增加了初学者的负担, 但在传习字母时加以适当的说明, 讲北壮语的人会很自然地把 ph th kh 读作 p t k 的。在 r l s 一套声母上, 南壮服从北壮, 或者让两个字形并存, 因为其中分歧较多, 目前还没有找出严格的规律来。

民族语内部方言间或大或小的差别, 在一个民族的经济政治文化中心形成以后, 还会有一定时期的存在, 只是标准方言处于领导地位, 让各小方言服从自己, 并在可能范围内吸取各小方言的优点来丰富自己。方言文学也不应阻挠, 倒不妨多少加以鼓励。广播、电影、文艺……的发展和普及, 会帮助建立标准方言的权威。壮语区域内开始推行文字的三五年间, 来宾和丽江两个方案尽量汇通, 同时并进, 暂时不教一个服从另一个也可以, 这样可以适应农民学习文化的普遍要求并减少推行中的困难。为了解决字形的统一化, 在三五年内必须进行普遍深入的调查, 编写和出版壮语方言比较字汇和壮语语法。同时, 壮语内部也能培养出来一大批语文干部和专门人材, 根据教学经济, 懂得如何掌握和灵活运用了, 把两个大同小异的方案结合起来, 建立壮语统一的文字, 紧跟着经验建设的高潮迎接文化建设的高潮。文字的统一可以帮助促进民族语言的统一。这不过是我个人的建议, 还须壮语群众的协商, 广西省人民政府、中南民族事务委员会、中央民族事务委员会和中央政务院文化教育委员会民族语文研究委员会各方面的指导。①

半年来科学院给了我向人民学习的好机会, 让我参加壮语语文工作。我在工作中更进一步认识到毛主席共产党和人民政府民族政策的正确、伟大。以上的意见是不够成熟的, 目的在提供给壮语人士和领导方面的参考, 我希望同志们纠正我的错误。

---

① 原编者按: 最近接作者自南宁来信, 说: 照目前物质条件(交通、经济关系等)看, 教左江人学右江话, 或教右江人学左江话, 或教桂中人学左江或右江话, 都是勉强的, 行不通的, 各大小方言会照常发展下去的, 因为各地的人在生活上没有物质条件来联系他们。所以还须采用两个方言并行。来宾话可以代表桂中一大部分与宜山专区, 但必需灵活运用以容纳右江。左江以龙州为代表是有历史上和现在文化教育上的基础的。以上意见可以作本文的补充参考。

壮族语文问题

扫 盲 试 验

　　1952年冬桂西壮语自治区的成立鼓舞了广大的壮语人民群众。自治区各界人民代表会议开会期间，我留意探听各方面对于壮语创制文字的意见。有一件事给了我很大的启示，就是宜山专区文教科的负责同志告诉我说：宜山洛东正在进行扫盲试验。他们利用注音字母教壮语农民认识汉字，但是壮语农民不懂汉话，所以把汉字按意义改读为相当的壮字，例如"山"读为 pja_1，"水"读为 $hjam_4$①。头两三个星期，这样学认单字倒还顺利，后来进一步学习短句和短文，困难就层出不穷了。汉语和壮语的语句结构有很大差别，一句汉语逐字勉强译成壮话，保存汉语语词原有的次序，任何人也不能了解。这个试验已经到了无法继续的阶段。宜山专区文教科完全从壮语农民的利益出发，他们善良的动机是不容怀疑的，但是他们所采取的办法，也许受了陈旧的"方块壮字"（改造汉字代表壮音）的影响，除非走日文发展的老路，我们找不出其他的理由作根据。这办法并不能教壮语农民学习汉语文，至多只能教他们认识少数汉字形体所代表的壮语语词。

　　下面举一个例子，说明壮语和汉语语句结构的差别，以壮语为主，逐字译为汉语，如果让汉族农民用同样方法学习壮语，我相信也同样会失败的。

---

① 标音符号用的是国际音标，阿拉伯数字表示调类，详细条例请参看《一九五二年壮族语文工作报告》，第4—12页，注一、二，1953年11月中国科学院出版。

《义勇军进行曲》

[来宾方言] hɯn$_3$ tau$_3$, pou$_4$ jaɯ$_2$ laŋ$_6$ di gnuun$_6$ ku$_6$ koi$_1$ no$_2$,
[龙津方言] tin$_5$ ma$_2$, ki$_5$ naɯ$_2$ shau$_3$ ɯi$_5$ jin$_6$ hit$_7$ khoi$_3$,
[汉字对译] 起 来, 个 哪 倘 不 愿 做 奴 隶,

tsou$_6$ au$_1$ dak$_7$ daaŋ$_1$ no$_6$ rau$_2$ tau$_3$ ku$_6$ pan$_2$ tiiu$_2$ tsɯɯŋ$_2$ tit$_7$,
tsau$_6$ au$_1$ ŋe$_5$ daaŋ$_1$ nɯ$_4$ lau$_2$ ma$_2$ hit$_7$ pan$_2$ teu$_2$ tsiŋ$_2$ lik$_7$,
就 要 个 身 肉 咱 来 做 成 条 墙 铁,

tsuŋva mintsu paan$_1$ nei$_4$ tsin$_1$ sei$_6$ hoŋ$_3$ jiim$_3$ laai$_1$ leu$_3$, vun$_2$,
tsuŋva mintsu mɯ$_6$ min$_3$ tsɯn$_1$ tsɯ$_6$ ŋai$_2$ hiim$_3$ laai$_1$ ja$_5$, kɯn$_2$
中 华 民 族 时 此 真 是 危 险 多 了, 人

rau$_2$ tok$_7$ pou$_4$ ta$_3$ tak$_8$ seek$_7$ ook$_7$ siŋ$_1$ han$_5$ siŋ$_1$ saaŋ$_1$:
lau$_2$ moi$_4$ kun$_2$ pik$_7$ se$_1$ jaau$_3$ ook$_7$ heeŋ$_1$ luuŋ$_1$ heeŋ$_1$ suŋ$_1$:
咱 每 个 都 逼 得 叫 出 声 大 声 高:

hɯn$_3$ tau$_3$, hɯn$_3$ tau$_3$, hɯn$_3$ tau$_3$. rau$_2$ kjoŋ$_2$ vun$_2$ tiiu$_2$ sim$_1$ deu$_1$,
tin$_5$ ma$_2$, tin$_5$ ma$_2$, tin$_5$ ma$_2$. lau$_2$ ha$_5$ kɯn$_2$ teu$_2$ sim$_1$ deu$_5$,
起 来, 起 来, 起 来。 咱 群 人 条 心 一,

jɯ$_5$ paai$_6$ la$_3$ lɯk$_8$ juun$_2$ tijin, kau$_3$ pai$_1$! jɯ$_5$ paai$_6$ la$_3$
ju$_5$ paŋ$_4$ na$_3$ tsu$_5$ taan$_3$ tik$_8$ kɯn$_2$, khau$_3$ pai$_1$! ju$_5$ paŋ$_4$ na$_3$
在 方 面 前 子 丸、弹 敌 人, 进 去! 在 面 前

lɯk$_3$ juun$_2$ tijin, hau$_3$ pai$_1$! hau$_3$ pai$_1$! hau$_3$ pai$_1$, pai$_1$!
tsɯ$_5$ taan$_3$ tik$_8$ kɯn$_2$, khau$_3$ pai$_1$! khau$_3$ pai$_1$! khau$_3$ pai$_1$, pai$_1$!
子 丸、弹 敌 人, 进 去! 进 去! 进 去, 去!

斯大林教导我们说:"当语言的词汇接受了语言文法的支配的时候,就会有极大的意义。"① 上面用壮语译成的《义勇军进行曲》,虽然有许多汉语的新旧借字,但接受了壮语语法的支配,就变成有生命有力量的壮歌了。

---

① 斯大林:《马克思主义与语言学问题》,第 21 页,人民出版社出版,1953 年 5 月。

小 学 教 学

　　一九五二年九、十月间,我旅行于龙津县彬桥下冻和水口三处,参观了小学的语文、史地和自然常识的教学。语文课当时用人民教育出版社的国语课本,老师用混杂的西南官语和粤语方言朗诵课文,用当地的壮话翻译三四遍,让小学生跟着模仿。一篇短短的课文往往要上三四堂课,老师们的翻译技巧也有高低。高级班的教学形式稍有不同,汉文的词句比较复杂些,翻译似乎不易达意,我觉得近于囫囵吞枣的样子。至于上史地和自然课,因缺乏挂图和其他教具,也几乎完全是词句的翻译,对于课文的内容就无暇顾及了。这样的教学方法,比宜山洛东的扫盲办法是进步多了,因为不但要教学生认识汉字形体,并且还得按照附近地区的汉语方言发音。这样学习汉语文,儿童们凭着自己最强的记忆力,自然是可能的,但是事倍功半,六年小学毕业后未必能写简短的汉文书信,升入中学以后依然会把汉壮两种语言不同的词汇和语法混在一起。有几位小学老师向我打听新的教学法,希望提高教学效率,我只能含糊地说:不同的民族地区要灵活运用不同的方法,刻板地搬弄是无济于事的!

　　解放后,壮族人民无论男女老幼,要求学习汉语文的热情空前地高涨。有些人就想,索性让他们抛弃自己的民族语言,直接学习汉语文,倒也省却许多麻烦。语文毕竟是工具,要是换一套更锋利的工具,对于使用者是有利的。但是历史的事实证明,聚居的民族在长时期内决不能忘掉自己的语言;如果自己的语言不能变成锋利的工具,要直接学习另一个民族的语言,往往是事倍功半,而且按目前壮族农民终年劳动的生活条件看,也许是不可能的。

　　从上边两件事看起来,我觉得要想帮助壮族提高文化,还是充实他们自己的语言、创制拼音文字这一条路,比较顺利一些。

壮语地位的重要

壮族人口约六百万，兼通汉语的有多少虽然还没有精确的调查统计，但恐不满百分之十。桂西其他少数民族如苗、瑶、毛难，因长期和壮族相处，有些也采用了壮语或兼通壮语，用壮语作日常的交际工具，也用壮语歌唱。

据我间接地粗浅地了解，贵州的布依语和云南文山专区的沙语，都跟壮语北部方言相近似；文山专区的侬语跟壮语南部方言相近似。首先为壮语创制文字，将来壮语在这些兄弟民族语言里可能发生主导作用。共同的语言是帮助联系各民族感情的有利武器，是形成各民族大团结的天然基础。

就壮族自身说，要是没有容易学习的文字真切地代表自己的民族语言，壮族人民就不能直接学习文化，也很难在短时期内掌握汉语文。在过渡时期总路线的光辉照耀下，壮族人民已经具备了为自己的母语创制文字的一切有利条件，而创制文字也是壮族人民参加社会主义建设的重要条件之一。莫尔狄诺夫在《论苏联社会主义各民族语言的发展》[①]里说："我党的领袖列宁和斯大林总是教导说，苏联的各族人民只有用自己的母语才可以参加社会主义的建设，才可以接受并发展社会主义的建设，才可以建设自己民族的、苏维埃的国家生存。因此，与伟大十月社会主义革命以后在国内展开的宏壮的文化建设同时，这些民族也都创造了文字，文学语言，科学与政治的术语等等。"伟大苏联的这个先进经验，是我们应该加紧学习的。

统一的民族语言的形成和统一的文学语言的建立往往是一回事，不是轻易能解决的单纯的问题，首先就得克服方言分歧的困难。

---

① 《斯大林语言学著作中的哲学问题》，第273页，1953年9月，三联书店出版。

方 言 分 歧

　　壮语方言的分歧情况,不算太严重,但其中存在的问题也并不简单。方言差别可以从语法、语音和词汇三方面观察。语法结构是语言里最稳固的部分,所以壮语南北方言间,或各小方言间,语法差别是很小的,互相学习不会感到困难。语音差别是方言间最显明的标记。其次,没有文字传统的民族便没有共同的文学语言,各方言地区缺少一种交流思想的重要工具,词汇主要是受了生活环境的影响,逐渐产生和增加着距离。

　　壮语方言间语音的差别,可以用几个具体例子来说明。同样一个汉语借字"县",因汉语原有开口和合口两读,又因借入时代和所借汉语方言不同,壮语采用了这个字以后就在各方言间演变成为好几个不同的形式:$juun_6$、yyn_6、$wiin_6$、$viin_6$、$jiin_6$、$jeen_6$、$heen_6$ 等,末一个连声调系统也乱了,显然是晚近借入的。同样,当"云"讲的一个壮字,声和韵都起了不同的变化:$phɯ_3$、pha_3、phy_3、$fɯ_3$、vu_3、fia_3。我们倘继续调查,搜集更丰富的材料,也许能整理出较详细的条理来。但是语言的演变现象是千万头绪的,语言学家所能发现的规律或条理,至多只能帮助解决教学上一小部分的困难,决不能作为教学上的主要凭借。

　　关于壮语方言间词汇的差别,因为侗傣语族的历史研究条件还不够成熟,好些语源的线索还不易探寻。斯大林教导我们说:"……语言的词汇对于各种变化是最敏感的,它几乎处在经常变动中。"又说:"它的变化不是用废除旧的、建设新的那种方法来实现的,而是用新词去充实现行的词汇的方法来实现的,这些新词是由于社会制度改变,由于生产、文化、科学等等发展的结果所产生的。同时,虽然通常从语言的词汇中消失了一些已经陈旧的词,可是添加的新词的数量却要多得多。至于基本词汇是基本上完全保存下来的,并且使用为语言的词汇的基础。"[①]我们对于壮语方言的词汇差别,完全可以依据斯大林同志给我

---

① 斯大林:《马克思主义与语言学问题》第22—23页,人民出版社出版,1953年5月。

们指示的原理，得到正确的理解。这儿只就我曾注意到的，举几个实例来说明。（一）生活环境——例如地理情况——不同，使各地区保存的词汇也不同。"山"有三种：pja_1 是石山，$doŋ_1$ 是山林或有树木的山，doi_1 是土山；这三个字各地所保存的往往依照具体的地理环境来决定。（二）有些词儿趋于简化，"蛇"右江一带叫作 $ŋu_2$ 或 $ŋɯ_2$，来宾叫作 $taaŋ_6$。但是在龙州 $ŋu_2$ 指小蛇，$taaŋ_6$ 指大蛇。这也看发音人所受汉语影响的深浅，老年人的壮语词汇往往比青年人的要丰富些。（三）有些词儿各地不同，表面上看不出什么理由来，也许是一个语言分化为几个方言以后，各方言独自创造新词的结果。汉语里"玉米、老玉米（北京口语）、包谷、玉蜀黍"几个词，在壮语方言里也有类似的不同名称：$muuk_7$ $suuk_7$、$hau_4 tai_5$ 和 $hau_4 tat_7$。"花生、落花生、长生果"在壮语里也有 $lɯk_8 tei_6$、$maak_7 haan_5$ 和 $ta_4 naaŋ_6$ 等名称。（四）壮汉人民长期相处，壮语不断地吸收汉语的语词，有时借字替代了壮字。"碗"壮语是 $thuui_3$、$tuui_4$、$tuai_3$、$tiai_4$（同一个字因音韵演变而各地发音不同），可是有些地区只会说 $ŋvaan_3$ 或 $vaan_3$ 了。"铁"壮语方言有两个不同的字：lik_7 和 fa_2，可是有些地区只知道 $tiit_7$ 或 $tiat_7$。（五）同一汉字可以一借再借，因借入时代不同，"犯"读作 $paam_4$ 或 $faam_4$；因所借方言不同，"客"读作 $heek_7$（粤系方言）或 $kɯ_2$（西南官语）。广西的汉语方言很复杂，主要是粤语、西南官语和客家话（在广西叫作白话、普通话、挨话和麻介话），这也助长了壮语词汇的复杂。（六）量词、语助词、感叹词等是词汇中比较最不稳固的部分，所以在各在大小方言间差别也最大。

我们知道，一个有悠久历史传统的语言往往富有大量的同义词的。壮语方言也提供了这样的例子。"钝、不锋利"可以说作 kom_1、hom_1、$ŋom_4$、mot_2、lou_5 等。这些同义词，在文字的基础方言尚未建立实际的领导地位以前，我们似乎不宜任意取舍。我们语文工作者应深入地向人民学习，体会这些同义词的细微差别，利用它们来创造新词新语。同时，科学术语要求明确统一，我们在制订新术语的过程中，一方面不可避免地要继续吸收大量的汉语语词，一方面也必须尽量利用壮语自己原有的词汇。

过分夸大或者低估壮语方言分歧所能引起的困难，都是不正确的。

方言分歧的民族要建立一个全民的文学语言往往要经历一个艰难曲折的过程。这类的困难不是单纯从技术上所能解决的，主要关键还得依靠民族的经济、政治、文化的集中。所以我们必须在经济、政治、文化比较集中的地带，慎重选择文字的方言基础，从而推动这个方言发展为人民大众所接受、所爱好的共通语言。

文字的方言基础

桂中区——从柳州到南宁沿铁路两旁，壮族人口最密（但宾阳县和南宁市除外），而这一带壮语方言的语音体系也比较地能适应全面。我们曾依据来宾寺脚壮语的音系拟订了文字的草案，在某种限度内我们相信是正确的。来宾话能代表壮语北部方言的红水河流域方言，也多少能代表柳江流域一带。但是右江方言，我们还没有给予足够的重视。武鸣靠近南宁，以武鸣话领导右江一带是可能而且合适的。如果要明确地建立稳固的文字的方言基础，我觉得对武鸣双桥话和来宾寺脚话还得进一步深入调查，看哪一个地区更可能发展为壮族的经济政治文化中心，哪一种话使用的人口和面积更广大，再看该地区的壮族人民使用汉语的情形是有利于或不利于壮语的发展，然后决定采用那个地区的壮语的语音系统、语法结构和基本词汇作为文字的基础，而用另一地区的壮语作为经常的参考，适当地让前者吸取后者的优点来丰富自己。

按经济地位说，百色是桂西壮族区域的一个重要城市。从百色容易联系贵州布依族和云南文山专区的沙族和侬族；所以从联系各兄弟民族上着想，百色具有比较优越的条件。可是百色地区多山，人口较稀，以百色领导桂中区，是有困难的。

南宁是广西全省经济、政治、文化的中心，也是全省各兄弟民族互相联系的中心。桂西壮族自治区人民政府设在南宁，是完全正确的。可是将来经济条件许可时，把来宾或武鸣建设为壮语文化教育的一个中心，对壮族语文的发展创造更有利的条件，在壮族人民迎接文化建设的高潮来临时会具有重大的意义。

拼音文字代表活语言的发音，我们尽管在文字形式和内容上尽量照顾各地方言,但实际发音该依照哪一处作标准呢?这对汉族和其他兄弟民族的干部,倒也是个急待解决的问题。例如壮语调类各地大体一致,在文字形式上不成问题,在文字推行的初期壮族人民学起来也不会感到困难,可是其他兄弟民族学习壮语时总得采取一个方言的真实调值,才能逐渐掌握这个语言。所以我们希望壮族自治区能建设来宾或武鸣成为一个文化中心,发展以社会主义为内容的民族文化。

关于壮语南部方言,我曾建议以龙津话为代表制订一套跟北部大方言汇通的方案。但南北方言的语音体系差别很大,所谓"汇通"是受许多限制的。为壮语全体人民的远大利益着想,自然最好起头儿就能确定一个统一的文字。这需要很大的长时期的主观努力。统一的文字应以北部大方言为基础,这是应该肯定的,具体办法我已建议如上。当然,民间诗歌或方言文学不可能受任何限制。倒不妨适当地加以鼓励,反能促进统一文学语言的形成。

文字推行以前的准备工作

壮文推行以前,必须首先培养一批壮族自己的语文干部,能够掌握政策和运用壮语的内部发展规律,组成一个核心机构,担任有计划的编译工作。汉族干部只能协助(尽管这个协助可能发生决定性的作用),在写作上,至少初期,是无能为力的,因为我们知道,用另一个民族语言自由写作,一般地说,往往是很吃力,甚至是不可能的。

我建议初步的编译计划,三年内(1954—56)完成壮语方言词汇(附汉壮词汇),农民课本一套和通俗读物三四种,小学课本的全部,小学后期的汉语文课本一套,壮语会话和壮汉对照读物三四种,壮语常用词汇(包括新术语并附汉壮词汇),和壮语语法纲要。

壮语千百年来一向活跃在壮族人民的嘴唇上,现在要创制文字,我们首先要求把这个语言集中在一部方言词汇里,帮助我们作进一步的研究和解决编译过程中随时会发生的困难。单单这一件工作就够浩繁的了。照目前形势看,这个词汇里可能遗漏掉的比搜集到的材料还要多呢。在编译计划进行的同时,我们还得继续调查和补充。

我建议在中国科学院语言研究所的领导之下,争取中央民族学院和广西民族学院的合作,必要时大家集中在一起,发挥集体创作精神,如期或提前完成上面所建议的编译计划,然后开始出版和进行教学实验——初步推行。在编译工作中,我们不但要准备初期推行的必要工具,而更重要的是同时培养和锻炼一批从事壮族语文工作的骨干分子。我们希望有关的各方面,特别是党政领导方面,给予我们切实的指示和积极的支援!

1954年2月

(原载《中国语文》1954.5)

坚持字母的汇通原则

汉语拼音方案草案的制定和公布,是我国社会主义建设时期的一件大事,是我国各民族语言文字工作的一个里程碑。这个方案的制订,正如吴玉章、黎锦熙两位同志所指出,至少已经酝酿了六十多年(《人民日报》1957年12月11日第7版)。明末方以智在《通雅》里提出"因事而合音,因音而成字",可以算是汉语拼音化的首倡。三百多年前的理想终于逐步实现了,关系着中国人民切身利益的文字改革运动又向前迈进了一大步。我们热烈地拥护这个方案,要在实际语言工作中正确地运用这个方案,积极地支持这个方案。

也许有人认为这个方案还不是尽善尽美的,因而抱着或多或少的怀疑和观望态度。这种态度不是推动历史车轮向前进,而是消极怠工,甚至是搬石头阻挡前进的大道。比方说,方案中有四组双字母 zh ch sh 和 ng,同时也规定了简式 ẑ ĉ ŝ 和 ŋ,这种"两可"的办法不是方案自身的一个弱点么?可是我觉得这正是方案的优点,这个"又式"的规定完全符合实际——符合过去的传统和今后的发展的。三五年以后,根据全国推行的经验,文字改革委员会也许会吸取广大群众的意见,考虑并建议作出一些必要的修订。当然,今后对方案建议作任何细微的修订都必须十分审慎。但是,尽善尽美并不等于一劳永逸。特别是关于语言文字的措施,必须从传统和发展两方面考虑问题。

汉语拼音方案不但会受到汉族人民的热烈欢迎,并且同时也会受到兄弟民族人民的热烈欢迎。许多兄弟民族,解放后在党和政府的亲切关怀和正确领导之下,在民族政策的光辉照耀之下,已经或正在设计并制订适合于自己语言的文字。少数民族创造文字,主要是为了发展自己的民族语言,同时也是为了更有效地学习汉语汉文。少数民族跟汉族的政治经济和文化生活已经在平等的基础上,空前地接近了,并且越来越密切了。少数民族发展自己的语言文字有了保证,可是为了迅速地提高自己的文化,为了加强民族间的互助合作,也会更迫切地要求学习汉语文,并且不再像过去那样只限于少数人学习,而是普遍地要求学习汉语汉文。所以少数民族在创造文字的时候,考虑到同汉语拼音方案的汇通,贯彻了汇通的原则。所谓汇通,根据我的了解,就是同样的字母代表同样的或相当的音位或音素。汇通的目的和作用是便利于互相学习。但是少数民族语言,如壮侗语族和苗徭语族的许多语言,和汉语在语音系统上有很大的差别。要求拼音法则互相汇通是完全正确的和必要的,可是在技术上却带来了很大的困难。例如,壮语语音系统中有两个浊塞音[b]和[d],实际上往往还带有喉门塞音或喉部肌肉的紧张,严式标音应该写作[ʔb]和[ʔd],或['b]和['d],如果不要求跟汉语拼音汇通,用 b 和 d 两个字母倒是恰好的。可是汉语拼音方案规定以 b、d、g 代表不送气的清塞音,壮语也有这么三个相同的、完全对当的音,却没有送气的清塞音 p、t、k(壮语标准音没有,南部方音却也有的)。为了汇通,壮族同志经过再三的考虑和讨论,从民族团结的愿望出发,终于坚持了汇通的原则,另行创制了两个新字母(Б、Ꙛ)代表壮语的[ʔb]、[ʔd]。从纯技术的角度看来,创制新字母会引起种种的不便利。可是为壮族人民的长远利益着想,为壮语的发展前途着想(例如从汉语吸收新词和术语),壮族同志经过再三的思想斗争,一致认为汇通原则必须坚持执行。壮族领导和语文工作同志作出这样的决定是完全符合壮汉两族人民利益的。他们在汉语拼音方案公布一年多以前作出这样的决定,就是用实际行动来支持汉语拼音方案,拥护汉语拼音方案,这是值得我们感激的!

  各民族文字拼音方案的汇通问题,令我联想到汉语自身的,与汇通原理有关的一个迫切问题。《人民日报》1957 年 12 月 11 日社论指出,"汉语拼音方案的用途主要是为汉字注音,来帮助识字和统一读音。"所谓"统一读音",就是"推广以北京语音为标准音的普通话,以逐渐统一汉民族的共同语言"。1956—1957 年,与推广普通话运动相结合,开展了全国汉语方言普查工作,目的在找出方音和标准音的对应规律,作为教学普通话的参考,帮助方言区的人民更好地掌握标准音。这是一项艰巨而细致的工作。北方话(或"官话")的语音系统,跟北京语音的差别不大,利用26个字母说明方音和标准音的对应关系所遇见的困难也许不会太大。可是东南各省的方言有许多语音特点,26个字母是很不够用的。为方言区的人民编写学习普通话手册(以县、市为单位),怎样运用这26个字母,要不要增加一些记音符号(或音标),技术上将遇见或多或少、或大或小的困难,这是不可避免的。解决这类困难问题是纯技术性的。可是技术问题的解决必须服从一个统一的原则,就是汇通原则。比方说,p、t、k代表送气的清塞音,b、d、g代表不送气的清塞音,z、c代表舌头塞擦音(相当于国际音标不送气的[ts]和送气的[ts']),zh、ch、sh、r(或 ẑ、ê、ŝ、ř)是卷舌塞擦音和擦音(相当于国际音标 tʂ、tʂ'、ʂ、ʐ),j、q、x是舌面塞擦音和擦音(相当于国际音标 tɕ、tɕ'、ɕ)……等等,都是拼音方案所规定的,拼写法则在任何场合(国内或国际)都要服从这统一的规定。换句话说,汉语拼音方案是一个庄严的系统,不容许任何人自由改动,学生写错了由教师纠正,朋友写错了互相纠正。编写学话手册,当然也要服从这个原则,使国际音标服从汉语拼音方案。汉语方言里相同的、或者完全对当的音,都要按照汉语拼音方案所规定,用同样的字母作为记音符号。这就是汉语自身的各方言间拼写或记音方法的汇通原则。

假使我的了解不错,汉语方言记音的汇通原则必然会引起一些新的技术问题,需要由全国的语言学工作者根据汉语拼音方案和国际音标作一番调整和设计,为全国各方言区编写学话手册及早作出统一的规定,避免不必要的分歧和混乱。比方说,闽南话、吴语和一部分湘语(包括湖北省东南角)有整套的浊声母——塞音、塞擦音和擦音,不是26个字母所能概括的,必须另行设计。b、d、g代表了不送气的清塞音,那么浊塞音只好用一套新符号来表示。近几年内有些出版物利用原有的 b、d、g 在右上角加两点(b″、d″、g″),这个办法值得参考,但是我觉得还不够理想。我记得从前赵元任先生设计过一套音标,把 b、d、g 和弯头 h([ɦ])结合起来,或者就用双音标——b、d、g 加弯头 h。但是这三个音标的设计(采用上述的任何一种)也只能解决局部问题,还没有考虑到跟其他符号取得协调和一致。单音标,双音标,附加符号的使用应该有个系统,最好能够符合语音学的原理,同时尽量跟传统习惯保持密切的联系。近三四十年来,方言调查一向应用国际音标,已经形成了相当完整的系统,现在为了配合拼音方案的推行,势必要作一番新的调整和设计。可是新符号的拟制或旧符号的改装,不是一下子就能完全满意的。最巧妙的设计也得经过一定时期的应用或实践才能让大家习惯。但是这一类技术性的困难,要是集中全国语言工作同志的智慧,我相信是不难克服的。我现在不揣愚陋,根据汉语拼音方案,为汉语方言记音试拟一套辅音符号,目的在引起同志们考虑问题,并不一定有多少参考价值:

塞音 { 清、送　气：p t ȶ c k [pʻ tʻ ȶʻ cʻ kʻ]
　　　清、不送气：b d ȡ ɟ g ʔ [p t ȶ c k ʔ]
　　　浊：bɦ dɦ ȡɦ ɟɦ gɦ [b d ȡ ɟ g]

塞擦音
和擦音 { 舌尖：z c ẑ s z [ts tsʻ dz s z]
　　　　卷舌：ẑ ĉ ẑ ŝ r [tʂ tʂʻ dʐ ʂ ʐ]
　　　　舌面：j q jɦ ç x z [tɕ tɕʻ dʑ ç ʑ]

这套符号用来记录少数民族语言还是不够的,例如舌根音需要两套:舌根前音和舌根后音。我心目中的总原则是:使国际音标服从汉语拼音方案。如果这个大前提不错,我的拟议也许能够得到同志们的谅解和考虑。至于将来为方言调查编写科学报告,要不要采取同样的措施,那是另一问题,需要从长计议。关于元音符号,汉语拼音方案中的规定大致符合拉丁字母发音的传统,也符合国际音标的系统,不会引起多大困难问题。

全国语言学工作的同志们,让我们积极行动起来,热烈拥护汉语拼音方案草案!

(原载《中国语文》1958.1)

武鸣壮语词法初步研究

库兹涅佐夫认为构词法是词汇学和语法学的共同研究对象①。当然不同的语言也许要采取不同的分工方式。这篇武鸣壮语词法研究，实际上只是壮语一部分复音词和复合词的初步分析，它的任务宁可说是属于词汇学范围的，目的在给壮语词典编纂、词儿连写和新词创造等工作，提供一点儿参考资料。谈到词汇，我们首先会想到词义，接着也会想到词源，壮语在很大程度上也跟汉语一样，复合词的结构形式往往跟词组相同，往往应用重叠和变音（声、韵、调）等方法，这样就会牵涉到造句法和形态学。

词义始终离不开我们的注意，可是词源有没有注意的必要呢？这就有不同的意思。斯大林说，语言的词汇处在经常变动的状态中，但是基本词汇是相当稳固的②。一个语言的词汇（包括基本词汇）是千百年间逐渐累积和新陈代谢的结果，是全体人民共同创造的财富，我们说话写文章，随时随地要运用造句和形态学，却只利用现成的词汇，只偶尔运用构词法创造一两个新词，一个伟大的作家——语言的巨匠写了一书架的书，其中包括好些不朽的作品，可是他也许从来没有创造一个新词或者只偶尔创造了很少几个新词。所以词汇学（包括构词法）不得不重视词的开始出现和继续发展，不得不重视词的源流。词的形成时代不同，词的来源不同，因而一个语言里词义和词形表现多种多样的复杂性；在讨论构词法时只有充分注意到这些，才不致局限于横切面的描写，才不致机械地理解语法规律，而是用历史观点来说明语言事实。比方说，我们要是遇见一篇用现代汉语写的文章里出现了"一匹马"，"牛

---

① 库兹涅佐夫：《语法，语言的语法结构》，人民出版社，1954年，第17—18页。
② 斯大林：《马克思主义与语言学问题》，人民出版社，第21—23页。

马","马夫","汗马(功劳)","汗血马"(汉代西域的一种马),"马上","马达"(发动机,上海话,借自英语 motor),"马神"(机器,东北话,借自俄语 машина),"马路","马匹","马力"等等,我们只有按照不同时代和不同来源才能了解"马"这个字或者音节的意义和构词作用。可是在一个向来没有文字传统的语言,要正确地适如其分地应用词源学知识几乎是不可能的,目前至多只有依靠方言比较才稍稍能够补偿这方面的缺憾。可是我们目前对壮语方言的调查研究还很不够,与其零零碎碎地利用不完整的缺乏系统的方言知识,还不如首先集中注意来分析从基础方言的标准音地点所收集的一些材料。本文所根据的材料完全采自武鸣城厢、苞桥、双桥的壮语(偶尔有几个词参照了广大地区的读音);在这个小小区域内虽然也免不了细微的方音差别,但是大体上可以说是内部比较单纯一致的。有时为了帮助理解,举些汉语例子来对比。并没有语源的历史比较的意图。

近来汉语构词法的研究给予我们很多启发。汉语里复合词和词组可以有同样的形式,二者不容易划分严格的界限,曾经有人采用交替法(换字法)和扩展法(插字法)来判别复合词和词组,可是这两种试验方法都有或大或小的漏洞。关于词的定义(包括复合词),有些人认为词是句子里能够独立运用的最小意义音位,也有人把实词的意义了解为单一的概念,也有人把复合词看作比词组小而比词汇大的语言单位。尽管这些定义是并行不悖的,可是对于研究构词法有多少帮助,在我们还没有足够的经验。我们觉得词是意义单位,也是造句单位(词组结构属于句法范畴);虚词的意义几乎仅仅表现在造句作用上,换言之,只含有语法意义。我们研究壮语构词法,应当借助于汉语构词法的研究成果,而更重要的是从壮语本身出发。壮语里不但复合词和词组不容易划分,并且词组和句子有时也没有严格的界限。比方说,'死人'和'人死'在壮语里是同一形式:$wun^2\ ta:i^1$,只有加上句尾语气词才能肯定是一个句子:wun² ta:i¹ lu⁶'人死了'①。这样,壮语里就产生了一批复合词类似句子形式。(汉语里类似的例子如"眼看","手提箱"……数量似乎很小。)

下面的讨论分三部分:名词、动词和形容词。这三种词类是所谓实词的主要部分。在划分词类的标准尚未明确以前,这样分类当然是个困难。可是在观察和分析的过程中,我们发现这三种词类的构词方法并不是完全相同的,这隐隐帮助了我们建立分类的根据,虽然这个根据不一定是划分词类的主要标准。其次,下面所讨论的构词法,也包括构形法在内;构词法和构形法有划分的必要,按照构词法所构成的词典里成为独立的条目,构形法却属于描写语法的范围(即形态学),所以下面的叙述里遇有界限分不清楚的地方便特别加以指明。

一、名　词

一个多音词——复音词或复合词,在句子里的作用跟一个单音词是相同的,要判别壮语里一个多音节名词,我们得同时回答两个问题:这是不是一个(单)词,和这是不是一个名词,壮语里名词一般可以在前面加量词和数词,数词"一"有两个:it⁷ 加在量词前面②,deu¹ 加在名词后面,"二"以上的数词只能加在量词前面。没有量词时名词前后一般不能直接加数词;名词和后加的 deu¹ 之间可以插入名词的修饰语。例如:

---

① ta:i¹"死"是壮语北部方言的普通发音,武鸣读 va:i¹[ra:i¹]。以下举例,为了显示语音和语法的密切关系,都按武鸣口语标音,这儿举的一个例子从语音上观察,词组和句子的发音是不同的:武鸣 wun² ra:i¹ 人死,别人死;但是 wun²⁻⁴死人,wun² 变调读 wun⁴,这种语音现象可以帮助我们划分复合词——词组——句子,但不能作为唯一的依据。汉语也有类似情形:死人(重轻)"死的人",死人(轻重)"死了人","死人啦"。

② 壮语里一般没有零声母,凡以元音起头的字都带有喉塞音[ʔ]。

koŋ¹ ɕa:ŋ⁶ jau² kum⁵ kau² deu¹ pla:i³ kwa⁵ la³ fai⁴ pai¹.
公　匠　油　背　弯　一　走　过　下　树　去
(一个驼背的卖油人打树下面走过去。)

这个句子里 ɕa:ŋ⁶ jau² 卖油的人(油匠)是主语,前面有量词 koŋ¹,后面有数词 deu¹,所以 ɕa:ŋ⁶ jau² 是个名词。kum⁵ kəu²,驼背,位于 ɕa:ŋ⁶ jau² 和 deu¹ 之间,是 ɕa:ŋ⁶ jau² 的修饰语;一个名词可以作另一个名词的修饰语,我们不妨把 kum⁵ kau² 当作一个名词或名词词组看待①。

一般实物名词,习惯上往往跟量词连说,省略量词有时会引起意义的含混。比如 pla¹,如果没有语言环境和上下文作参考,单说就会想到两个同音词,"鱼"和"山",该壮语习惯总是说 tu² pla¹ "鱼儿", tu² pla¹ deu¹ "一条鱼", soŋ¹ tu² pla¹ "两条鱼"; an¹ pla¹ deu¹ "一座山"; ŋo² pla¹ deu¹ "一个山峰", ɕoi³ pla¹ deu¹ "一排山"。可是也有一部分实物名词如 ram⁴ "水",亲属称呼如 po⁶ "父亲", me⁶ "母亲",和一般的抽象名词如 i⁵ sɯ⁶ "意思", sau¹ lai⁴ "文理",照例不加量词,只在一定的条件下才加量词,如 wa:ŋ³ ram⁴ deu¹ "一碗水", wa:ŋ³ "碗"是个临时量词; po⁶ a:u¹ "叔父",在称述时可以说 koŋ¹ po⁶ a:u¹; i⁵ sɯ⁶ "意思"在故事或童话里也可以说 an¹ i⁵ sɯ⁶ deu¹ "一个意思"。名词和数量词的结合形式,是名词的重要标志;把这个标志作为鉴别名词(包括多音节名词)的一个标准,完全符合于我们对壮语的语感。名词其他的语法特征,这儿就不细谈了。

壮语多音节名词,按结构形式,可以分成三种:复音词、复合词(主从式、并列式)和派生词,有时三种形式的界限不容易严格划分。

1. 复音词大多数是两个音节的,包括一部分拟声词,一般不能分

---

① kum⁵ kau²(背驼=驼背)是复合词还是词组,是主从式(第二个成分修饰第一个成分)还是主谓式,都是值得研究的问题。如 mi² so:ŋ¹ pau⁵ kum⁵ kau² 有两个驼背(老), te kum⁵ kau² lu⁶ 他背驼了, kum⁵ te kau² lu⁶ 他的背驼了,头一句里 kum⁵ kau² 是个名词,第二句里 kum⁵ kau² 当作词或词组看待很难立刻判断,第三句 kum⁵ "背"和 kau² "弯驼"显然是两个独立的词。

析,不能拆开,所以作为单词不会有什么问题,例如 pom^4 pai^6 "蜻蜓", rum^6 rau^2 "影子", lo^6 le^2, "唢呐" $da:u^1$ dai^5 "星",(以上双声) to^4 $ka:i^5$ "东西、物体……"。$da:u^1$ dai^5 "星"不但壮语区普遍使用,就是在同族的语言如傣语、布依语……也是个共同的词,可是壮语方言里在河池县遇见一个有关的词形,河池管"月亮"叫 $da:u^1$ $dɯən^1$ (比较武鸣 $rɔ:ŋ^6$ $dɯən^1$ "月亮")。民间诗歌里 $da:u^1$ "星",也偶尔单独出现,靠上下文的帮助不会引起意义上的含混,可是 $-dai^5$ 从来不能是单独运用,($da:u^1$ 这个音节代表好几个同音词。$-dai^5$ 虽然不能单说,但是有一种鱼叫作 pla^1 $da:m^3$ dai^5 "脊星鱼",其中词素 $-dai^5$ 似出于同一语源)。to^4 $ka:i^5$ "东西"也许是可以分析的,to^4-使我们联想到时间词的词头(参下第 3 节),$ka:i^5$ "块"是块状实物名词的量词,不过总的说来,这些双音词形成的历史,一定已经很久远,谁也不理会构成部分的来源了。

还有一种复音词,其中一个音节本来是个单词,另一个音节却没有意义或者语源不明的,例如:

tau^6 $ren^2 = tau^6$ 火灰
$ja:p^7$ $je^3 = ja:p^7$ 垃圾
em^1 $sɯek^7 = em^1$ 芦苇
$rɯ^2$ nai^6 耳环 : $rɯ^2$ 耳朵
la^2 $peŋ^3$ 小锣 : la^2 锣
$pa:u^5$ $puət^8$ 不响的爆竹 : $pa:u^5$ 爆竹

上面六个例子,前四个第二音节意义不明,后两个第二音节显然是拟声的。又如:

$ta:ŋ^3$ hon^1 路上 : hon^1 路
$ta:ŋ^5$ na^3 面前 ; na^3 脸
$kja:ŋ^3$ $ŋon^2$ 中午,太阳 : $kja:ŋ^1$ 中间,晏,$ŋon^2$ 日子
rap^8 $kɯn^2$ 上级 : rap^8 那边,$kɯn^2$ 上面

这四个例子,第一音节的意义是很含糊的。这些个例子说明复音词和复合词中间不容易划分严格的界限,但是并不影响我们把上面列举的例子当作复音词处理。

2. 复合词按结合成分的相互关系可以分为二项：主从式和并列式。

2.1 主从式是说两个具有独立意义的单音词，结合而构成一个意义不完全相同的新词，后一个成分限制或说明前一个成分的性质、状态、原料、作用等等。这些复合词前面都可以加量词，如：

▶动物名称前加量词 tu^2 "只"的：

$pit^8 reŋ^4$ 蝉　　$sip^7 da:ŋ^3$ 蜈蚣　$sip^7 ro:ŋ^6$ 蜈蚣之一种
　蝉 早　　　　　虫 干硬　　　　虫 亮

$mau^1 ɕau^4$ 礼猪　$kuk^7 peu^5$ 豹子　　tak^7
　猪 早　　　　　虎 豹（?）　　　蚱蜢

$ka:u^3 wa^5$ 蚱蜢之一种　$neŋ^2 jan^1$ 苍蝇，牛蝇……
　叫化子　　　　　　　　虫 野兽

▶物体名称前加量词 an^1 "个"的：

$kiu^6 wa^1$ 花轿　$pa:u^5 wa^1$ 爆竹花　$sau^2 pɯn^1$ 毛薯
　轿 花　　　　　爆竹 花　　　　　薯 毛

$ma:u^6 lin^4$ 制帽，鸭舌帽　$pa:k^7 tau^1$ 门口　$ha:p^8 fau^2$ 戒指
　帽 舌　　　　　　　　　口 门　　　　　盒 手

$sɯeŋ^1 fai^4$ 小木箱（装肥皂用）　$rek^7 ɕik^7 pet^7$ 尺八锅……
　箱 木　　　　　　　　　　　　　锅 尺 八

▶前加女性量词 me^6 的(me^6 单用作'母亲'讲)：

$ja^6 la:u^4$ 大老婆　$ja^6 noi^4$ 小老婆　$ta:i na^2$ 田婆婆，田神……
　妻 老，大　　　　妻 小，少　　　　外祖母 田

▶前加量词 $ka:i^5$ "块，片"的：

$pɯ^4 təu^4 fau^6$ 豆腐皮　$no^6 puən^2$ 过节用的肉
　饭皮 豆腐　　　　　　　肉 节气

$no^6 si^4$ 拜社用的肉……
　肉 社

▶前加量词 ka^3 的(ka^3 是个不定量词)：

rau³ rai⁶ 地头①　tin¹ ɕɯəŋ² 墙角　bɯəŋ³ kem³ 面颊,……
头　畲地　　　脚　墙　　　　边　颊

▶ 前加量词 dak⁷ "个"的:
　　rin¹ re⁵ 石子,
　　石　碎石

▶ 前加量词 daːk⁷ "滴"的:
　　ram⁴ ta¹ 眼泪……。(ta¹ 武鸣读 ra¹。)
　　水　眼

▶ 前加量词 ɕe⁶ "粒"的:
　　hau⁴ ɕe⁶ 稻种籽……。
　　米　粒

▶ 前加量词 kɯək⁷ 的:
　　tu⁶ no⁶ 四季豆(?)。姜豆……。
　　豆　肉

▶ 前加量词 tiu² "条"的:
　　ɕeu⁴ po¹ 麻绳②,ɕaːk⁸ saːm¹ peu¹ 三纹绳
　　绳　黄麻　　索子　三　　绳

▶ 前加量词 tuk⁸ "根"的:
　　pɯn¹ heŋ⁶ 腿毛,……。
　　毛　小腿

▶ 前加量词 baɯ¹ "张"的(baɯ¹ 单用作"业"讲):
　　sa¹ paːu⁵ 纸报……。
　　报纸

▶ 前加量词 ŋaːu⁵ "块"的:
　　fan³ nau¹ 块状粉条或粉皮……。
　　粉　鼠

---

① 类似 rau³ rai⁶ 的例子还有 rau³ kiu² 桥头,rau³ ɕoːŋ² 床头,rau³ na² 田头,倘使把 rau³ 当作词头看待,这些例子可以算是派生词,参看第 3 节。

② po 可能是桐麻,干和叶状如梧桐。

▶前加量词 to⁶"节"的：
fai⁴ tat⁷ 木块，成段的木头……。
木　节
▶前加量词 luɯk⁸"捆"的：
kut⁷ hau⁴ 收谷季节备用的蕨……。
蕨　谷子
▶前加量词 ra:p⁷"担"的：
nai² poŋ² 烂泥……。
泥　烂泥
▶前加量词 jɯəŋ⁶"样"，"件"的：
fa:p⁷ to⁶ 办法……。
法　桩（量词）

　　上面的例子，绝大部分两个词素原来都是名词，后一词素限制前一词素，照新构成的复合词的意义看两个词素的重要性不相上下，跟名词加修饰性名词的词组结构多少有些差别，虽然结构形式基本上是一致的，如 ram⁴ ta¹"眼泪"是个复合词，ram⁴ ta⁶"河水"，却是个名词被另一个名词修饰或限制的词组。复合词的词素和词素结合的比较紧，形成一个新的单纯的意义或概念，这是可以凭语感来判别的。这类复合词也可以叫作一种组合式，好像汉语"墨水"、"铁路"一样。单凭本身结构很难判别一个是复合词而另一个是词组，可是一个复合词在句法里应当是一个语言单位。尽管句法是可靠的鉴别手段，我们遇见一个实例还得从各方面考虑，不能任意类推。比方 ra:n² ɕiŋ⁵"正房"（设有神龛的房子）是一个复合词，可是 ra:n² dau¹"里屋"，"内房"，ra:n² ɕiən¹"砖房"，ra:n² ha²"茅屋"，当作词组比较容易接受。

　　利用汉语借词构成的复合词，有几种特殊的情形。一种是半壮半汉（所谓半壮有时也许是一个比较古老的汉语借词）。如 poi⁵ sɯ⁵ lim² 士林布，ta⁶ fuk⁸ po¹ 伏波河，roi¹ wa⁵ jo² 化学梳子，pu⁶ nai⁵ i⁶ = nai⁵ i⁶ 内衣，衬衣，这些都是复合词，最后一个例子有两种形式，后者是没有经过改变的汉语形式。另一种是全借或翻译，结构形式跟汉语一致，而不合于壮语语法习惯，如：

全借：ka₁ ɕim¹ 钢针　　mok⁸ ɕi¹ 木车　　toŋ² si ən¹ 铜钱
　　　　jau² ɕa⁵ 油榨（木制榨油机）

旧借或半借：pa₁ ŋ⁵ ha¹ 大腿　　nai² jau¹ 泥菩萨　　fan⁵ kjoi¹ 粪箕
　　　　　　胖　脚　　　　　泥菩萨　　　　　粪箕

翻译：mai¹　lɯt⁷　线轴
　　　　线　筒（卷线的）

（也许原指绕在轴上的线，由于意义转变而专指线轴。）

这些词的形成时代不同，受汉语影响的程度深浅不同，所以有构成方式表现各异的特点；类似的情形在任何语言里都可能发现的。

有些成语，结构形式跟复合词或词组一样，但是在句子里不能或者极少机会自由运用，不能作修饰语或被其他词语修饰。成语是比较固定的词组，含义比较特殊。例如 ra:n² ro:ŋ⁶（屋亮）天亮，ra:n² lap⁷（天将亮），朦胧，ra¹ lap⁷（眼黑）打瞌睡，这些成语原来是句子形式，试比较 ra:n² i³ ro:ŋ⁶ 天将亮。

2.2 主从式包括一种所谓"类别"复合词，数量相当大，不妨分开讨论。邢公畹先生管这种结合叫做选择关系，是大名冠小名或共名冠别名①。全面观察发现一些特殊的结构，如果运用逻辑的分类法，我们还可以把量词（类别词，单位词）考虑在内，那么 tu² rok⁸ ku³ "夜鹰"可以说是大类名＋小类名＋专名。常见的类别名词举例如下：

rok⁸ "鸟"：rok⁸ ku⁹ 夜鹰，rok⁸ ka¹ 乌鸦，rok⁸ fek⁷ 鹧鸪，rok⁸ pa⁵ pa¹ 八哥，rok⁸ hen³ 黄鸟，rok⁸ ɕi⁵ ɕiəp⁷ 喜鹊，rok⁸ pum⁶ pum² 猫头鹰，rok⁸ tiŋ¹ fai⁴ 啄木鸟，rok⁸ tem⁵ pla¹ 捕鱼鸟……。

（上面有些例子可以利用拟声词和汉语借词，末了两个是主语结构或者说是用动宾结构限制或修饰前头的类名，按照后一种解释，这些名词仍属于主从式。）这些鸟名前面一律加量词 tu²。

pla¹ "鱼"：pla¹ pau⁵ lau⁶ 小园鱼，（大眼，无鳞，淡黄色），pla¹ wa:n⁴

---

① 邢公畹：汉台语构词法的一个比较研究，《中国语文研究参考资料选辑》，中华书局，1955年，第143—153页，关于古汉语"蝗虫"和"虫蝗"的结构问题，参看俞樾《古书疑义举例》卷二"以大名冠小名例"。

草鱼(鲩鱼)，pla^1 bau^1 hau^4 和叶鱼(扁小，长寸许，多生长在水田里)，pla^1 be^1，pla^1 ben^1 扁鱼，pla^1 ςak^7 鲫鱼，pla^1 $la{:}n^4$ $ta{:}u^1$（小鱼，常成群），pla^1 $da{:}m^3$ dai^5 脊星鱼，pla^1 dok^7 塘角鱼，……。这些鱼名前面一律加量词 tu^2。

fai^4 "树木"：fai^4 rau^1 枫树，fai^4 rot^8 小叶竹，fai^4 dok^7 大叶竹，fai^4 $\eta a{:}n^4$ 龙眼树，fai^4 $ta{:}u^2$ 桃树，fai^4 $\varsigma o\eta^2$ 松树……。这些树名前面一律加量词 ko^1 "棵"。可是按照口语习惯，如果加了量词 ko^1，类名 fai^4，往往可以省略。单说词干-rau^1,-rot^8,-dok^7……就没有意义或者意义不明了。

$ma{:}k^7$ "果子"：$ma{:}k^7$ lai^2 梨，$ma{:}k^7$ puk^8 柚子，$ma{:}k^7$ man^3 李子，$ma{:}k^7$ $to\eta^3$ 橙子，$ma{:}k^7$ lai^6 ςai^1 荔枝，$ma{:}k^7$ nim^3 番桃果，$ma{:}k^7$ $\eta a{:}n^4$ 龙眼，$ma{:}k^7$ $ka{:}m^1$ 柑子……。这些果名前面一律加量词 an^1 '个'。-puk^8,-$ka{:}m^1$,-lai^6 ςai^1,-nim^1 如果加了量词，有时也能省略类名 $ma{:}k^7$-。可是 po^1 lo^2 菠萝，$kjoi^3$ 香蕉，前面都不加类名 $ma{:}k^7$，而直接加量词 an^1。（试比较汉语果名：梨，桃儿，李子，葡萄，四个不同的词形。）

上列各项名词，如果词典里完全不加选择地记录语言事实，就会出现许多重复的条目，并注明互相参看，如 fai^4 rau^1,-rau^1 = fai^4 rau^1（ko^1 rau^1 = ko^1 fai^4 rau^1）；lai^6 ςai^1 = $ma{:}k^7$ lai^6 ςai^1，$ma{:}k^7$ lai^6 ςai^1 = lai^6 ςai^1……。这不仅是词典里增加负担有无必要的问题，同时也是个词汇规范问题。我们的初步意见是采用 lai^6 ςai^1 荔枝，fai^4 rau^1 枫树，fai^4 dok^7 大叶竹，pla^1 dok^7 塘角鱼等形式。

hau^4 "米、谷"：hau^4 ςa^1 大米，hau^4 $\varsigma ɯt^8$ 糯米，hau^4 $fɯ\eta^3$ 小米，hau^4 $plon^3$ 糙米，hau^4 mai^4 玉米，包谷，hau^4 $ro{:}k^7$ 米花糖，……。hau^4 当"饭、粥"讲时却不一定构成复合词，宁可说构成的是词组，试比较 hau^4 ςuk^7 粥：$kɯ^1$ ςuk^7 吃粥，hau^4 $a{:}p^4$ 糯米饭：ςau^3 $a{:}p^4$ 煮糯米饭，hau^4 $fa\eta^4$ 粽粑：tuk^7 $fa\eta^4$ 包粽子。语言规范是建立在长期形成的语言习惯上的；如果用逻辑的眼光来看，这样的处理简直是自相矛盾；如果从语法的角度来理解语言事实，我们宁可服从语言自身的内部发展规律。

$plak^7$ "菜"：$plak^7$ $pɯək^8$ 白菜，$plak^7$ $ka{:}t^7$ 芥菜，$plak^7$ sau^2 薯菜，藤

菜，plak⁷ mau¹ 猪菜，plak⁷ kan² 芹菜，plak⁷ kiŋ⁶ pɯ⁴ 京白菜，plak⁷ jau² pai² 油皮菜……。这些菜名前一律加量词 ko¹ "棵"。

pu⁴，pau⁴ "者"：本来是指人的量词，如 pu⁴ wun² dɯu¹ 一个人，soːŋ¹ pu⁴ wun² 两个人。用 pu⁴ 构成的关于人的复合词，口语里往往有两个形式；例如 pu⁴ lɑɯ¹ 谁（缩减形式 plɑɯ²，比较 mɯn⁵ lɑɯ¹＞mlɑɯ¹ 哪儿，何处），pu⁴ ɯn⁵ 别人，只有一种说法；可是 pu⁴ nai⁴ = pu⁴ wun² nai⁴ 这个人，pu⁴ hek⁷ = pu⁴ wun² hek⁷ "客人"，pu⁴ kuŋ² = pu⁴ wun² kuŋ² "穷人"，pu⁴ fau⁵ = pu⁴ wun² fau⁵ 富人，pu⁴ laːu⁴ = pu⁴ wun² laːu⁴ 老人……。头两个例子（pu⁴ lɑɯ¹ pu⁴ ɯn⁵）是复合词，其余平行的说法，一个是简称（pu⁴ kuŋ² 穷的），另一个是全称（pu⁴ wun² kuŋ² 穷的人），全称明明是个词组。无论简称或全称，pu⁴ 始终保持了量词的性质，所以前后可以直接加数词；soːŋ¹ pu⁴ hek⁷ = ；soːŋ¹ pu⁴ wun² hek⁷ 两个客人。

roːŋ² "窝、巢"：本来是个名词，如 tu² rok⁸ nai⁴ mi² soːŋ¹ an¹ roːŋ² "这只鸟有两个窝"；roːŋ² 也可以作临时量词用，如 soːŋ¹ roːŋ² ba⁵ "两个肩膀"。以 roːŋ² 构成的复合词，如 roːŋ² rok⁸ 鸟窝，roːŋ² kjaːu⁶ 蜘蛛网，roːŋ² jau⁶ 膀胱，roːŋ² ram¹ 阴囊，roːŋ² 似乎保存了临时量词的作用，所以一般不再另加量词，而直接加数词：soːŋ¹ roːŋ² rok⁸ 两个鸟窝。参看下条。

ɕaːŋ⁶ "匠"：表示从事某种专门职业或行业的人，如 ɕaːŋ⁶ fai⁴ 木匠，ɕaːŋ⁶ rin¹ 石匠，ɕaːŋ⁶ jɯ¹ 药师，医师……。这些复合词前面可加也可以不加量词 pu⁴。

pu⁸ "衣"：pu⁶ to⁴ 单衣，pu⁶ kop⁸ 夹衣，pu⁶ pom² 棉衣，pu⁶ nit⁷ 寒衣，pu⁶ laŋ³ i⁶ 冷衣，毛线衣……。这些复合词前面一律加量词 tiu²（件、条）。

ŋon² "日"，dɯən¹ "月"，pi¹ "年"，ŋon² lɯən² 昨天，ŋon² poːn² 前天，ŋon² poːn² koːn⁵ 大前天，(=hau¹ koːn⁵ 前圩)，ŋon² ɕoːk⁸ 明天，ŋon² rau² 后天，ŋon² laŋ¹ 大后天，ŋon² koːn⁵ 前些天；dɯən¹ laŋ¹ 下月，dɯən¹ koːn⁵ 上月，dɯən¹ jin¹ 闰月；pi⁵ kwa⁵ 去年，pi¹ kjaːi¹ 前年，pi¹ naː³ 明年，pi¹ mo⁵（新年）明年，pi¹ laŋ¹ 后年，pi¹ jin⁶ 闰年。可是 hat⁷ nai⁴ 今朝，ham⁶ nai⁴ 今晚，ŋon² nai⁴ 今天，这一天，dɯən¹ nai⁴ 本月，pi⁶ nai⁴ 今年，这

一年,都用指示名词 nai⁴"这"构成,宁可当作词组处理。这些时间的复合词或词组,照例不能加量词。上述鸟名中,我们遇见过两个主谓结构的复合词,或者说以动宾结构作为修饰或限制成分的复合词:rok⁸ tiŋ¹ fai¹(鸟啄木),rok⁸ tem⁵ pla¹(鸟捕鱼)。

这是一种"能产的"构词类型。可是运用同样手段产生了许多自由组合,如 ɕi¹ ra:k⁸ wun²(车拉人)拉人的车,wun² ra:p⁷ ram⁴(人挑水)挑水的人(或作 pau⁴ ra:p⁷ ram⁴),saŋ² jam² kuŋ⁵(网打虾)虾网,wa:t⁸ tak⁷ hoi¹(瓢舀灰)灰瓢,……这样的临时组合可以毫无限制,只有一部分经过长期应用才能形成复合词,如 duŋ⁵ po⁵ fai²(筒吹火)吹火筒,有时简称 duŋ⁵ fai²,可是一般的只好当作词组处理,或者在音节中加上短横,如 wa:t⁸-tak⁷-hot¹"灰瓢"。这样的构词手段实际上已经遇到一些困难,比方说,下面的句子如果不依靠上下文和轻微的语音顿挫就可能有两种解释,只能在书面上用连写或分写来加以区别:

  kau¹ au¹ wa:t⁸ tak⁷ hoi¹ "我拿灰瓢"或"我拿瓢舀灰"。
  kau¹ pai¹ ra:n² kwn¹ hau⁴ "我去饭堂"或"我回家吃饭"。
  mi² so:ŋ¹ tu² rok⁸ tiŋ¹ fai⁴ "有两只啄木鸟",或"有两只鸟啄木头"。

这是今后创造新词值得特别注意和研究的问题。

2.3 另有一类复合词,可以说是主谓结构(主从结构之一种)的省略,形成了一种动宾结构或动补结构,前面直接加量词,如:

  (tu²) tat⁷ ɕai³ 一种硬壳虫 (tu²) po:ŋ⁶⁷ ja:k⁷ 一种青蛙
   只 剪 纸   支 跳 恶
  (an¹) kap⁷ jan¹ 兽挟 (luk⁸) twk⁷ fai² 柴,柴火
   个 挟 兽   束,捆 打,点火
  (tu²) pui¹ mo⁶ 插在坟墓上的小木棍 (tu²) teu⁵ fai² 拨火棍
   条 飘 墓   条 拨 火
  (ka:i⁵) tuk⁷ rek⁷ 包锅布 (ka:i⁵) swk⁷ ta:i² 抹桌布
   块 包 锅   块 拭 桌子

这些复合词如果有说话环境的帮助,也可以省略量词。汉语里类

似的词如裁缝、铺盖、枕头、盖火(以上第二音节读轻声)、取灯儿(洋取灯儿,专指火柴,限于北京口语)等,可以互相比拟。

2.4 并列式(又称联合式),是指两个单音节名词,在意义上是互相联系、对称、或重复的,结合在一起表示一个新的整体或单纯的概念,前面可以加数量词。例如:

(pan$^{2.4}$ toŋ^6) tam^2 na^2(一片)田地(包括水塘在内)
  整,全   峒   塘 田

(kai^3 ka:i^5) rai^6 na^2(几块)田地
  几   块   畲地 水田

(kai^3 bon^3) kju^1 la:u^2(几罐)油盐
  几   罐   盐   动物油

(kai^3 roŋ^5) pit^7 kai^5(几笼)鸡鸭
  几   笼   鸭   鸡

(so:ŋ^1 pau^4) pai^4 nuəŋ^4(两)兄弟、姐妹,同辈亲戚
  两   个   兄、姐 弟、妹

kuk^7 jan^1 野兽   ɕiən^2 ŋan^2 银钱、财富   paŋ^2 poi^5 布
 虎   兽   钱   银   布 布

这些例子大都可以重叠,如 tam^2 tam^2 na^2 na^2 "到处是田地",也可以在中间插入连接词 ɕau^5 "和",如 tam^2 ɕau^5 na^2 "水塘和水田";这样一来,无论从意义上或结构形式上看,都要分别处理。这类"两栖"形式,应当按照不同的场合,不同的功能和意义,当作复合词或当作组词看待,好像汉语"这儿的田地很肥沃",这句话里的"田地"是个复合词,可是"这一乡田多地少",其中"田"可以指水田和梯田,"地"指旱地或畲地。此外,有些例子需要个别处理,如 ŋun^2 ŋon^2(夜日)日夜,pan$^{2.4}$ ŋun^2 pan$^{2.4}$ ŋon^2 整天整夜,ŋun^2 ŋun^2 ŋon^2 ŋon^2 日日夜夜,分别作为并列式复合词、成语和并列式复合词的重叠形式。临时组合可以当作词组处理,或者在两个音节中间加上短横,如 saɯ^1 pit^7(书笔)或 saɯ^1-pit^7 文具,ten^2 riəp^7(被子蚊帐)或 ten^2-riəp^7 卧具。

重叠可以算是并列式复合词的构性特点:AB 变为 AABB,如 pu^6

wa^5（衣裤）衣服,pu^6 pu^6 wa^5 wa^5;lau^3 no^8 酒肉,lau^3 lau^3 no^6 no^6。前面两个词素意义上如果多少有点重复,可以重叠的算是并列式,如 paŋ^2 poi^5 布,paŋ^2 paŋ^2 poi^5 poi^5,不能重叠的属于主从式,如 ɕai^3 sa^1（ɕai^3 纸,sa^1 纸、沙）纸,沙纸。如果主从式复合词要表示"每一"的意义,一般只利用量词来重叠,如 so:ŋ^1 bɯu^1 ɕai^3 sa^1 两张(沙)纸,bɯu^1 bɯu^1 一张张、每一张,ko^1 fai^4 rɯu^1 deu^1 一棵枫树,ko^1 ko^1 一棵棵、每一棵。

3. 派生词(狭义的)大都是双音词,其中一个音节表示附加的意义,有点儿像词头词尾,这些词头词尾大都是从实词变来的,多半仍能独立应用。派生词的内部结构关系实际上也是主从复合词发展而形成的一个特殊类型。这类词的数量不多,但是这种构词手段是值得重视的。(壮语词头词尾跟汉语相比恰好相反,充分体现了两个语言基本结构的不同。)带词头的派生词,如:

po^6"父亲",po^6 a:u^1 叔父,po^4 kau^4 舅父,po^6 luŋ^2 伯父,这些词省略词头而意义不受影响,po^6 ta:^{1} 岳父,po^6 kai^7 契父、干爸……。

me^6"母亲":me^6 ta:i^1 外祖母,me^6 pa^3 伯母;大姑母,大姨母,me^6 sim^3 婶母,这些词有时可以省略词头;me^6 bɯk^5 妇女,me^6 ɕmən^2 养母,me^6 ma:i^5 寡妇,me^6 laŋ^1 后母……。

tak^8-表示男性:tak^8 ba:u^5 男子,tak^8 nuəŋ^2 弟弟,tak^8 la:n^1 男孙,tak^8 lɯk^8 儿子,tak^8 kau^4 阿舅,tak^8 ma^4 姓马的(男子)……。

ta^4-(原读第六调)表示男性长辈和女性(不分长幼);ta^4 koŋ^1 祖父,ta^6 po^6 父亲,ta^4 luŋ^2 伯父,ta^4 kau^4 舅父;ta^4 me^6 母亲,ta^4 pu^2 祖母,ta^4 nuəŋ^4 妹妹;ta^4 ta:i^1 外祖母,(=me^6 ta:i^1),ta^4 ɕe^3 姐姐,ta^4 sa:u^3 嫂嫂。这些词省略词头而意义不变,唯有 nuəŋ^4 可作"弟"或"妹"讲。

lɯk^8"子",表示幼小:lɯk^8 kwi^2 女婿,lɯk^8 ba:u^5 男孩子,lɯk^8 sa:u^1 女孩子,lɯk^8 sai^1 徒弟,这些指人的名词前面都可以加量词 pu^4。lɯk^8 还用于其他细小的东西,如 lɯk^8 ra^2 芝麻,lɯk^8 ma:n^6 辣子,lɯk^8 jiən^2 弹丸,lɯk^8 pat^8 眼珠,lɯk^8 rit^7 冷雹,这些词前面也必须先加量词,才能再加数词。(lɯk^8 也可以作幼小动物

的量词,如 luk⁸ ma⁴ 小马。luk⁸ pit⁷ 小鸭,luk⁸ kai⁵ 小鸡,前面直接加数词。)

to⁴-时间词的词头:to⁴ ŋon² 白天,to⁴ hat⁷ 早上,to⁴ ham⁶ 晚上,to⁴ ŋɯn² 夜里,半夜。

po⁶,me⁶,tak⁸,ta⁴ 大都用于亲属称呼。只有 luk⁸ 充分表现了词头的构词作用。to⁴ 是个语源不明的虚化了的语法成分。

带词尾的派生词,如:

-tak⁸,-rai¹ 表示雄的兽类(tak⁸-作词头限于人;-tak⁸ 作词尾限于兽类,词尾-rai¹ 用于长大了的雄性兽类):ma⁴ tak⁸ 公马(未成年) ma⁴ rai¹ 公马,wa:i² tak⁸,wa:i² rai¹ 公水牛,ɕɯ² tak⁸,ɕɯ² rai¹ 公黄牛……。

-pau⁴ 表示雄的禽类(比较指人的量词 pau⁴,pu⁴):kai⁵ pau⁴ 公鸡,pit⁷ pau⁴ 公鸭,ha:n⁵ pau⁴ 公鹅,rok⁸ pau⁴ 雄鸟。

-me⁶ "母"表示雌的动物:wa:i² me⁵ 母水牛,kai⁵ me⁵ 母鸡。(如果说 me⁶ wa:i²,me⁶ kai⁵,带有人格化的意味,不能加量词。可是有些方言里这两种说法没有显著的差别。)

-ra:ŋ² 表示幼小:sa:u¹ ra:ŋ² 年轻女孩,kop⁷ ra:ŋ² 小青蛙,kuk⁷ ra:ŋ² 小老虎。(ra:ŋ² 原义可能是"竹笋,青竹":ra:ŋ² luk⁸ 小竹笋。)

-taŋ² 出现在时间词的后面是"每"的意思:ŋon² taŋ² 每天,hat⁷ taŋ² 每朝,ham⁶ taŋ² 每晚,piən⁵ taŋ² 每遍,pai² taŋ² 每次。(武鸣城厢 taŋ² "每"读 naŋ²,也许是异化作用的结果)①。

从上述派生词(带词头和词尾的)看,便使我们的词源和词义的解释没有错误,我们发现词或词素的先后次序是一种直接影响意义的结构关系,所以 me⁶-"母"指人而-me⁶ "母,雌"指动物,tak⁸-"男"指人而-tak⁸ "雄"指动物,pau⁴ '个'是指人的量而-pau⁴ "雄"指禽类。

---

① 比较同音词 taŋ² "达到";taŋ⁴(不同调),整个儿,全体,如 taŋ⁴ kuək⁷(wun²)全国(人),taŋ⁴ ba:n³(wun²)全村(人)。

名词从意义上和句法上（词与词的结合）是比较容易识别的，多音节名词的几种形式也表现了名词构词法的特点，至于有些个复合名词和派生名词到底是单词还是词组，上面虽然做出暂时的结论，也许还需要进一步研究。下面讨论动词和形容词。这两种词类在句法上有些共同的特点：都能做名词的修饰语，都能做句子里的谓语（或表语），都能在前面加否定副词 bau^3 "不"；并且在构词上也表现了某些共同的特点，所以合称为谓词不是毫无理由的，可是从全面观察，这两种词类还是有严格区别的必要。

二、动　词

动词有以下几个显著的语法标志：

第一，外动词后面往往有名词或代名词做宾语，如 $kɯn^1$ $ŋa:i^2$ 吃早饭，$ɕut^7$ $ʔjiən^1$ 吸烟，$ʔjəɯ^3$ kau^1 看戏，$ra:k^8$ te^1 拉他。

第二，一般动词前面可以加三种修饰语：加形容词 $a:k^7$ "强"表示动作的强烈，如 $a:k^7$ riu^1 笑得利害；加重叠形容词表示动作的情态，如 $tiŋ^6$ $tiŋ^6$ nau^2 静静地说，men^6 men^6 $ka:ŋ^3$ 慢慢儿（地）讲，$ɕak^8$ $ɕak^8$ pai^1 偷偷儿（地）去；加动量词 pai^2，let^7，$ba:t^7$ "次，回，一下"表示一个动词的突然开始和完成，后面往往跟随另一个动词带副词 jau^6 "就"表示另一个动作紧接着发生，如：

pai^2 riu^1 te^1 jau^6 $pek^7 faɯ^2$　一笑他就拍手
一下 笑 他 就　拍 手
$let^7 nau^2$ te^1 jau^6 tai^3　一说他就哭
一下 说 他 就 哭

$ba:t^7$ 跟 let^7 意义相同，但是表示动作来得比较猛烈。

第三，动词重叠后可以加上另一个动词 $ʔjau^3$ 或 kau^3 "看"，表示动作带有试探和愿望的意味，如 la^4 $la^4 ʔjaɯ^5$ 摸摸看，$pla:i^3$ $pla:i^3$ $ʔjaɯ^3$ 走走看。（这些例子里 $ʔjaɯ^3$ 也可以改用 kau^3，意义完全相同。）许多动词后面还可以加一个（助词）au^1 "要，拿"（au^1 可以独立作动词用），表示动作带有某种意图或目的性,如 ʔjam³ au¹ 偷拿,da⁵ au¹ 骂,tai³ au¹ 哭,ra:k⁸ au¹ 拖。

　　依照第三项的办法,有些结合得比较紧的动词词组可以由两三个意义上互相联系的单音节动词构成,如 tau³ taŋ² 来到,ma¹ taŋ² 回到,naŋ⁶ ʔjau⁵ 坐在、坐着,puət⁷ kwa⁵ pai¹ 跑过去……这些都不当作复合词处理。

　　以上第一第二两个特点同样可以用来鉴别单音节或多音节动词,下面讨论复音动词、复合动词和派生动词的几种结构形式。

　　1.1　复音动词的主要形式是利用双声和叠韵的手段构成的。叠韵式动词数量比较少,如 uŋ³ ɕuŋ³ 溺爱,两个音节不能拆开应用;sak⁷ kak⁸ 独脚跳,ŋeŋ¹ keŋ² 侧睡①,其中头一个音节有独立的意义;pom⁴ hom⁵ 俯伏,第二音节可以独用,当"翻过来"讲。

　　1.2　双声式可以细分为三个小类。第一小类如 pa⁴ pe⁵ 小孩坐态,pom⁴ pem⁵ 伏,ŋom⁶ ŋɐ⁶ 诱骗,ɕap⁵ ɕuk⁵ 准备(互打)……这些词前后音节都没有独立意义,不能重叠;pam⁶ pa⁴ 摸索,ʔjam⁷ ʔjɯk⁷ 偷偷摸摸……这些词前后音节也没有独立意义,但是可以重叠为 AA BB;kom² kiŋ⁵ 弯腰,pi¹ puə⁵ 摆动,pan³ po:t⁷ 捏弄(以上第一个音节可以独立运用),wut³ wa:ŋ⁶ (火把)摆动,rok⁸ ram⁶ (说话)重复,kjan² kwa⁴ 环境、盘旋(以上第二个音节可以独立运用)……这些词(除 kom² kiŋ⁵ 以外)也可以重叠为 AA BB。

　　第二小类由一个单音动词加构形的词尾构成,词尾的韵母是-a:k 和-ek,前后音节不但声母相同,并且调类属奇数或偶数(相当于汉语的阴阳调)也往往保持一致。词尾-a:k 和-ek 的元音一开一关,有区别细微的意义差别的作用。这样构成的动词可以重叠,但是重叠形式只能是 AA BB,不能是 ABB,这似乎说明两个音节是同样重要的。-a:k 表示动作漫不经心或任意随便的情态,例如 ra:i⁴ ra:k⁸ 倒(指东西),naŋ⁶ na:k⁸ 坐,hap⁷ ha:k⁷ 关起来,dam¹ da:k⁷ 种,so:n⁴ sa:k⁸ 穿进去、套入,

---

①　ŋeŋ keŋ² 一般跟动词连用,如 nin¹ ŋeŋ¹ keŋ² 侧着睡,是一种动补结构。这样,ŋeŋkeŋ² 当作形容词也可以。

çom³ ça:k⁷ 抢,kjaɯ² kja:k⁸ 割,iŋ¹ ak⁷ 靠,keu³ ka:k⁷ 绞……,重叠形式如 ra:i⁴ ra:i⁴ ra:k⁸ ra:k⁸ 东倒西倒(指倒东西)。-ek 的含义相差不多,只是动作比较轻微些,例如 ra:i⁴ rek⁸ 倒下,kwa:i⁴ kwek⁸ 踢(用脚),sik⁷ sek⁷ 撕,çan³ çek⁷ 捏,joŋ⁴ jek⁸ 推,la:m⁶ lek⁸ 捆……,重叠形式如 la:m⁶ la:m⁶ lek⁸ lek⁸ 东捆西绑。

第三小类构词的词尾的韵母是 -aɯ,表示动作的发动或者表示催促,没有重叠形式,如 ra:i⁴ raɯ⁶ 倒下去(指东西),ma¹·³ maɯ⁵ 回去,pai¹ paɯ⁵ 去,so:n⁴ saɯ⁶ 套进去,jok⁸ jaɯ⁶ 统进去(如用棍子统一个穴洞,使它更深。)-aɯ 这一音节读第五调或第六调,调类属于奇数或偶数同词根往往一致。

-a:k,-ek -aɯ 应该在词典里成为独立的条目,举例说明用法。

1.3. 还有一类复音动词,其中第一个音节能够独立应用(词根),第二个音节可以算是个附加成分(词尾),往往没有什么明确的意义。例如 tuəŋ⁵ neŋ⁶ 挂,吊(juəŋ⁵ 挂,吊),tiŋ⁵ ŋi¹ 听闻(tiŋ⁵ 听,iŋ¹ "闻"在其他方言土语里可以独立运用),ça:t⁷ sa:i² 上当(ça:t⁷ 上当)tiu¹⁻³ çaɯ¹ 呼吸(tiu¹ 跳),bat⁷ çaɯ¹ 屏息(bat⁷ 忍)ka:t⁷ çaɯ¹ 断气,死(ka:t⁷ 断),i¹ ek⁷ 逗笑(i¹ 动手动脚)……,这些词一般没有重叠形式;按我们现在的词源知识,第二个音节没有明确的意义。(根据方言比较,有些音节的意义还是可考的,如 ŋeŋ⁶ 在田阳作"拉"讲,ŋi¹ 在好些地方跟 tiŋ⁵ 是同义:"听",çaɯ¹ 指喉咙的下边。)

2.1 复合动词粗分为组合式和并列式两类。组合式动词由两个单音动词结合起来,原来的意义已经模糊,新词的意义是单纯的,不可分析的。例如:

    ro⁴ jiu³ 懂得   ro⁴ ŋin⁶ 觉得,感觉   ro⁴ nau² 知道,感觉
      知晓   知识   知说

    suən⁵ nau² 算是   toi¹ nau² 推诿
      算 说   推 说

    tok⁷ sat⁷ 吃惊   ha:i¹ ka:t⁷ 断买,脱销
      落 跳   卖 割

na:n⁵ ʔjɯɯ³ 试猜　　duəŋ⁵ au¹ 吊取
猜　看　　　　　吊　取

这些动词没有重叠形式。此外还有一种动宾结构，如 ro⁴ na³（知脸）认识，dam¹ na² 种田，插秧……，原来是一种自由组合，现已带有成语意味，当作词组处理。

2.2　并列式动词由两个意义相近或并行的单音动词联合而成，往往重叠应用，表示动作的重复和继续。这类动词因为重叠出现的频率很大，几乎可以叫作重叠式，可是仔细分析，原来是一种并列结构，下面的例子单举常用的重叠形式：

lum⁶ lum⁶ la⁴ la⁴ 摸索，摸来摸去
摸　　　　摸

do³ do³ pai⁴ pai⁴ 躲躲闪闪
躲　　挡

kɯ¹ kɯ¹ juŋ⁶ juŋ⁶ 食用
吃　　用

sɯən³ sɯən³ tai³ tai³ 哭哭啼啼
叫　　哭

plon¹ plon¹ ta:m² ta:m² 呢呢喃喃地骂
骂　　谈

tai³ tai³ ta:m⁵ ta:m⁵ 唉声叹气地哭
哭　　叹

pai¹ pai¹ ma¹ ma¹ 来回
去　　回来

kɔn³ kɔn³ keɯ³ keɯ³ 绞来绞去
捆　　绞

tup⁸ tup⁸ kjom³ kjom³ 又打又犁（翻捣田里的土块）
打　　翻犁

ba¹ ba¹ ba:k⁷ ba:k⁷（用手扒和拉）张罗，东借西挪
扒　　扳住

nu¹ nu¹ nan³ nan³ 捻, 扭; 搓(用手指)
捏　　扭

sat⁷ sat⁷ tiu⁵ tiu⁵ 跳跑
跳　　跑

hɯn³ hɯn³ roŋ² roŋ² 上上下下
上　　下

ɕɯəŋ⁵ ɕɯəŋ⁵ naːu⁶ naːu⁶ 唱唱闹闹
唱　　闹

piu² piu² to³ to³ 嫖赌荒唐
嫖　　赌

这些复合词的词素结合得或松或紧,从语感上说并不是完全一样。动词和名词相似,复合词或词组从本身形式上看几乎没有区别,需要在句法上和意义上一一加以检验。有些并列式动词当作词组处理,也许更合适些。(参看一、2.3.)

3. 派生动词是由复合动词发展而形成的一种动词类型。(参看一、3.)根据现有的材料,这类动词数量不多,似乎还不很发达。三面的三个动词词头,性质和用法不完全相同,但是都由构词作用发展为构形作用了。

ta³- 只能作动词词头用;ku⁶(＜kuək⁷)"做"原来是一个独立动词,做词头用时也和 ta³- 一样,只表示动作的"不定"或"一般化",可以说是动词不定式的构形词头。例如 ta³ ɕaɯ³ 煮(东西),ta³ haːi¹ 做买卖,ta³ dam¹ 耕种;ku⁶ ɕaɯ² 玩耍、游戏,ku⁶ sak⁸ 洗涤……,这些词形后面不能再接宾语或补语。比如说 kau¹ pai¹ ta³ ɕaɯ³ 我去煮东西,kau¹ pai¹ ku⁶ sak⁸ 我去洗东西;可是带有宾语时,只能说 kau¹ pai¹ ɕaɯ³ hau⁴ 我去煮饭,kau¹ pai¹ sak⁸ pu⁶ 我去洗衣裳。

to⁴-作为一个语法成分,出现在动词和形容词前面表示"相互"的意思,如 to⁴ jiu¹ 相邀,to⁴ bɯ⁵ 相厌,to⁴ hap⁸ 相咬,to⁴ koːt⁷ 相抱,to⁴ kan¹ 相跟从,to⁴ kjai² 相念、相思,to⁴ ɕau⁵ 相处、共同、集合,to⁴ dai¹ 相好,to⁴ kan⁶ 相近……。此外,to⁴-出现在 pai¹ "去"和 ma¹ "来"前面表示行动的方向,如 kau¹ to⁴ pai¹ hau¹ 我上街去,kau¹ to⁴ ma¹ ra:n² 我回家去:这儿不加词头也可以,意义差不多。(在来宾方言里 to⁴ 似乎是个介词性质,出现在动词后面;kou¹ pai¹ to⁴ hau¹。)

ta³-,ku⁶-,to⁴-在词典里应该成为独立的条目以外,有些常用的词形如 ku⁶ ɕaɯ²,to⁴ dai¹ ······也不妨独立出现。

4. 同一个单音词,可以利用词尾形式的不同,构成双声的动词或形容词词形,意义上仍然有密切的联系。特别是两个同音词,利用这种构形手段时,能够显示两种词类的区别,我们发现一对比较突出的词尾形式:动词尾 -a:k(参看上面 1.2 节)和相当的形容词尾 -a:t(调类或奇或偶跟词根一致),如:

jau² 油(名词):jau² ja:k⁸ 上油,涂油,按双声式动词变形重叠为 AABB(重叠式 ABAB 只偶尔出现);jau¹ ja:t⁸ 油滑,上了油的,按形容词变形重叠为 ABB。

ra:i¹ 死:ra:i¹ ra:k⁷ 死(动),ra:i¹ ra:t7 枯死的(形)。
niu² 扭,niu³ na:k⁷ 扭转:niu³ 疮疤,niu³ na:t⁷ 有疤,难看,
ɕap⁷ 叠,ɕap⁷ ɕa:k⁸ 叠(砖头)造(房子):ɕap⁷ 冷 ɕap⁷ ɕa:t⁷ 冷。
dam¹ 种,dam¹ da:k⁷ 种:dam¹ 黑,dam¹ do:t⁷ 黑黑的,
ke⁵ 数,ke⁵ ka:k⁷ "数数","数东西":ke⁵ 老,ke⁵ ka:t⁷ 老,
kau⁵ 救,kau⁵ ka:k⁷ 救助:kau⁵ 旧,kau⁵ ka:t⁷ 陈旧的。
sau¹ 收,sau¹ sa:k⁷ 收:sau¹ 馊,sau¹ sa:t⁷ 馊(食物发酸)。

-a:k 和 -a:t 不但韵尾不同,并且构成的新词形、动词和形容词的重叠形式也不同;AABB 和 ABB。上面举的例子都是严格的双声式,可是并不排斥 -a:k 和 a:t 作为旁的不同的用处,例如 ŋuk⁷ ŋa:k⁷ ra:k⁸ 不平稳(形容词),sai¹ ra:t⁷ 嘶叫(动词)。关于 ŋuk⁷ ŋa:k⁷ ra:k⁸ 一类的形式,下面在形容词部分另外讨论;至于 sai¹ ra:t⁷ ra:t⁷ 这类形式,这儿要采取不同的措施,属于所谓联绵词或拟声词的范围。

5. 有些动词,动词词组,和动宾结构,前头或者后头附加一个模仿声音状貌的音节或重叠音节,按习惯一向叫作拟声词的,整个形式可以说是一种主从结构,而从属部分只表示附加的次要的意义,乍一看有点

儿像词头词尾,可是经过初步分析,这儿把这种从属或附加于动词的部分当作单词——拟声词处理,是形容词的一个特殊类型,专门作动词的修饰语或附加语用的,但是比一般的修饰语在结构上要紧密得多。比如现代汉语里"说话噜苏","闪闪发亮""笑呵呵","哇哇叫"……拟声词或重叠词位于动词的前后,作为动词的修饰语或补语。古代汉语里这类结构也是很丰富的:"伐木丁丁,鸟鸣嘤嘤"(《诗经·小雅·伐木》);"河水洋洋,北流活活,施罛濊濊,鳣鲔发发,葭菼揭揭,庶姜孽孽,庶士有朅"(《诗经·卫风·硕人》);……这些重叠词都是形容词,作为动词和名词的修饰语或全句的谓语(或表语)。特别像"蒹葭苍苍,白露为霜。……蒹葭凄凄,白露未晞。……蒹葭采采,白露未已。……"(《诗经·秦风·蒹葭》)苍苍,凄凄,采采,不但是同义词(当然不是等义词),并且从表面上看好像是同一词根(ts'-)的派生,诗人为了换韵才采用这些不同的词形。

壮语里最常见的是动词后头附加一个重叠词,这个重叠音节如果是舒声,往往读第四调(短而急),如果是收-p -t -k 尾的,多半和主要动词的词类奇偶一致。例如:

$sai^1 \ ra{:}t^7 \ ra{:}t^7$ 嘶叫,$ko{:}\eta^2 \ w^4{-}w^4$ 呻吟

$dot^7 \ kju{:}t^7 \ kju{:}t^7$ 长饮,$tai^3 \ \eta a^4 \ \eta a^4$ 哇哇啼哭

$man^3 \ rum^4 \ rum^4$ 轰轰响,隆隆叫(如雷鸣、炸弹爆炸)

$\varepsilon i^1 \ o^4 \ o^4, \varepsilon i^1 \ fe^4 \ fe^4$ 呜呜吹,呼呼吹(如风)

$riu^1 \ ha^4 \ ha^4, riu^4 \ he^4 \ he^4$ 哈哈笑,呵呵笑

$jw\partial\eta^3 \ tu\eta^4 \ tu\eta^4, jw\partial\eta^3 \ plo^4 \ plo^4$ 咚咚响,波波响

$kjuk^7 \ sa^4 \ sa^4, kjuk^7 \ u^4 \ u^4, kjuk^7 \ o^4 \ o^4$ 沙沙响,呜呜叫

武鸣音系里带 ʔ-声母(标音以元音起头)的音节只出现在奇数调,韵母系统里没有-u:t,可是上面所举的拟声词不受这些限制。下面举些拟态词和拟声兼拟态的词:

$riu^3 \ jam^3 \ jam^3, riu^3 \ ja\eta^3 \ ja\eta^3$ 笑微微

$san^2 \ tet^8 \ tet^8$ 瑟瑟抖

$ʔjau^5 \ kjek^7 \ kjek^7$ 悠闲自在地住着

pai¹ fɯt⁸ fɯt⁸ 拂拂飞一般地过去

kɯ¹ plop⁸ plop⁸ 乱纷纷地吃

piu¹ ja:k⁸ ja:k⁸ 飘扬

pi⁵ pɯt⁷ pɯt⁷ 煮得稀烂

toŋ⁶ jep⁸ jep⁸ 微动

toŋ⁶ fup⁸ fup⁸ 波动（如水面，帐幕）

pa:i⁵ suək⁷ suək⁷ 摇摆（如打瞌睡）

(sɯəŋ³ tɯk⁷) pan⁵ on⁴ on⁴ 左思右想，想来想去
  想 得 转

(ʔjau⁵ la³ fai⁴) ku⁶ kjan⁴ kjan⁴ 在树下蠢动（出了乱子）
 在 下面 树 做

动词词组和动宾结构后面也能附加这类重叠词，如：

o:k⁷ pai¹ kam⁴ kam⁴ 大踏步走出去
出 去

kau¹ (ha¹) pla:t⁸ pla:t⁸ 抓（脚）痒
抓 脚

ka:ŋ³ (wa⁶) tem² tem² 说话口齿不清
讲 话

a³ pa:k⁷ (或 pa:k⁷ a³) ŋwa:p⁸ ŋwa:p⁸ 张嘴（如出水的鱼）
张 嘴

ta³ faɯ² puəp⁷ puəp⁷ 拍手
打 手

tɯk⁷ kjau² bup⁸ bup⁸ 打球，拍球

ta³ fɯət⁸ u⁶ u⁶ 拍翅膀

dɯn³ mla:i² kjo:k⁸ kjo:k⁸ 吞口水，咽吐沫

pat⁷ rɯəŋ² deu³ deu³ 摇尾巴，

ça:u¹ sim¹ tik⁸ tik⁸ 操心，忐忑不安

roŋ² ram⁴ ta¹ plop⁸ plop⁸ 朴簌朴簌掉眼泪

ʔjau⁵ ra:n² kju⁴ kju⁴ 闲住，在家无事

这类重叠词有时缩减为一个单音节，可是得在前面插入没有意义的 ko^3 或 $tak^7\ ko^3$，这似乎是为了满足语音上节奏的需要，如：

$tu^2\ kop^1\ \ sat^7\ o:k^7\ tau^3\ ko^3\ ja:k^7$ 青蛙跃然跳出来
只　青蛙　跳　出　来

$an^1\ kuŋ^1\ tit^7\ ko^3\ pɯŋ^4$ 弓绷的一声弹起来
个　弓　弹

$fai^4\ rak^7\ jɯəŋ^3\ ko^3\ ta:t^7$ 树哒的断下来
树　断　响

$hoi^1\ tau^1\ jɯəŋ^3\ tak^7\ ko^3\ ŋu:t^8$ 开门呜的响
开　门　响

有些动词、动词词组或动宾结构前面可以附加一个单音的拟声词，同样作为修饰语用，如：

$do:k^8\ ram^3$ 嗒一声砍
　　　砍

$(pai^2)\ pep^8\ naŋ^6\ (deu^1)$ 扑一声坐下
　次　　坐　一

$pap^7\ da:t^7\ (ɕiu^5\ deu^1)$ 突然刺了一下
　　刺　次　一

$fɯ^4\ bin^1\ kwa^5\ pai^1$ 呼一声飞过去
　　飞　过　去

$ku:k^8\ tam^1\ hau^3\ ko:k^7\ ta:i^2\ pai^7$ 咯一声碰上桌子角
　　碰　进　角　桌子去

$kju^4\ nin^2\ roŋ^2\ pai^1$ 倒头睡下
　　睡　下　去

以上的例子大部分可以颠倒为 ABB 式，如 $ram^3\ do:k^8\ do:k^8$；同样的结构也可以重叠为 AB AB 式，表示动作的重复和继续。如：

$ta:n^2\ fa:k^7\ ta:n^2\ fa:k^7$ 连连拍打（$fa:k^7$ 用手掌打）

$ra^4\ kɯ^1\ ra^4\ kɯ^1$ 大口大口地吃（$kɯ^1$ 吃）

ŋop⁷ kɯ¹ ŋop⁷ kɯ¹ 一口一口地吃
top⁷ daːt⁷ top⁷ daːt⁷ 连刺几下（daːt⁷ 刺）

这种前加的修饰语也可以是一个重叠词，但是数量比较少，如：

kau⁴ kau⁴ oːk⁷ pai¹ lu⁶ 匆匆出去了
ŋuːt⁷ ŋuːt⁷ pai¹ ŋuːt⁷ ŋuːt¹ ma¹ 空空去空空回来

以上关于所谓"拟声词"的处理，与其说是根据理论的认识，毋宁说是遵照一向的习惯，为了解决文字连写实际问题。我们对多音节词的形成过程还了解得太少，这类拟声词在一个语言的词汇的发展上是起了相当重要的作用的，比如 doːk⁸ ram³ "嗒一声砍"，是一个词组，重叠形式有 doːk⁸ ram³ doːk⁸ ram³（继续不断地砍），ram³ doːk⁸ doːk⁸，也可以说 ram³ fai⁴ doːk⁸ doːk⁸（fai⁴ 树木，宾语）；把 doːk⁸ 当作一个独立的词，在连写问题上就不会发生疑问，从理论上讲也没有什么障碍。

上述拟声词，无论从本身形式上看，或者从它跟动词的结合关系上看，基本上属于形容词性质，这类词乍看好像是动词的附加成分，跟一般形容词也有不同的特点，所以附在动词后面讨论。下面谈一般的形容词。

三、形 容 词

形容词有以下几个重要的语法标志：

第一，形容词说明事物或行动的性质和状态。为了加强性质和状态的程度，经常采用一下各种手段：重叠一个形容词，如 dai¹ dai¹ 好得很，kjai¹ kjai¹ 远得很，in¹ in¹ 痛得很。形容词重叠时中间可以插入一个音节 hu⁴，如 kjai¹ hu⁴ kjai¹ 很远很远，daːt⁷ hu⁴ daːt⁷ 很热很热，hoŋ² hu⁴ hoŋ² 很红很红。重叠形容词在句法里表现三种情形：单纯的重叠只能作名词的修饰语，如 tiu² pu⁶ mo⁵ mo⁵ nɯŋ⁵ 那件新衣服，重叠形式作表语或谓语要加气词 ni⁶，如 tiu² pu⁶ nai⁴ mo⁵ mo⁵ ni⁶ 这件衣服新得很，作补语要加 pai¹（原作"去"讲），如 sak⁸ tiu² pu⁶ pɯək⁸ pai¹ 把衣服洗白白的①。此外，形容词后面可以加副词修饰语 ta:ŋ⁵ ma² "很，十分"，la:i¹ "很"，如 da:t⁷ ta:ŋ⁵ ma² 很热，da:t⁷ la:i¹ 很热，ro:ŋ⁶ dai¹ ta:ŋ⁵ ma² 十分鲜艳；形容词前面可以加副词修饰语 pan⁴ "这么，如此"（由 pan² "成"变来），如 pan⁴ hoŋ² 这么红，pan⁴ sa:ŋ¹ 这么高，pan⁴ rai⁶ 这么锋利。如果只是微微加强程度，或者两相比较略有差别，往往用副词 lo⁵，ham⁵，la:i¹ 附加在形容词前面，如 lo⁵ dai¹ 相当好，ham⁵ dai¹ 比较好，la:i¹ dai¹ 比较好。（la:i¹ 位于形容词的前面或后面，意思不同。）

最高级形容词形式受了汉语（粤方言）的影响，如 sai⁵ dai¹ 最好，dai¹ ta:i⁶ it⁷ 最好（第一好）。

第二，形容词除了用在名词的后面和动词的前后作为修饰语以外，还能出现在动词的后面作为补语，表示结果，原因和目的，如 kɯn¹ im⁵ 吃饱，ra:i¹ ʔjiu³ 夭死，la:i⁶ kjik⁷（赖懒）偷懒，躲懒。

下面讨论复音形容词和复合形容词的各种结构形式。复音形容词是所谓联绵词里数量最多的一种。

1.1 复音形容词的主要构成手段是双声、叠韵和重叠，以及这三种形式的错综运用。

四音节的双声叠韵式，第一和第三、第二和第四音节是双声，第一和第二、第三和第四音节是叠韵；有时可以简化，单说第一和第三音节，省略第二和第四音节（这是就表面说，因为四音节出现的频率较大）。倘以 c 代表声母，v 代表韵母，四音节是这样的公式，$c_1 v_1 — c_2 v_1 — c_1 v_2 — c_2 v_2$，例如 nuŋ⁴ luŋ⁴ na:ŋ⁴ la:ŋ⁴ 挑担两头不平稳，ɕu:t⁷ lu:t⁷ lo:t⁷ lo:t⁷ 水声潺潺（ɕu:t⁷ 水声），ʔjam¹ lam³ ʔjuk⁷ luk⁷ 偷偷摸摸，plok⁷ lok⁷ pla:k⁷ la:k⁷ 倒塌零乱（plok⁷ 翻倒）fuut⁷ luut⁷ fo:t⁷ lo:t⁷ 黏着，黏（fuut⁷ 不滑溜）……。这些例子都可以简化，如 nuŋ⁴ na:ŋ⁴。

有些四音节词的声韵结构跟上面的不同，如 ho² lo² pa:n² la:n³ 肮脏，满身油泥（ho² 涂抹），这样的形式不能简化。还有些好像是由几个单音节形容词拼凑起来的，如：

---

① 武鸣城厢壮语里重叠形容词在句子里有这样三种情形。我们相信各方言土语里这种句法特点是大同小异的。词法和句法不易分家，在描写语法里应该怎样处理，值得注意。

lap⁷ pi⁴ lap⁷ heu¹ 黑压压的
黑 闭塞 黑 青

lap⁷ pi⁴ lap⁷ po:ŋ² 黑沉沉,一片黑
黑 闭 黑 膨胀

  这两个例子简化方法不同,只能单说头两个音节或者后两个音节,因此不妨当作两个双音词构成的词组或成语看待。

  这儿把这些归入复音词而不归入复合词,因为词素的原义已经不易分辨了。(试比较汉语"稀奇古怪,阴阳怪气"。)

  1.2 双声式,往往重叠出现,AB 变为 AA BB,如 kum² kum² kɯem⁴ kɯem⁴ 凹凸不平,juk⁸ juk⁸ ja:k⁸ ja:k⁸ 歪斜不稳,cum⁴ cum⁴ cwa:m⁴ cwa:m⁴ 看不清路,puŋ⁴ puŋ⁴ pa:ŋ⁴ pa:ŋ⁴ 零零碎碎,丁令当郎……。

  1.3 三音节的双声叠韵式,第一和第二音节是双声,第二和第三音节是叠韵,第三音节的声母是 r-。(参看二,4 和 5.)例如:

mlak⁸ mlɯ² rɯ² 淘气,任性,旁若无人
pɯk⁷ plek⁷ rek⁷ 装腔作势(指瘦小的人)
jak⁸ ja:t⁸ ra:t⁸ 邋遢,脏(指住宅,场地)
kuŋ⁴ keŋ⁴ reŋ⁴,keŋ³ keŋ³ reŋ⁴ 瘦高无力
sam⁴ sa:ŋ⁴ ra:ŋ⁴,sam³ sa:ŋ³ ra:ŋ⁴ 褴褛穷伧
muŋ⁴ na:ŋ⁴ ra:ŋ⁴ 垂挂摆动貌
ŋɯk⁷ ŋa:k⁷ ra:k⁸ 别扭,走路脚不灵便,不平稳
juk⁷ ja:k⁷ ra:k⁸ 衣冠不整
ŋa³ ŋoŋ⁵ roŋ⁶,ŋa³ ŋoŋ³ roŋ⁴ 土里土气
ŋak⁸ ŋot⁸ rot⁸ 顽皮
lak⁸ lot⁸ rot⁸ 稀脏

  2. 许多单音形容词后面可以附加一个音节,这个附加音节(词尾)往往重叠出现,这样就使原来的单音形容词(词根)在意义上发生某种变化,加强程度只是意义变化中较显著而普通的一种。形容词经常用作名词的修饰语,所以形容词的这种变形是按照需要来决定的,就是按

照被修饰的名词的性状特点来决定的。这类变形主要利用词根词尾双声和词尾重叠两种方式。后附音节的韵母-aːt,同词根在词类上奇偶一致,简单形式(-aːt)和重叠形式(-aːt -aːt)的出现频率差不多(参看二,4),其他后附音节如-i⁵-i¹,-et -et 等等一般只出现重叠形式(只偶尔遇见简单形式)。这种构形法很像汉语的"酸溜溜,沉甸甸,亮晶晶……"可是汉语里重叠词尾一般不能缩减。先看几个典型的例子:

som³ 酸,som³ saːt⁷,som³ saːt⁷ saːt⁷ 很酸,som³ si⁵ si¹ 有点儿酸,som³ sɯt⁷ sɯt⁷ 很酸,又酸又涩,som³ set⁷ set⁷ 微酸。

saɯ¹ 清,saɯ¹ saːt⁷,saɯ¹ saːt⁷ saːt⁷ 稀薄(如粥),saɯ¹ si⁵ si 稀(粥),saɯ¹ dik⁷ dik⁷ 清(水),saɯ¹ waːŋ³ waːŋ³ 清(汤,没有油)。

dam¹ 黑,dam¹ daːt⁷,dam¹ daːt⁷ daːt⁷ 黑漆漆,dam¹ dɯt⁷ dɯt⁷ 深黑、黑魆魆,dam¹ di⁵ di¹ 一点儿黑,dam¹ si² si² 纯黑,dam¹ kjum⁴ kjum⁴ 浓黑(眉毛),dam¹ lau³ lau³,dam¹ dok⁷ dok⁷ 又黑又脏,dam¹ ŋaːu³ ŋaːu³ 乌黑、黑沉沉,dam¹ doːt⁷ doːt⁷ 漆黑(如满手抹了烟灰)。

hoŋ² 红,hoŋ² haːt⁸,hoŋ² haːt⁸ haːt⁸ 红红的(脸) hoŋ² on³ on³ 通红,hoŋ² u³ u³ 火红(早晨的太阳)。

上面的例子里,词尾的不同的韵,特别是不同的主要元音,有区别细微意义的作用。词根和词尾往往保持一定的声、韵、调的和谐,音和义的转变密切联系,每个例子需要仔细体察和鉴别。前人研究古代汉语骈词,发现所谓"转语"的种种条例,如阴阳对转,平仄对转,语缓语急,重言等等,到底是指古今音变呢,还是指方音差异,还是说同一词根利用声、韵、调的变换派生了许多同义词,还是文字的假借,还是其他的语音变化或语法(词法)现象,往往不容易交待得很清楚,例如:婆娑(阴韵),盘桓,婴姗(阳韵),勃屑,勃窣(入声韵)。壮语骈词的派生现象也许能够给我们一点儿启示。下面举些例子来说明这个现象。

-aːŋ/-eŋ 互换:

hoŋ² aːŋ⁴ aːŋ⁴ 暗红,hoŋ² paːŋ⁴ paːŋ⁴ 褐红,hoŋ² jaːŋ⁴ jaːŋ⁴,hoŋ² waːŋ⁴ waːŋ⁴ 红而发黑 / hoŋ² peŋ⁴ peŋ⁴,hoŋ² weŋ⁴ weŋ⁴ 淡红。

hen³ ra:ŋ⁴ ra:ŋ⁴ 深黄（微微发红）/hen³ reŋ⁴ reŋ⁴ 嫩黄。

bop⁷ ba:ŋ³ ba:ŋ⁵ 凹凸，七高八低/ bop⁷ ben³ ben⁵ 微有凹凸，不平。

sa:ŋ¹ kwa:ŋ⁴ kwa:ŋ⁴ 高大/ sa:ŋ¹ kweŋ⁴ kweŋ⁴ 细高，苗条。

rai² ra:ŋ⁴ ra:ŋ⁶ 很长很长 / rai² reŋ⁴ reŋ⁶ 细长。

-a:t/-e:t 互换：

bau¹ ba:t⁷ ba:t⁷ 轻而庞大/ bau¹ bet⁷ bet⁷ 轻而微小。

ben¹ ba:t⁷ ba:t⁷ 扁平/ ben¹ bet⁷ bet⁷ 微微偏平。

ɕap⁷ ɕa:t⁷ ɕa:t⁷ 冷冰冰的/ɕap⁷ ɕet⁷ ɕet⁷ 手脚发冷。

da:ŋ³ da:t⁷，da:t⁷，da:ŋ³，kju:t⁷ kju:t⁷ 干枯翅裂/da:ŋ³ det⁷ det⁷ 干巴巴。

daŋ⁵ da:t⁷ da:t⁷ 很咸/daŋ⁵ det⁷ det⁷ 有点儿咸。

pa:u² pa:t⁸ pa:t⁸ 华而不实，空无所有/pa:u² pet⁸ pet⁸ 不饱满（稻谷）。

——/ pleu¹ plet⁷ plet⁷ 单薄（衣服，玻璃爆竹声……）。

-u/-i 互换：

hoŋ² u² u³ 大红：hem⁵ ru⁴ ru⁴ 嘈杂，乱哄哄；ro:ŋ⁶ u³ u³ 发光（如远处山上的火光）。/hoŋ² i³ i³ 深红；hen³ si⁴ si² 纯黄；pwək⁸ si⁴ si² 洁白；ɕap⁷ ɕi¹ ɕi¹ 湿冷；kjai¹ kji⁵ kji¹ 远远的，kan⁶ ki⁵ ki¹ 很近。

-a:u/ -eu 互换：

heu¹ ʔja:u² ʔja:u³ 嫩绿/heu¹ seu⁴ seu⁴ 绿油油。

pwək⁸ mja:u⁴ mija:u⁴ 惨白/——

bwəŋ¹ ba:u³ ba:u³ 歪斜，很歪 bwəŋ¹ ŋa:u³ ŋa:u³ 歪头歪颈的/——。

liəŋ² sa:u⁴ sa:u⁴ 凉飕飕，很凉/ liəŋ² seu⁴ seu⁴ 凉爽。

ɕaŋ² ra:u⁴ ra:u⁴ 怒目斜视（指大人）/ɕaŋ² reu⁴ reu⁴，ɕaŋ² mjeu⁴ mjeu⁴ 斜眼怒视（一般指小孩）。

o¹ sa:u⁴ sa:u⁴ 蓝靛，o¹ ʔwau³ ʔwau³ 洋蓝色,（不很好看）/o¹

seu^4 seu^4 鲜蓝色，o^1 ʔweu^3 ʔweu^3 蔚蓝色。

hem^5 ʔja:u^3 ʔja:u^3 大声叫喊/hem^5 ɕeu^4 ɕeu^4 小孩吵闹。

——/ɕim^1 mjeu^4 mjeu^4 目不转睛地看看。

上面所举的形容词（唯有最后二例应当归入动词一类，（参看三、5）大都是表示具体的感觉，词义的差别是很细致的。经过粗略的比较，我们不妨说：偏低偏后的元音(a，u)表示性状的加强，偏高偏前的元音(i，e)表示性状的轻微。这当然只就意义比较单纯的形容词说，有些个还需要分别体察。这样细致的意义差别主要依靠"语感"来判断，就好像元音音色的不同主要依靠听觉来辨别一样。意义比较抽象的词就不能用这样简单的方式来理解了，例如dai^1 di^5 di^1，dai^1 sap^8 sap^{8}和好，情投意合，dai^1 ʔjup^7 ʔjup^{7}完好无缺，kjau^1 kji^5 kji^{1}美丽，kjau^1 ri^5 ri^{1}漂亮，kjau^1 kjet^7 kjet^{7}娇嫩(孩子)；la:u^4 jaŋ^4 jaŋ^{4}老态，la:u^4 la:t^8 la:t^{8}老大，la:u^4 kwem^4 kwem^{4}衰老，la:u^4 la:ŋ^4 la:ŋ^{6}老而萎(植物)……。

武鸣元音系统里除a e i u 以外，还有o和ɯ。我们没有发现o和ɯ类似的对称现象。关于o，值得注意的例子有：

-ok：pwək^8 mok^7 mok^{7}灰白

heu^1 rok^8 rok^{8}青而发白

-ot：on^5 kot^8 kot^{8}浓烟滚滚(直上)

jaŋ^5 fot^8 fot^{8}忙忙碌碌

-o:t tam^5 to:t^7 to:t^{7}矮矮的(指动植物)

这些例子里声调奇数和偶数相配，只有最后一例奇偶一致。同样利用声调变换的例子还有：

-ɯk：hen^3 rɯk^7 rɯk^{7}黄金(如水果)

hen^3 rɯk^8 rɯk^{8}熟黄(如庄稼)

可是下面一对例子却利用声母的不同：

hoŋ^2 fɯk^8 fɯk^{8}大红，鲜明的红色

hoŋ^2 kjɯk^8 kjɯk^{8}熟红，(如水果)

人民利用语音来模仿自然现象——声音、形象、色彩等在任何语言

里都能找到一些例证，但是这类"拟声词"的数量毕竟是有限的，有些诗人有时候也利用自己语言里所特有的这个手段，选择一些绘声绘色的字眼，往往能增添特殊的表达效果。骈词研究对汉壮语有一定的重要意义，是不容忽视的。词典里可以把常用的词形自成独立的条目，不常用的词形附在"根词"的后面。

这类三音节形容词往往出现在动词后面作为修饰语或补语构成所谓合成谓语，如：

te¹ dɯn¹ ʔjau⁵ pa:k⁷ tau¹ kuŋ³ keŋ³ reŋ⁴
他　站　在　口　门　高　瘦　貌
他站在门口又高又瘦。

ka:i⁵ pu⁶ wen³ ʔjau⁵ rau³ sa:u⁴ tuŋ³ ta:ŋ³ ra:ŋ⁴
些　衣　挂　在　头　竹竿　摆　动　貌
衣裳挂在竿头荡啊荡的。

这类形容词也能单独作谓语用，如：

ki³　jɯəŋ⁶ ɕai³ te¹ pjuk⁷ pjet⁷ rek⁸
（量）样　子　他　怠　慢
他态度傲慢。

ki³ jɯəŋ⁶ ɕai³ te¹ tem³ ŋɯem³ rem⁴ 他样子瘦得可怜。

ki³ ha¹ te¹ ŋuk⁷ ŋa:k⁸ ra:k⁸
　　　　脚　他
他的脚一瘸一拐的。

动词和形容词连用的合成谓语，有时中间可以插入一个小词 tuk⁷ 得，的；如：

pi¹ nuŋ⁴ na:ŋ⁴ ra:ŋ⁴ 摆动（pi 摆动，动词），
wen³ tuk⁷ nuŋ³ na:ŋ³ ra:ŋ⁴（大物件）挂着摆动（wen³ 挂）。
wen³ tuk⁷ tuŋ⁴ teŋ⁴ reŋ⁴（小物件）挂着摆动。
te¹ hau³ o:k⁷ ɕuŋ³ riu³ tai⁶ jiən¹ tuk⁷ nuŋ³ neŋ³ reŋ⁴.
他　进　出　总　提　袋　烟　吊　荡　貌

（动词和形容词之间插有宾语。）他进出总是提着个烟袋荡啊荡的。

这些形容词后面可以被副词修饰，如：

te¹ mlak⁸ mluɯ² ruɯ² tuɯk⁷ ho³ ʔjaɯ² taːŋ⁵ ma².
他 傲   慢得 难看 很
他态度傲慢十分难看（样子凶狠）。

tuɯk⁷同时也能出现在形容词后面，但是也可以省略，并不影响意义，如：

kuɯ¹ tuɯk⁷ tu⁴ ta⁴ ra⁴ tuɯk⁷.
吃得 肥 胖得
吃得又肥又胖，动作不灵便。

3. 名词附加一个重叠词尾，构成一个形容词，跟上面的三音节双声叠韵式很近似，但是数量不多。例如：

laːu² 动物油　laːu² laːt⁸ laːt⁸（肉）很肥，油多
nai² 泥　nai² naːt⁸ naːt⁸ 满是泥，很脏（参前二、4）
fuɯi¹ 水蒸气　fuɯi¹ waːu³ waːu⁵ 蒸汽腾腾
ram⁴ 水　ram⁴ sup⁸ sup⁸ 水淋淋，湿滋滋
luɯət⁸ 血　luɯət⁴ jaŋ⁴ jaŋ⁶ 血淋淋

这类形容词似乎别有来历。比如 mlaːi² sok⁸ sok⁸ 流涎，淌口水，是一个词，可是 mlaːi² raŋ⁶ sok⁸ sok⁸（raŋ⁶ 流下，淌）却是一个句子，sok⁸ sok⁸ 属于所谓拟声词：前者（词）似乎是后者（句子）的缩减形式。这只是一种推测，不能作为肯定的解释。

4. 有些双音节形容词，只是部分地表现了双声叠韵的关系。两个音节单独用都没有意义的，例如 kwai³ ma³ 离奇，古怪，haːn² ɕuŋ³ 无礼貌，说丑话，taːm² tiŋ² 镇定（粤语借词？）kai² hai⁶ 奇异，奇怪，me² se² 不慌不忙（如啜饮），muən⁴ luən⁶ 眩晕，昏迷，bau³ ai⁵ sai⁵ 不好意思（bau³ 否定副词，很少单说 ai⁵ sai⁵），以上一般不能重叠。第一个音节没有意义的，例如 liŋ⁴ ɕiŋ⁴ 安闲自在（ɕiŋ⁴ 清静），om³ som³ 肮脏（som³ 酸），mok⁸

lot^7 勇敢（lot^7 大），lak^7 kak^7 怒，发脾气（kak^7 怒），tin^2 tai^2 密，说话快（tai^2 密，武鸣苞桥读第二调，但城厢双桥和田阳宜山都读第六调），ŋai^6 hai^5 和气（hai^5 气），sap^7 soi^5 零碎（soi^5 碎，粤语借词？）……，重叠为 tin^2 tin^2 tai^2 tai^2 ……。（但是 mok^5 lot^7 "勇敢"不能重叠。）第二音节没有意义的，如 nɯn^6 ne^6 杂碎（nɯn^6 碎片），hai^2 ŋin^6 肮脏（hai^2 脏）……，重叠为 nɯn^6 nɯn^6 ne^6 ne^6 ……。试比较汉语：零碎，零零碎碎，邋遢，邋邋遢遢，邋里邋遢。

5. 复合形容词一般由两个单音词组成，不妨叫作组合式。

两个单音形容词，意义相近，组成一个新的形容词，按重叠形式又分成三小类。第一小类如：

  dam^1 nau^6 肿（淤血） dam^1 au^3 肿（淤血化浓，皮肉发黑）。
  黑 烂   黑 红 黑
  ro:ŋ^6 dai^1 鲜艳，晴朗 heu^1 oi^5 嫩绿 hoŋ^2 mai^5 淡红……。
  亮 好   青 嫩   红 淡红

以上可以重叠为 AB AB，如 dam^1 nau^6 dam^1 nau^6 ……。

第二小类如：

  hɯŋ^5 da:t^7 热 kuŋ^2 kji^5 穷困，穷苦
  热（汽）热（光） 穷 穷困
  hau^5 kjo^1 干枯 reu^5 kjo^1 枯萎，干枯
  干 枯燥   枯萎 干枯
  ut^7 ʔwa:n^1 曲弯 un^5 sɯn^6 温和，柔和
  曲 弯   软 顺
  kap^7 kan^3 紧急，匆忙
  急 紧

以上可以重叠为 AA BB，如 hɯŋ^5 hɯŋ^5 da:t^7 da:t^7 ……。

第三小类如：

  hɯŋ^5 om^1 闷热 daŋ^5 ham^2 苦咸
  热 闷热   咸 苦

tiəm² waːn¹ 酸甜　　som³ ket⁷ 酸辣，很酸
甜　酸甜　　　　酸　猛（酒醋）

以上可以重叠为 AB AB 或 AA BB。

6. 另一种复合形容词由一个单音名词和一个单音形容词构成，不妨称为主从式，又可细分为两小类。第一小类实际上是主谓结构，如：

tuŋ⁴ bau⁵ 恐慌，心惊
肚　惊
ho² kak⁷ 生气，发气　　ho² foːt⁸ 气愤，
喉　怒　　　　　　喉　气愤
ho² kat⁸ 生气……　　ho² daːt⁷ 气忿
喉　短　　　　　　喉　热

这些也许原来是成语，所以没有重叠形式，却能在后面加副词 taːŋ⁵ ma² 或 laːi¹ "很"来修饰。类似的结构如：

sim¹ faːn² sim¹ jaːp⁷ 心里烦闷
心　烦　心　闷
sim¹ tok⁸ sim¹ pɯn¹ 毒辣，狠心
心　毒　心　毛
sim¹ kam² sim¹ kai⁶ 猜忌……
心　忌　心　忌

这些成语可以当作双音词构成的词组处理，好像汉语"好心好意，心烦意乱……"。

第二小类是形容词带有名词修饰成分，好像汉语里的"金黄，蜡黄，杏黄，鹅黄"，壮语词素次序不同，例如：

hen³ kim¹, som³ mai⁵ 酸，醋味似的　　raːi² roːk⁷ 麻（脸）
黄　金　酸　醋　　　　　　　　　　花麻水豆
moːŋ¹ tau⁶ 灰色　　siu³ ŋin² 贪馋
灰色　草木灰　　　小　筋

siu³kwi³ 贪馋　　lau² tat⁷ 勇猛,不怕死
小　鬼　　　　　顽强 节(量同)
kap⁸ke⁴ 狭穿……
穿　角

前四例跟后四例虽然结构形式相似,可是意味不同;后四例更像成语。典型的成语例子是 raːi² ra¹(花眼＝眼花)天将黑,朦胧。只有最后一例可以重叠为 AA BB :kap⁸ kap⁸ ke⁴ ke⁴,试比较汉语"四四方方"。

7. 以上叙述多音节形容词,偶然出现了一些汉语借词(尤其是在复合形容词部分),没有分别处理。借词无论来自远方,或者取自近邻,都是囫囵吞枣地接受过来,不加分析的,一旦被吸收,就变成自己语言的词汇的组成部分了。壮语同汉语(特别是粤方言)长期接触,双方有一部分共同的词汇,有些是壮语借自粤语,有些也许是粤语借自壮语。这儿举些例子,姑且认为是壮语借自粤语的:

pan² lan² 瞎忙,kja⁵ ɕi⁵(架势)漂亮,美好,ho³ sik⁷ 可惜,可怜
siət⁸ tai³(蚀底)吃亏,fai⁵ faːn²(费烦)麻烦,moŋ⁴ loŋ²朦胧,昏迷不醒。

结　语

按照以上的分析,壮语里多音名词、动词和形容词的构词和构形方法有共同的特征,可是这些方法的具体运用却各不相同,所以每一类词的原形和变形有显著的区别。运用构词方法产生了复音词、复合词和派生词,而派生词多少可以说是由复合词发展出来的一种特殊类型。构形方法中值得特别注意的是各种重叠形式,(ABAB,AABB,ABB),动词词头 ta³-,ku⁶-,to⁴-,动词词尾-aːk,-eːk,-au 形容词词尾-aːt,这些在描写语法里需要仔细分析,明确它们的作用。每个复音词或复合词可以从语音特征、结构关系(词素次序)、词形变化、造句功能和意义引申等方面观察。意义引申可以作为复合词的重要鉴别标准之一。一

个单词(包括多音词)既然是形式与内容的统一体,那就是具有一定程度的凝固性,一般不能任意颠倒和分裂;可是壮语自有它的特点——具体比较明确的分析性,所以这篇论文是应用上述五个标准来鉴别多音词和词组(包括主谓结构)的一个尝试。作为有效的鉴别手段,交替法和扩展法只适用于绝大部分的复音词和一部分的复合词和派生词。

  本文依据的材料没有经过规范化的提炼,偶有少数例子曾经参考桂西壮族自治州壮文研究直到委员会和科学院少数民族语言调查第一工作队合编的壮汉词典(草稿,1956.4.油印本)。这个初步研究免不了错误和漏洞。条例不够严密,有些术语的应用也值得再加斟酌。1957年5月26日在中国科学院学部会议分组宣读论文时承丁声树先生,傅懋勣先生,岑麒祥先生,魏建功先生以及其他同志提了宝贵的批评意见,作了某些修改,一并在此向他们表示深切的感谢。但愿这个初步研究能起抛砖引玉的作用!

1956.8,初稿
1957.6,修改
(原载《武鸣壮语词法初步研究》,与张元生合作,
广西民族出版社,1958年)

壮语/r/的方音对应

这篇报告的目的是提供一份壮语方言资料。1954—1955年间,我参加了广西壮语调查工作队,调查了51个方言点(见下文附表),以县为单位,但有四个县因地理和方言特点选择了两个调查点[①]。

壮语北部方言有一个声母,文字符号是r,标准音地点武鸣城厢读舌根浊擦音/ɣ/,北乡大明山和西乡锣圩读颤音/r/或闪音/ɾ/;方音变体有/hj/或/ɦj/、/ɹ/、/ð/、/z/、/ẓ/(以上北部)、/hl/、/hẓ/(以上南部),等等[②]。每个调查点的读音,或者说每位发音合作人的读音,是单纯一致的,可是以一个调查点为代表的县境以内,读音差异却很显著,例如武鸣北邻上林县境内就能听到/hj/、/ɣ/、/r/、/ẓ/几种读音。按照宽式标音的习惯,以下/r、ɾ、ɹ/都标作/r/,/z、ẓ、hẓ/都标作/z/。

现代壮语方言的/r/如果自成音位,一般只有一个。我经验中唯一的例外是,在南部方言天等龙茗话里(不包括在51个调查点以内)遇见两个独立音位:/z或ð/和/ɣ/,例如 za:n² ɣa²(茅屋);/z/出现在任何调类,如 ze¹(抓;围网),ze²(碎,残缺),zi⁵(鸡"扒"土),zi⁶(被雨"淋");/ɣ/一般只出现在阳调(2、4、6、8调),相当于南部方言某些地点(如龙州)的 k 或 h;其中一部分汉语借词的声母相当于中古汉语的"匣"母,如"鞋"ɣa:i²,"害"ɣa:i⁶,"毫"(毛钱)ɣa:u²,"限"ɣa:n⁶。

为了找出壮语南北方言51个调查点的语音对应条例,下面试用了内部拟构的方法。壮语(或者说壮侗语族诸语言)同汉语一样,声母清

---

① 本文所根据的原始资料"广西壮语方言词汇表",承中国科学院民族研究所和广西壮文研究指导委员会借予参考,谨表示深切的谢意。

② 参看中国科学院少数民族语言研究所壮语小组《壮语概况》,《中国语文》10—11,1961,第72—79页。

浊和声调阴阳在演变过程中有相互依赖或制约关系。原来的清辅或以清辅音开头的声母（复辅音）今读阴调（1、3、5、7调），原来的浊辅音或以浊辅音开头的声母今读阳调（2、4、6、8调）。现代方言一般不再保存浊辅音声母（*b-、*d-、*g-等），可是调类的阴阳大体上井然不紊。根据这条基本规律，我们假设今读阳调的音节原来都是浊声母。到于阴阳调类对转或同类（比方说1、3、5调）互转，想必另有原因，服从各方言自己的内部规律，但毕竟是少数特例，如武鸣（北部）hua⁴（稻，米），ham²（"苦"味），ho:i⁵（奴仆）：龙州（南部）khau³，khum¹，kho:i³，这似乎同声母的发音方法也有关系，目前还不能作出满意的解释。

复辅音（或称"辅音丛"）问题很复杂。共同壮侗语原来有两组复辅音：*pl、*phl、*bl、*ˀbl、*ml、*tl、*thl、*dl、*ˀdl、*nl、*kl、*khl、*gl、*ŋl……和 *pr、*phr、*br、*ˀbr、*mr、*tr、*thr、*dr、*ˀdr、*nr、*kr、*khr、*gr、*ŋr……①本文只牵涉第二组复辅音，以 *-r 为第二音素的。现代壮语北部方言中如武鸣的 /pl、ml、kl/，来宾南的 /pɣ、mɣ、kɣ/，贵县的 /pr、mr、kr/，南部方言中如隆安的 /pl、phl、kl、khl/，大致都是第一组以 *-l 为第二音素的复辅音的残余。根据南北各点的比较，第二组复辅音还能依稀识别，南部方言保存了第一音素 *t-、*th-、*kh-、*n-、*ŋ- 残余，北部方言保存了第二音素 *-r，基本上没有同第一组复辅音相混（部分混同是不可避免的）。在一小撮材料所许可的范围以内，我们为原始壮语拟构了这样一系列的单辅音和复辅音：

清声母　　*ˀr, *ˀru̯, *thr(tr), *-thru̯(*tru̯), *khr(*kr), *khru̯

浊声母　　*r, *ru̯,（*br）, *nr, *nru̯, *ɣ, *ɣu̯,（*gr）, *ŋr。

如果把带 -u 的圆唇声母和两个罕见的 *br 和 *gr 除外，51 个调查点的方音对应条例大致可以概括在 157 页的简表里。

考虑到壮侗语族诸语言的声母系统，按照发音部位说，壮傣语只有 /p t k ʔ/ 四组（单举不送气清音为例），而侗水语有 /p t ṱ（或 c）k q ʔ/

---

① 参看李方桂：Consonant Clusters in Tai, Language Vol. 30. 1954，第 368—379 页。该文拟音 nl- 分列两项（3.15 和 3.16），恐有错误；好些拟音，只靠一个孤零零的例证。

六组,不难想象各语言的声母系统的演变曾经经历一个漫长的复杂过程;所以上面给原始壮语声母的局部拟音,只能是暂时的,目的是利用一些拟音公式帮助说明现代方音的对应关系。

北部方言(1—38)			南部方言(39—51)		拟音	(调类)
hj(1,3,18) ɣ(19—22,24—25,30) r(4,6—7,11—14,16—17,23,31) ð(5,26—27) z(36) ……①	l $\begin{pmatrix}28-29\\32-35\\37-38\end{pmatrix}$	j $\begin{pmatrix}5,8\\9,13\end{pmatrix}$	hl(41—42)	l(39—40),h②	*ʔr	阴调
			h(46—48),th(t)		*thr	
			hl(41—42)	khj(46—47,50—51),h(48),l	*khr	
	j (2)	l(5)	l		*r	阳调
		θ(9)	n		*nr	
		r(8,13)	hl(41—42),r(50—51)	ɬ(47—48),l	*ɣ	
			n(39—40),ŋ		*ŋr	

(附表)51 个方言调查点

1. 柳江 2. 来宾(红水河北)3. 宜山 4. 柳城 5. 忻城 6. 罗城 7. 环江 8. 大苗山 9. 融安 10. 三江 11. 永福 12. 龙胜 13. 河池 14. 南丹 15. 东兰 16. 都安 17. 马山 18. 上林 19. 来宾(红水河南)20. 武宣 21. 象县 22. 鹿县 23. 贵县 24. 荔浦 25. 阳朔 26. 宾阳 27. 横县(北) 28. 横县(南) 29. 邕宁(邕江北) 30. 武鸣 31. 平果 32. 田东 33. 田阳 34. 百色 35. 田林 36. 隆林 37. 凌乐 38. 凤山(以上北部方言)。—— 39. 钦县 40. 邕宁(邕江南) 41. 隆安 42. 扶绥(北) 43. 扶绥(南) 44. 上思 45. 崇左 46. 宁明 47. 龙州 48. 大新 49. 天等 50. 德保 51. 靖西(以上南部方言)。(北部天峨,南部睦边,和云南文山壮语苗族自治州,都没有能包括在这次调查计划以内。)

下面每个语音形式后面用括弧注明 1、2、3……数字,表明所出现的调查点。读者除非对于方音的地理分布感兴趣,无需逐一查对。这些数字主要是供给设计和绘制方言地图的参考的。

---

① 北部方言:*r 和 *ɣ 项下包括 j 或 h(6—13),*nr 和 *ŋr 项下包括 n(7)。
② 其余地点或所有地点,不再注明。虚线左面的属于/r/音位的方音变体。

下面根据初步整理的结果,拟构了 11 个对应公式,包括 98 个例证:

$$^*ʔr \quad hj:ɣ:r:ð:z:h:j:l:hl$$

例一 hjom^1 "苋"菜(pjak^7-从略)(1),hjo:m^1(3),hjam^1(18);ɣom^1(19),ɣim^1(21),ɣɯm^1(24),ɣo:m^1(30);ram^1(4,23),ro:m^1(14),rom^1(16—17,31);ðom^1(5,26—27);jom^1(2,7—8,15),jo:m^3(6),jam^1(9),jum^1(10),jo:m^1(12),jɯm^1(13);lom^1(28,32,34),lɔ:m^1(35,37),lɔm^1(38,40),lum^1(39);hlum^1(41—42);hum^1(43,47—48),hom^1(44,49),həm^1(45),hɯm^1(46),ham^1(51)。扶绥北(42)声母 hl- 自成一调。

例二 hja^5 丝瓜(lɯk^8-从略)(1);ɣa^{5}lu:ŋ^1(19),ɣa^5(21—22,24—25);ra^5(4,14),ra^{4}rei^4(50,调!);la^{4}rei^4(51,*ra^4->la^4-异化作用?);ða^5(5);ja^5(8—13)。靖西(51)声母 r-或 h-,偶尔出现 l-,似与方言借贷或方音混杂有关。(靖西城里青年人嘴里多半已经没有这一独立音位了。)

例三 hja^5 牛"瘟"(19);ɣa^5(19—20,30);ra^5(16—17,23,31),ra^6(50—51,调!);ða^5(5,26—27);ja^5(15);la^5(28—29,32,38—40,43—44),la^6(45—46,49,调!);hla^5(41—42);ɬa^6(48,调!)。

上二例中有几处发生调类转变——由阴调转入阳调,似与声母性质的转变有关;南部几点(45—46,48—51)的声母 ɬ- 和 r- 照例应该算在 *ɣ 的账上,这是 *ʔr 和 *ɣ 混同的结果。

例四 hjum^3 臼(第二词素-to:i^5 从略)(1),hjum^1(3,18);ɣum^3(19),ɣɯm^1(25),ɣum^1(30);rum^1(4,16—17,31),rɯm^1(14);ðum^1(5),ðam^1(26),ðəm^1(27);zum^1(36);jum^1(2,6,8—12,15),jom^1(7),jim^1(13);lum^1(28,32—35,37—39,43),lim^3,lin^{1}tsuk^7(29,-m>-n 同化作用?),lɔm^1(40),lom^1(44),hlum^1(41—42)。

比较侗语 kəm^1,水语 kum^1,tsum^{2}gum①。

---

① 侗语根据广西三江侗族自治县语音,水语根据贵州荔波县水庆乡语音。

例五 hjoːn⁵"切"肉(1,3,18);ɣoːn⁵(19—20,22,24),ɣon⁵(30),hoːn¹(21,ɣ->h-在-o-韵前);roːn⁵(4,16—17,23,31);ðoːn⁵(5,26—27);zoːn⁵(36);joːn⁵(2,6,13,15),ioːn³(7);loːn⁵(32—35,37—38),lɔːn⁵(40);hloɔːn⁵(41);soːn⁵("切"菜,45),ɕoːt⁵(47)。s-或ɕ-(同一音类)很奇特,参看例三三。比较另一个同义词:seːt⁸(44,48),tseːt⁸(45ɣ),ɕeːt⁸(50),ɕeːt⁷(49,51)。

象县(21)的声母照例是ɣ-,但在长元音-oː,-uː,-əː前面一律变h-,并有扩展到其他元音前面的倾向。

例六 hjiːp⁷ 蚊帐(3,18),hiːp⁷(1);ɣiːp⁷(19),faːn¹ ɣiəp⁷'(30),ɣɯːp⁷(20—21,24—25),ɣəːp⁷(22);rɯːp⁷(4,23),riːp⁷(16—17),riəp⁷'(31);ðiːp⁷(5,26—27);ziap⁷(36);jiːp(2,6—8,12,15),jəːp⁷(9),jeːp⁷(10),jɯːp⁷(11),jiəp⁷(13),jiəm⁶ jiəp⁷(14);liap⁷'(32—35,37),liep⁷(38)。

例七 huː³ 鸡"冠"(-kai⁵从略)(1—4,4,8—9,11,24),houː³(7,12),hoː³(10);hjou(18);ɣouː³(19),ɣəuː³(20—31),ɣauː³(25);ruː³(14),rouː³(16—17,23),rauː³(31);ðuː³(5),ðəuː³(26),ðouː³(27);zuː³(36);jiuː³(15);louː³(28),lauː³(29),luː³(32—35,37—38);hlɯːi³(41)。

例八 heːu³ 慈菇(lɯːk⁸-从略)(1,3—4,7,9—15,24,26—27,36,45),hɛːu³(35,野生慈菇),heːu³ khaːk⁸'(50),heːu³ khaːu¹(51),(ljɯːk⁸)hiːu³(8);ɣeːu³(19—20,22,25),ɣaːu³(21);reːu³(17);ðeːu³(5);jiːu³(2),jeːu³(18),lak⁸ jeːu³ naː²(23,田慈菇);leːu³(38)。

上二例北部许多点(如2—4,14—15,24,26—27)声母 h-不合一般条例,声母来源疑与 *thr 或 *khr 相混。试比较侗语 khiuː³',水语 ȶhiuː³ (慈菇)。

例九 hjeːk⁷ 炒菜"锅"(18);ɣeːk⁷(19,30);raːk⁸(23,韵！调！);ðeːk⁷(26—27);leːk⁷(28—29,39,43),lɛːk⁷(40);hleːk⁷(41—42);heːk⁷(44—49)。

以上九个例子,南部各点表现很不一致,隆安和扶绥北(41—42)一律是 hl,跟 *khr 或 *khrɯ 没有区别。*ʔr 和 *khr 混同的倾向是到处存在的。

*ʔru̯ hj: ɣ: r: ð: z: j: l: hl: h: jw: zw: lw: w(v)

*ʔru̯的圆唇成分只是零星地保存在个别例子里,例十一在46—51六处,例十二、十四在35—38四处保存得完整些。

例十 hjei^1 痣(18);ɣei^1(19—20,22,24),ɣi^1(25),ɣai^1(30);rei^1(16—17,23),rəi^1(31);ðei^1(26,27 小痣);hei^1(21,声!ɣ->h-?);lui^1(29)。单就这些形式看,原来的声母同 *ʔr 没有区别。——mai^1(40,43—45,48,51),mat^7 mai^1(49),ma:l^1(27 大痣,31—34,39,41—42,50),mu:i^5 mai^1(47)。这两类词形有无语源关系,还不能完全肯定或否定。试比较侗语 pji^1',水语 m̥ui^1。可见壮侗语方言这两组词形的声母源流是很曲折的,只有利用水语 m̥- 才能说明:*m̥>h̯u>ɣu或ru,和 *m̥>m。单就这个例子说,共同壮侗语的原始音类可以拟作 *mr 或 *ʔmr。

例十一 hjo:l^1"梳"头(1,3,18);ɣo:i^1(19—20,22,24,30);ro:i^1(4,16—17,23,31),ruəi^1(14);ðo:i^1(5,26—27);jo:i^1(2,6—7,10—13,15),ju:i^1(9),jwe^1(8,韵尾!);lo:i^1(28—29,33,38—39,43,45),lu:i^1(32,34),luai^1(35),luəi^1(37),lə:i^1(40),lø:y^1(44);hlo:i^1(41—42);ho:i^1(21,参看例五),wo:i^1(25 声!),vəi^1(46,49),vi^1(47—48),wei^1(50—51,声母 w-似受韵母影响,按照例十三——十五应该是h-)。阳朔(25)声母照例应该是 ɣ-,但在长元音-o:,-u:前面一般变 w-,偶然也有保持 ɣ-的(参看例 53,70)。

例十二 hjot^7 to:k^7 菌子(1,3),hjet^7,hjit^7(18);ɣot^7(19),ɣat^1(21—22,24—25,30),ɣət^7(20);rot^7(4),ra:t^7(14),rat^7(23),luk^8 rat^7 to:k^7(16),luk^8 rat^7(17),ra:t^7 kjai^5(31);ðat^7(5,26—27);zat^7(36);jwat^7 to:k^7(2),jat^7(6—13,15),lat^7(28,33—35,37,40),lot^7(29),lɛt^7(32,38),lyt^7(39),lit^7(43—44),lət^7(45);hlet^7 tha:p^7(41),hlat^7'(42);hat^7(46);vit^8(47),vit^8 vət^7,vit^8 vut^7(48)。

例十三 hja:u^1(-hjum^2)打呵欠(3),hja:u^5(18);ɣa:u^3(19),ɣa:u^2(20,调!),ɣa:u^1(22);ra:u^1(4),ra:u^1 ta^1 nin^2(打瞌睡,14);ða:u^5(ðəm^2)(27);zwa:u^1(36);ja:u^1(6—9,13,15);jwa:u^1(11);lwa:u^1

(35,37—38);ha:u¹(43—49,51),ha:u²(50,调!),ha:u¹'(42,声! hl->h-);θwa:u¹(1—2,声!)。

例十四 hjau⁵ 狗"叫",吠(1,3,18);ɣau⁵(19—22,24—25,30);rau⁵(4,14,16—17,23,31);ðau⁵(5,26—27);zau⁵(36);jau²(2,6—13,15);lau⁵(28—29,32—35,38—40);wau⁵(37);hlau⁵(41—42);hau⁵(43—51)。

例十五 hjai⁵ "耙"田(1,3,18);ɣai⁵(22,24);rai⁵(4,14,16);ðai⁵(5);jwai⁵(15),jai⁵(2,6—13),jei⁵(7ᵡ);lwai⁵(38);hai⁵(51)。

又,hja:u⁵(18);ɣa:u⁵(19—2,30);ra:u⁵(17,23,31);ða:u⁵(26—27,5);zwa:u⁵ fa²(铁耙 36);la:u⁵(28—29,32—34),lwa:u⁵ fa²(铁耙,35,37—38);hla:u⁵'(41)。

*thr(*tr) hj: h: ɣ: r: ð: z: j: l: th(t)

*thr 在南部方言一般变 th,少数地点(46—48)是 h,可是遇见两个例子(24、25)多半变 t 或 l,这似乎暗示原来有*thr 和*tr 两个声母,但是趋于混同了。北部好些地点的声母变 h-或 j-,游移不定,显系受韵母性质的影响,h-在韵母-i 前面容易颚化为 j-。

例十六 hjin¹ 石头(3),hjum¹(18);hin¹(1,6,8—12,15,35—38,47—48),hɯn¹(46);ɣin¹(19,21,30),ɣən¹(20),ɣum¹(24—25),ɣvin¹(21ᵡ,声!);rin¹(4,16—17,23,31);ðin¹(5,26—27);jin¹(2,7,13—14);lin¹(28—29,32—34);thin¹(39,41—43,49),then¹(40,44),thən¹(45,51),thən²(50)。北部有些地点的声母不合一般条例,如 jin¹(14)照例应该是 r-,h-照例应该是 j-(15),l-(35,37—38),z-(36)。

例十七 hjɯ:ŋ¹ 尾巴(3),hju:ŋ¹(18);hi:ŋ(1),hɯ:ŋ¹(6—8,11,19,21,24),hwəŋ¹(13),hə:ŋ¹(12),həŋ¹(9),ha:ŋ¹(46—48);ɣɯ:ŋ¹(19ᵡ—20,25),ɣə:ŋ¹(22),ɣɯəŋ¹(30);rɯ:ŋ¹(4,16—17,23),rɯəŋ¹(31),riəŋ¹(14);ðɯ:ŋ¹(5),ði:ŋ¹(26),ðə:ŋ¹(27),zwaŋ¹(36);ji:ŋ¹(2),jɯ:ŋ¹(15),jiəŋ¹(13ᵡ);ʔə:ŋ¹(10,声!);li:ŋ¹(28),ɯ:ŋ¹(29),liaŋ¹(32—34),luaŋ¹(35),lɯəŋ¹(37—38);thy:ŋ¹(39,44),thiaŋ¹

(40), thɯːŋ¹(41,43), thəːŋ¹'(42), thiːŋ¹(45), thaːŋ¹(49,51), thaːŋ²(50)。

例十八 hjau¹ 头虱(1,3,18); hau¹(46—48); ɣau¹(19,21—22,24—25,30); rau¹(4,14,16—17,23,31); ðau¹(5,26—27); zau¹(36); jau¹(2,6—13,15); lau¹(28—29,32—35,37—38); thau¹(39—40,42—46,49—51), thau²(50)。

例十九 hjau³ 暖和,温暖(1,3,18); hau³(47—48); ɣau³(19,21—22,24—25,30); rau³(4,14,16—17,23,31); ðau³(5,26—27); zau³(36); jau³(2,6—13,15); lau³(28—29,32—35,37—38); thau³(39—40,42—46,49—51); tau³(41)。南部宁明(46)th-(照例应该是 h-)可以是原来的 *thr 的残余,也可以是周围方言的影响。

例二十 hjan¹ 看见(1,3), hjin¹(18); han¹(31—37,46—49), hin¹(41); ɣan¹(19—22,24—25,30); ran¹(4,14,16—17,23); ðan¹(5,26—27); jan¹(2,6—10,12), jiən¹(13), jiːn¹(15); lan¹(28—29), lɛn¹(38); thin¹(39,43), thin¹(41ᵧ), then¹(44), thən¹(45), than¹(40), than¹'(42), than²(50), thɛːn¹(51)。好些点的 h-照例应该是 r-(31),l-(32—35,37), z-(36), th-(49),比较例十六。隆安(41)有两个读音 hin¹ 和 thin¹,参上例。

例二十一 hjuːi¹ 蜜峰(18); tin² ɣɯːi¹(19,21),tɯːŋ² ɣɯːi¹(25), ɣɯəi¹(30); rɯːi¹(16—17,23), rɯəi¹(31); ðuːi¹(26), ðəːi¹(27); juːi¹(15); me⁶ luːi¹(28), lui¹(29), liai¹(32—34), loːi¹(35), lɯəi¹(37); hluːi¹(41,声! 与 *ʔr 或 *khr 合流?);thəːi³(50)。

例二二 hjaːp⁷"挑"水(1,3,18); haːp⁷(46—48); ɣaːp⁷(19—20,22,24—25,30); raːp⁷(4,14,16—17,23,31); ðaːp⁷(5,26—27); zaːp⁷'(36); jaːp⁷(2,6—13,15); laːp⁷(28—29,32—35,37—38); thaːp⁷(39—45,49,51), thaːp⁸(50)。

例二三 hjo⁵"敲"门(3,18,1"打"鼓); ho⁵(21); ɣo⁵(19—20,24;30 "打"鼓); ro⁵(4,14,16—17,23,31); ðo⁵(5); zo⁵(36); jo⁵(7—8,13,15); lo⁵(32—33,35,38); thɔ⁵'(41)。

例二四 hjoːŋ¹ 斗笠(maːu⁶-从略)(3); ɣoːŋ¹ kɣa¹(19); roːŋ¹

(23); ðo:ŋ¹(5,26); jo:ŋ¹(6—9,11); lo:ŋ¹(28); thø:ŋ¹(44); kip⁷ to:ŋ¹(竹叶笠47,声! t-照例应该是 h-)。

例二五 hjim¹ 水"满"了(3), hjum¹(18); him¹(1,6,8—12,14—15); ɣim¹(19—22,30), ɣum¹(19ᵪ,24), ɣɯm¹(25); rim¹(4,16—17,31), rum¹(23); ðim¹(5,26—27); zim¹(36); jim¹(2,7,13,14ᵪ); lim¹(28—29,32—35,37—38,43), lem¹(44), lɯm¹(45); thim¹(39,41—42), them¹(40); tɯm¹(46), tim¹(47—49), tɔ:m¹(50)。有些点的声母 l-照例应该是 th(43—45);t-照例应该是 h-(46—48)或 th-(49—50)。南丹(14)和来宾北(19)都有两个形式:him¹ 和 jim¹,ɣum¹,从声和韵上看,这里面似乎包括两个同义词。南部声母 th-和 t-也含有同样的暗示。

例二六 hjam³ "砍"树(1,18); ɣam³(19—20,30); ram³(14,17,23,31); ðam³(5,26—27); zam³(36); jam³(2,13,15); lam³(28—29,32—35,37 砍上半截;38); tham³(39—46,51), thɔ:m³(50)。——kjam³(49)。——pjɔ:m³(35,37 砍整棵)。以上三类词形的声母来源是*thr-*khr(*kr)-*pl。kjam³(*khr-或*kr)不合借词条例,可能跟汉语 "砍"有亲缘关系。比较天等龙茗有三个同义词(或者说一个词的三种读音?)tsam³、tham³、pjam³,水语有两个同义词 pam³、pjam³(用斧子"砍")。平行的声母通转例子可以在上古汉语谐声字里找到:棘 k-——棗 p-、b'-互谐,今 k-、黔 g'-——贪 t'-互谐,钓 t-——豹 p-互谐。

*thru(*tru̯)hjw: hw: hj: h: ɣ: r: ð: z: j: jw: w: l: lw: th(t)

例二七 hjwa:m¹ 抬(3), hwa:m¹(1), hja:m¹(18), ha:m¹(46—47); ɣa:m¹(19—22,24—25,30), ra:m¹(4,16—17,23,31); ða:m¹(5,27); jwo:m¹(2), jwa:m¹(6—9,11—12,15), jo:m¹(10,13), la:m¹(32—34), lwa:m¹(35,37—38), lwɛ:m¹(35); tha:m¹(41—42,44—45,49,51), tha:m²(50)。参看例二二,近义词。

例二八 hjot⁷ 屁(1,3), hjet⁷(18); ɣot⁷(19,30), ɣət⁷(20), ɣat⁷(21—22,24—25); rot⁷(4,17,31), rat⁷(14,23), ruɯt⁷(16); ðot⁷(5,26—27); zat⁷(36); jwat⁷(2), jot⁷(15), wat⁷(1ᵪ,6—13), vet¹

(19ɣ); lot⁷(28－29,32－34), lɔːt⁷(35,37),lət⁷(38); thyt⁷(39),thet⁷(40), that⁸(41), thət⁷(42,45), thot⁷(43), thot⁸(44), that⁷(46); tət⁷(47),tɯt⁷(48－49),tat⁷(50),tɔːt⁷(51)。

*khr(*kr)hjː ɣː rː ðː zː jː lː hlː khjː h

南部方言 46－47 二处 *khr>h 或 khj,50－51 二处 *khr>khj,但是也偶然遇见 kj 或 k,这似乎暗示原来有两个声母 *khr 和 *kr,但是趋于混同了。南北各点的对应,大体上是合乎规律的;如有"越轨"行为,就往往变作 h。这虽然符合壮语的一般趋势(kh>h),但也很难指出确切原因,下面例子里也没有一一加注。

例二九 ɣoːm¹ 兰靛(植物)(25);roːm³(31);ðoːm³(27);joːm³(12－13); loːm³(32－35,37－38,49), lɔːm³(35ɣ);hlɔːm³(成品 41), hoːm³(47); khjoːm³(50－51)。

例三○ hjok⁷ 六(1,3,18), ɣok⁷(19－20,22,24－25,30); rok⁷(4,16－17,23,31), ro⁴(14); ðok⁷(5,26－27); zɔːk⁷(36); jok⁷(2,6－7,10－13,15), jək⁷(8), jɔːk⁷(9); lok⁷(32－34,43－44), lɔːk⁷(35,37), lək⁷(38,40), luk⁷(39,45,49); hok⁷(21,参看例五), huk⁷(46－47),hoːk⁷(48);hlək⁷(41), hlok⁷'(42); khjoːk⁷'(50－51)。这是壮语固有的数词;有些地方计月份或十位数借用汉语 lok⁸。

例三一 hjiŋ⁵ 碗"柜"(3);hiŋ⁵(1,6,10,12,24), la³ hiŋ⁵(13), kja⁵ hiŋ³(15), heŋ⁵(7), hiŋ³(18); ɣiŋ⁵(19,30), ɣiŋ⁵(21－22,25), ɣɯːŋ⁵(20); riŋ⁵(4,16), riŋ³(14,23,31); ðiŋ⁵(5), ðiŋ³(26－27); ziŋ³(36); jiŋ⁵(2); liŋ³(28－29,32－35,38,43,49), leŋ³(39－40,44); hliŋ³(41－42); khjəŋ³(51)。北部好些地点的声母不合一般条例,如 hj>h(1,18), j>h(6－7,10,12－13,15),ɣ>h(24),与韵母-i-或-e-不无关系,参看例一六、二○。

例三二 hja¹ 寻找(1,3,18);ɣa¹(19－22,24－25,30); ra¹(4,14,16－17,23,31); ða¹(5,26－27); za¹(36); ja¹(2,6－13,15); la¹(28－29,32－35,37－38,43,49); hla¹(41－42);khja¹(51), khja²(50)。

例三三 hjaŋ¹ 筛子(3);ɣaŋ¹(19,30 眼儿细的);raŋ¹(4,14,16－17,

23,31 眼儿细的);ða:ŋ¹(5,26；27 眼儿大的）；zaŋ¹(36)；jaŋ¹(6；8 眼儿细的；10—13,15)；laŋ¹(28,32—35,37—40,43—45)；hlaŋ¹(41—42)；khjaŋ¹(46)，khjəŋ¹(47,51)，khjaŋ²(50)；sɯŋ¹(48,声,参看例五)。

例三四 hjau¹(fai⁴-从略)"枫"树（叶可染布)(1,3,18)；ɣau¹(19—22,24—25,30)，rau¹(4,14,16—17,23,31)；ðau¹(5,27)；zau¹(36)；jau¹(2,6—13,15)；lau¹(28—29,32,35,37—40,43—45,49)，lau⁵(33—34)；hlau¹(41—42，mai⁴-从略)；khjau¹(46—47,51)，khjau²(50)；hau¹(48)。

例三五 hjau¹(hjok⁷-从略)斑鸠(1,3,18)；ɣau¹(19—22,24—25,30)，rau¹(4,14,16—17,23,31)；ðau¹(5,26—27)；zau¹(36)；jau¹(2,6,—13,15)；lau¹(28—29,32—35,37—40,43—45)；hlau¹(41—42)；khjau¹(46,51)。以下词形，疑有不同来源：ku¹'(no:k⁸'-从略,48)，ku¹(47)，kou¹(49—50)。

例三六 hjoŋ⁵ 鸡"笼"(竹编,可以携带)(3)，ɣoŋ⁵(19,22,25)；roŋ⁵(4,16—17,23)，ro:ŋ⁵(14)，roŋ⁶(31,调!)；ðoŋ⁵(27)；zɔ:ŋ⁵(36)；joŋ⁵(2,7,10—13)，jɔ:ŋ⁵(8—9)；loŋ⁵(28—29,32—34,44)，lɔ:ŋ⁵(35,37)，lɔŋ⁵(38)，luŋ⁵(45)；khjuŋ⁵(46)，khjɔ:ŋ⁶(50)；huŋ⁵(47—49)，ho:ŋ⁵(21,参看例五,三〇)。

天等(49)h-照例应该是 l-，但比较例一、九，似与 *ʔr 混同。

*khrų hjw: hw: hj: h: ɣ: rjw: rw: r: ð: zw: z: jw: j: lw: l: w: hl: khj: kh

*khrų 的圆唇成分仿佛是很强的，例三九—四一在好些地方变作 w，似与韵母性质有关。

例三七 hjwa:u¹"量"布(1,3)，hwa:u¹(1ⅹ)，hja:u¹(18)；ɣa:u¹(19—22,24,30)；ra:u¹(4,14,16—17,23,31)；ða:u¹(5,26—27)；zwa:u¹(36)；jwa:u¹(2,11)，ja:u¹(6—9,12—13,15)；la:u¹(28—29,32—34,39—40,43—45)，lwa:u¹(35,37 用手量,38)；hla:u(41—42)；khja:u¹(46,51)，khja:u¹(50)；ha:u¹(47—48)。

例三八 hi:u¹ 笑(1), hji:u¹(3,18); ɣi:u¹(19—22), ɣɯ:u¹(25), ɣiau¹(30); ri:u¹(4,16—17,23), riau¹(31); ði:u¹(5,26—27); ziau¹(36); ji:u¹(2,6—8,12,15), jəu¹(9), je:u(10), jə:u¹(11), jiəu¹(13—14,38); li:u¹(28—29,39—40,43—45), liau¹(32—35,37), lu¹(49); hli:u¹(41—42); khu¹(46,51), khu²(50); hu¹(47); vuə¹(48)。

例三九 (hjam⁴) hi³ 溪(山涧)(18), hei³(21), ɣu:ŋ̊² hei³(24); ɣei³, ɣai³(19), tu² ɣi³(30); rjwi³(11), rei³(16), ri³(17) rəi³(31); ði³(5), ðei³(27); jwi³(8,12), vi³(10,35), ram⁴ wi³(13), wei³(15), wi³(7,9,14,36—38); li³(29,32—34); hləi³(42); khu:i³(46), lu:k⁸ 'khu:i³(51), hu:i³(47)。

例四〇 hjo:p⁷ 一"围"一"抱"(1,3); ɣo:p⁷(19—20,22,24); hu:p⁷(8), ho:p⁷(13,21,30—34,37,46,48); ro:p⁷(4,17,23); jo:p⁷(2,11); wo:p⁷(14), wo:p⁸ '(51); lo:p⁷(43); hlɯp⁸(41); khɔ:p⁸(50)。

例四一 hjon¹ 道路(3);ɣon¹(19,30), ɣən¹(20); rwan¹(4), ron¹(31), ro:n¹(14), rin¹(23); zan¹(36); jon¹(15); wan¹(6—9,11—13), van¹(10); hon¹(32—34); lon¹(28—29), lə:n¹(35,37), lən¹(38), lyn¹(39); hlin¹(41), hlən¹ '(42)。南北好些地点借用了汉语"路" lo⁶。右江(32—34)照例应该是 l-, 却出现了 h-, 所以原来的声母宁可假定是 *khru̯, 而不是 *ʔru̯。

*r (*ru̯) hj: ɣ: r: ð: z: θ: j: l

圆唇的 *ru̯ 只偶然见于个别例子,所以合并在一起处理。*r 的特别标志是,南部方言几乎一律变 l(除了例六〇——六四在 41—42 两处出现 hl)。

例四二 hja:i² "麻"脸(1,3,18); ɣa:i²(19—20,22,24—25,30), ɣa:i³(21,调!); ra:i²(4,6—7,11—14,16—17,23,31), ra:i¹(8,调!); ða:i²(5,26—27); θa:i²(9); ja:i²(2), ja:i⁵(40,调!); la:i²(10,15,28—29,41—50), la:i⁶(51)。

例四三 -hja:i⁶ (mu¹-从略) 野猪(1,3); ɣa:i⁶(19—22,24—25); ra:i⁶(4,6—7,11—14), ra:i⁵(8,调!); ða:i⁶(5); θa:i⁶(9); ja:i⁶(2);

laːi⁶(10,15,34—35,37—38)。

例四四 hjai⁶ 刀"利"(1,3,18);ɣai⁶(19,21—22,24—25,30),ɣei⁶(20);rai⁶(4,6—8,11—14,16—17,23);ðai⁶(5,26—27);θai⁶(9);jai⁶(2);lai⁶(10,15,29),lei⁶(28),lui⁶(39),li⁶(40)。

例四五 hjuŋ²(fai⁴-或 koʻ-从略)大叶榕树(1,3);ɣuŋ²(19),ɣuːŋ²(22);ruŋ²(4,6,11—12,17),ruŋ¹(8,调!);ðuŋ²(27);luŋ²(28—29,39,41—43,45—49),loŋ²(44)。比较汉语借词:-joŋ²(6ɣ,小叶榕树;7),jɔːŋ² θwi⁴(9)。三江(10) loŋ⁶sju⁶ 可以算是汉语壮化了。这也牵涉到这种树木的历史背景(多产于两广)。参看例七六。(榕,以母钟韵,见集韵。)

例四六 hjau² 路"滑"(18),hjau¹(3,调!):ɣau²(19—22,24—25,30);rau²(11—12,14,16,23,31),rau¹(4,8,调!);ðau²(5,26—27);zau²(36);θau²(9);jau²(2);lau¹(1,6—7,13 声! 调!),lau²(10,15,33—35东西"滑溜";41—42,50—51)。以上好些地点声和调都不合条例,里面也许包括两个音近的同义词,试再比较 haːu⁴ 路"滑"(31—34),haːu(17,19)。

例四七 hjat⁸"剪"布(1,3),hjət⁸(18);ɣat⁸(19,21—22,24—25),ɣet⁸(20);rat⁸(4,11—13,16—17,23,31);ðat⁸(5);zat⁸(36);θat⁸(9);jat⁸(2);lat⁸(10,32,35,37),lɛt⁸(33—34,38)。

例四八 hjaːk⁸"拉"车(3,18);ɣaːk⁸(19,22,24—25,30);raːk⁸(6—8,11,13,17,23),ra⁶(14),ðaːk⁸(5,26—27);θaːk⁸(9);laːk⁸(10,15,28—29,35,37—38,42,46—47,50—51),lak⁸(43)。

例四九 hjiŋ²"午"饭(18);ɣiŋ²(19,21—22,25,30);riŋ²(13—14,16—17,23,31),reŋ²(7);ŋiŋ²(20,声!,ɣ>ŋ 同化作用:kɯm¹ ɣiŋ²>kɯn¹ ŋiŋ² 吃午饭?);hiŋ³(24,声! ɣ>h,参看例七、八、十七);ðiŋ²(5);ziŋ²(36);liŋ²(28—29,32—35,37—38,41—43),leŋ²(39—40,44,46—49),tsuk⁷ ləŋ²(45),leːŋ²(46—51)。

例五〇 hjip⁸ 爪子(3),hip⁸(1);ɣip⁸(22),ɣɯp⁸(24—25);rip⁸(4,6—8,11—13),riəp⁸(14);θip⁸(9);lip⁸(10,47),lɔːpʻ⁸(50),lɛːp⁸(51)。右江和桂西北韵尾不同,似受前高元音类化的结果:zit⁸

(36),lit^8(32—35,37—38)。

例五一 hjo:ŋ^6 hip^8 萤火虫(1,18),-hjip^8(3); ɣo^6 ɣip^8(19), ɣoŋ^3 ɣɯp^8(25), ɣo:ŋ^6 ɣip^8(30), tsi^5 ɣip^8(21—22), ɣɯp^8, tsi^3 hip^8(24, ɣ->h-,参看例五、十一); ro:ŋ^6 rip^8(4,6—7,12—13,17,31), ro:ŋ^5 rip^8(8), ro:ŋ^2 rip^8(11), rau^6 rip^8(16); ðo:ŋ^6 ðip^8(5,26—27); zo:ŋ^6 zip^8(36); θo:ŋ^6 θip^8(9); jo:ŋ^6 jip^8(2); lo:ŋ^6 lip^8(10,15,37—38), lo:ŋ^4-(32—34), lo:ŋ^6 lit^8(35,韵尾!), lu:ŋ^6 ləp^8(50—51)。比较另一个词形 me^6 jap^7 jei^3(28), lø:ŋ^4 li^3(29), lək^8 li^5(10ᵡ),dap^7 dei^3(23)。

例五二 hje:ŋ^4 天"旱"(18), he:ŋ^4(1,3); ɣe:ŋ^4(19—22,24—25,30); re:ŋ^4(4,7—8,11—14,16—17,23,31); ðe:ŋ^4(5,26—27); ze:ŋ^4(36); je:ŋ^4(2); le:ŋ^4(28—29,32—35,37—39,41,44—51), lɛ:ŋ^3(40,调!),le:ŋ^3(43), le:ŋ^6(42)。

例五三 hjo:m^6 鹰(1,3); ɣo:m^6(19—20,22), ɣu:m^6(24), ho:m^2(21,ɣ->h-,参看例五、十一、五一), wo:m^6(25,ɣ->w-,参看例十一); ro:m^6(4,11—12,14), ro:m^5(8), rom^6(16), ru:m^6(6—7), ruəm^6(13), zam^6(36); θu:m^6(9); ja:m^6(2); lo:m^6(10,28), lom^6(15), lə:m^6(35,37,50), ləm^6(39), lɛ:m^6(51), lam^6(47—49); lə:ŋ^5(40), luŋ^6(39), luŋ^2(46)(韵尾!)。

例五四 hjo:m^6 早(3,18), hju:m^6(1); ɣo:m^6(19,22,24); ro:m^6(4,6—7,11—14,16—17), ro:m^5(8,调!); ðo:m^6(9); zo:m^6(36); θo:m^6(9); jo:m^2(2); lo:m^6(15,32—35,37—38)。

例五五 hjum^2 风(1,3,18); ɣum^2(19,30), ɣəm^2(20,22), ɣim^2(21), ɣɯm^2(24—25), rum^2(4,6—7,11—12,16—17,23,31), rum^1(8,调!),rɯm^2(13—14); ðum^2(5), ðəm^2(26—27), zum^2(36), θum^2(9); jum^2(2); lum^2(15,28—29,32—35,37—39,41—43,47—48), ləm^2(40), lə:m^2(50), lom^2(44,49), ləm^2(45), lɯm2(46), lam^2(51)。比较汉语"风",上古音拟作 *plwəm(侵部合口),如果跟壮语 rum^2 是同源词,可以算是声母 *r—*pl 通转的一个例子(参看例六六)。

例五六 hjuŋ^6 崇(洞场)(1,3,18); ɣuŋ^6(19—20,30); ruŋ^6(4,6—7,11,13—14,16—17,23,31), ruŋ^5(8,调!); hu:ŋ^2(21); ðuŋ^2(5,27);

θuŋ⁶(9); juŋ⁶(2); luŋ⁶(15,29,32,35,37—38,42—43,45—49), loŋ⁶(33,41,44,50—51)。ʔoŋ¹(12,,比较例十七,第 10 点),toŋ⁶(24),doŋ⁶(40,声!),这三个词形的声母很奇特,大概是同义词,试比较天等龙茗 luŋ⁶ 畲岽,tuŋ⁶ 田岽。

例五七 hju⁶"赎"回来(1,3),hjou⁶(18);ɣou⁶(19,24—25),ɣəu⁶(20—21),ɣu⁶(22);ru⁶(4,6,11,14),ru⁵(8), rou⁶(7,12—13,16—17,23,31);ðu⁶(5);zu⁶(36);θu⁶(9);ju⁶(2);lou⁶(15,50—51), lu⁶(32—35,37—38)。

例五八 hjaːŋ⁶"跟"我来(1,3),hjɯːŋ²(3又);rjɯːŋ¹(8,声!调!下例同),riəŋ²(14),rɯəŋ²(31),rɯːŋ²(16—17);ðɯːŋ²(5);zɯaŋ²(36);jaːŋ²(2);lɯːŋ²(15), liaŋ²(32—34), luaŋ²(35), lɯəŋ²(37—38)。

例五九 hiːŋ⁶ 牛"栏"(1),hjɯːŋ⁶(3),hjuːŋ⁶(18);ɣɯːŋ⁶(19,24),ɣəːŋ⁶(22);rjɯːŋ⁵(8,声!调!),rɯːŋ⁶(4,7,11,16—17,23), ruŋ⁶(23又),rɯəŋ⁶(31),riːŋ⁶(6),riəŋ⁶(13—14);ðɯːŋ⁶(5),ðiːŋ⁶(26),ðəːŋ⁶(15,43);θjəːŋ⁶(9,声!);jiːŋ⁶(2);ləːŋ⁶(10,42),lmːŋ⁶(15,43);lɯːŋ⁵(41,调!),liːŋ⁶(45),liaŋ⁶(32—34),lɯəŋ⁶(37—38),lyːŋ⁶(39,44),laːŋ⁶(46—51)。

上二例 rj-(8)和 θj-(9)跟韵母性质 -ɯːŋ, -əːŋ 有关,照例应该是 r- 和 θ-。比较例六三。

例六○ hjuːt⁸"浇"水(18);ɣɯːt⁸(19—20,24),hɯːt⁸(21,声!参看例五三);rɯːt⁸(23),ruːt⁸(17);ðiːt⁶(26),ðəːt⁸(27);liːt⁸(28)。比较一个同义词:θuːt⁸(2),θaːt⁷'(35,51),θaːt⁷(49"洒"水);jeːt⁷(16)。

例六一 hju²船(1,3,18);ɣu²(19—20,22,24);rou²(7),ru¹(8 调!),ru²(4,6,11—13,16—17,23,31);hu²(21;30 声!);wu²(25);θwə²(9);ðu²(5),ðəu²(26),ðou²(27);zua²(36);jiu²(2);lvə²(10), lu²(15,29,39,42—44), lou²(28,40), lua²(32—35,37—38), li²(45), lɯ²(46—47,49), lɯə²(48), ly²(50—51);hlu²(41)。这是唯一的圆唇声母 *ru 的例子。比较水语 la¹(小船);luə¹, lwa¹(船),是两个同

义词。

隆安(41)、扶绥_北_(42)在例六〇——六四照例应该是 l-，但是出现 hl-，与声母 ˚ɣ 有合流的趋势。

例六二 hjɯ（ŋwan²-或 ŋon²-从略）"后"日(1,3)，hjəɯ²(18)；ɣəɯ²(19)，ɣə²(20,22,25)，ɣaɯ²(30)，ɣɯ²(24)，ŋə²(25_ɣ_，声！同化作用 ɣ->ŋ-：ŋwan² ɣə²＞ŋwan² ŋə²），hə²(21,声！ 参看例五二、五五)；rɯ²(4,6,11,14)，rəɯ²(7,12,16—17,23,31)，rɯ¹(8,调！)；ðɯ²(2)；ðə²(hat'-从略,26—27)；zɯ²(36)；θə²(9)；jɯ²(2)；lə²(10,28)，ləɯ²(15,46,49)，laɯ²(29)，lɯ²(32—35,37—38,47—48)，lui²(39)，loi²(40)，ləu²(42)，ləi²(43)，lo:y²(44)，loy²(45)，lei²(51)；hloi²，hlɯi²(41)。

例六三 hi:t⁸ 臭虫(1)，hjɯ:t⁸(3)，hju:t(18)；ɣɯ:t⁸(19—21,24—25)，ɣə:t⁸(22)，ɣɯət⁸(30)；rjɯ:t⁸(8)，rɯ:t⁸(4,7,11,17,23,31)，ri:t⁸(6)，rə:t⁸(12)，riət⁸(13—14)；ðɯ:t⁸(5)，ði:t⁸(26)，ðə:t⁸(27)，zɯat⁸(36)；θjə:t⁸(9)；jɯ:t⁸(2)，lə:t⁸(10,47)，lɯ:t⁸(15,48—49)，lɯat⁸ʻ(37—38)，me⁶ li:t⁸(28)，liat⁸(32—34)，li:t⁸(46)，lu:t⁸(29,44—45,50—51)，luat⁸(35)，ly:t⁸ʻ(39)，let⁸ʻ(40)，lɯt⁸ʻ(43)；hlɯ:t⁸(41)，hlə:t⁸(42)。

例六四 hja:k⁸ 树"根"(1,3,18)；ɣa:k⁸(19—22,24—25,30)；ra:k⁸(4,6—8,11—13,16—17,23,31)，ra⁶(14)；ða:k⁸(5,26—27)；za:k⁸(36)；θa:k⁸(9)；ja:k⁸(2)；la:k⁸(10,15,28,32—35,37—39,46—49)，lak⁸(43,45)；hla:k⁸(41—42)。

例六五（ȵa:u⁶）hjuk⁸ 蝌蚪(1,3)，ha⁴ hjuk⁸(18)；ȵou⁶ ɣuk⁸(19)，ŋa:u⁶-(20)，ne:ŋ²-(22)，ȵau⁶-(24)，ɣuk⁸(30)；ȵa:u⁶ ruk⁸(4,6—7,11,17)，ruk⁸(8,12)，ne:ŋ²-(13)，rau⁶-(16)，ra⁴-(23)；ȵa:u⁶ wu:k⁸(25，声 ɣ->w-)；ȵa:u⁶ ðuk⁸(5)，ðuk⁸(26—27)，θuk⁸(9)；ȵa:u⁶ ȵuk⁸(2,声！ j->ȵ-同化作用?)；luk⁸(10,37)，lok⁸ lau⁴(29)，ta:ŋ⁶ lu:k⁸(44)，tuŋ⁴ lu:k⁸(45)，tuŋ⁶-(46)，tum²-(47)。有几个词形的声母不合一般条例：me⁶ kuŋ⁵ θuk⁸(28,l->θ-?)，kuŋ⁵ θuk⁸(31, r->θ-?)；kuŋ⁵ hu:k⁸(41)，toŋ² hu:k⁸(42)(hl-或 l->h-?)。田林(35)有三个同义词：kuk⁸ luk⁸，ka¹ kuk⁸，ha:n⁴ ha:k⁸ʻ；钦县(39)也有三个：

nu:k⁸', lu:k⁸', ku:k⁸'; 龙州(47)有两个:tum² lu:k⁸, ka³ ka:k⁸。假使 n-和 l-是偶然的混同(如钦县),按照上述声母对应条例,至少得承认有两个或三个同义词。试再比较 ruəp⁸(14), lɯk⁸ zup⁸(36), lup⁸(15,34,38), ko:ŋ⁴ lup⁸(32),韵尾不同(受元音类化的结果?)。

大苗山(8)在上面的例子里出现了二十次,声母一律是 r-,其中十一次是阳调,跟其他各点是一致的,可是九次阴调,也不能说是偶然!例四三 ra:i⁵(野猪),比较水语 m̥u⁵ da:i⁵, -lai:⁵;例五五 rum¹(风),比较汉语"风"读阴平。这似乎暗示大苗山声母源流比这儿的假设要复杂些。(以下好些例子,大苗山照例"跑调"。)但是单就壮语说,这儿假定声母来源只有一个 *r 也就够了。下面两个例子更形特殊,表现了方言间单辅音和复辅音声母的通转。

例六六: *r u̯—*gl—*kl: hjwiŋ⁴ 石头从山上"滚"下来(1,3); ɣiŋ⁴(19,30); rwiŋ⁴(4,6,12), riŋ⁴(16—17), rwin⁴(11,韵尾!); ðiŋ⁴(5); jiŋ⁴(2); liŋ⁴(15,32,34,37—38), lɯŋ⁶(46), ljuŋ⁴(10), liŋ³(49), ləŋ³(50), (调!)。——kjwiŋ⁴(8—9,11—12), kwiŋ⁴(14); kɣiŋ⁴(19ₓ), keŋ⁶(39)。——kriŋ³(23); kliŋ³(26—28,41); kiŋ³(30—31,42—43), keŋ³(39ₓ—40,44)。上述三类词形(如果同源)的声母对应似乎包含三种情形: *r u̯—*gl—*kl 的通转,复音词和单音词的转变(考虑到这个词的特性,比较汉语"窟窿"和"孔"), *gl 和 *gr 的混同。试比较上古汉语谐声字:各 k-:路 l-,可 k'-:砢 l-,翊 g'-:立 l-,鏐 g':翏 l-,劦 ɣ-:荔 l-。

例六七: *r u̯—*br—*m: hjan⁴ 水"溢"(18); ɣon⁴(19), ɣan⁴(22,24—25); rwan⁴(4,12), ron⁴(6—8,11,17,31), ran⁴(13,23), rɯn⁴(16); ðon⁴(5,26—27); zan⁴(36); θon⁴(9); lon⁴(15,29,44), lo:n⁴(32,34), lɔ:n⁴(35,37), lən⁴(38), lyn⁴(39), li:n⁶(40), lən⁶(42), lɯm³(43,调!)。—pon⁴(10), plon⁴(28); fən⁴(47), fɯn⁴(49), fɯn⁴(48,调!), fɔ:n⁴(35ₓ,50—51)。——另一类词形不能认为毫无语源关系: mu:n⁴(1), muən⁴(13ₓ)mɯən⁴(14), mon⁴(33)。试比较上古汉语谐声字! l-:变 p-:蛮 m-。

*br 的假设只凭这个孤零零的例子的一小部分! *br 和 *bl 混同必

然发生得很早。

上二例把三个（或三组）同义词当作同源词看待,因而提出方音通转的说法。如能增加例证,所谓方音通转也就成了一种曲折的对应关系。

*nr(*nrụ) hj: ɣ: r: ð: z: θ: j: l: n

*nr 在南部方言一般的趋势是变作 n,北部只有环江(7)一点是如此(出现 n 时往往由阳调转入阴调,出现 r 时调类一般不变);有时出现 l 或 r,也许是与 *r 或 *ɣ 混同的结果。圆唇的 *nrụ 合并处理,因为只在例七〇发现 lw 或 rw。

例六八 hjam^4 水(1,3,18); ɣam^4(19—22,24—25,30); ram^4(4, 6,8,11—14,16—17,23,31); ðam^4(5,26—27); zam^4(36); θam^4(9); jam^4(2); lam^2(10,15,28—29,32—35,37—38); nam^3(40,43,48,调!), nam^4(7,41,44—47,49,51), nam^6(42), num^4(39), nɔːm^4(50)。

例六九 hjok^8 鸟(1,3,18); ɣok^8(19—20,22,24—25,30); rok^8 (4,6,11—13,16—17,23,31), rɔːk^8(8), ro^2(14); hok^8(21,ɣ>h 参看例五三); ðok^8(5,26—27); zɔːk^8(36); θɔːk^8(9); jok^8(38); nok^7 (7,调!), nuk^8(39,45—47,49), nɔk^8(40—41), nok^8(42—44), noːk^8'(48), nəːk^8(50—51)。

例七〇 (hjam^4) hjaːi^2 "露" 水(1,3,18); ɣaːi^2(19—22,24—25, 30); rwaːi^2(12), raːi^2(4,6,11,13—14,16—17,23,31), raːi^1(8, 调!); ðaːi^2(5,26—27); zaːi^2(36); θaːi^2(9); jaːi^2(2); lwaːi^2(10), laːi^2(15,28—29,32—35,37—38); naːi^1(7,调!), naːi^2(39—51)。

例七一 hjoːk^8 "外" 边(1,3,18); ɣoːk^8(19,22,24,30), ɣok^8 (20); roːk^8(4,6—8,11—13,16—17,23,31), ro^6(14); hoːk^8(21,ɣ->h- 参前), woːk^8(25,ɣ->w- 参例一一、五三); ðoːk^8(5,26—27); zoːk^8'(36); θoːk^8(9); joːk^8(2); loːk^8(28—29,32—35,37—39), lɔːk^8(40—41); noːk^8(42,44—51), noːk^8'(43)。环江(7)roːk^8 照例应该是 *noːk^8, *nr 似与 *r 或 *ɣ 混同。

例七二 hjoːŋ^2 "洪" 水(18); ɣoːŋ^2(19—20,22); roːŋ^2(17,23) ro:ŋ⁴(31); ho:ŋ²(21); ðo:ŋ²(5,27); ðe:ŋ²(26); jo:ŋ²(2); lo:ŋ²(32—34 山洪,37,39),lu:ŋ¹(45,47,49,调!),le:ŋ²(29 水"涨"); no:ŋ²(48,50),nɔ:ŋ²(51)。南部有几处(39,45,47,49)l-照例应该是 n-。同时有两个词形的韵母与一般不同:-e:ŋ(26,29)。这个例子里也许包括了两个同义词。(比较汉语"泽",匣母江韵,但《广韵》有户冬、下江、古巷三切。《说文》曰水不遵道,一曰下也。参下例。)

例七三 hjoŋ²"下"小牛,"下"山(1,3,18); ɣoŋ²(19—20,22,24—25,30); roŋ²(4,16—17,23,31),roŋ²(14); hoŋ²(21); ðoŋ²(5,26—27); zɔ:ŋ²(36),joŋ²(2); loŋ²(15,28—29,32—34,41—42),lɔ:ŋ²(35,37; 50—51,声! n->l- 似与 *r 混同),loŋ²(38,40),luŋ²(39,49); nuŋ²(43,45—48),noŋ²(44)。(比较汉语"夅",匣母东韵,上古音与隆 l-,降 k-互谐。)

例七四 hjai²"打"雷,雷"响"(18); ɣai²(19,21—22,24—25,30); rai²(6,8,11—14,16—17,23); ðai²(5,26—27); θai²(9); lai²(28—29,35,38); nai²(42),mai²(44,声! n->r- 似与 *ɣ 混同),ra:ŋ²(8,调!); ða:ŋ²(5,26—27); za:ŋ²(36); θa:ŋ²(9); ja:ŋ²(2); la:ŋ²(10,15,28—29,32—35,37—38); na:ŋ¹(7,调!),na:ŋ²(39—41)。

环江(7)声母 n-出现三次(例六八、六九、七五),在北部方言里是唯一与南部方言遥遥相应的,可是环江声母性质的转变跟调类的转变往往分不开(除了例六八),而这在南部方言只偶然见于个别例子(参看例六八、六九)。

*ɣ hj: ɣ: r: ð: z: θ: j: l: hl: ɬ

*ɣ 区别于 *r 的标志是,隆安、扶绥北(41—42)读 hl,龙州、大新(47 48)读 ɬ,德保、靖西(50—51)读 r(靖西读音似有特点,记音时写作 hz, 暂作为 r 的音位变体处理)。单就北部方言说, *r 和 *ɣ 的音位区别几乎是不存在的。

例七六 hjei²(ko¹- 或 fai⁴- 从略)小叶榕树(18); rei²(23); ðei²(26—27); lei²(28),lui²(29),lɛi²(40),ləi²(43,46),lo:y²(44); hləi²(42); ɬai²(47)。

例七七 hjam² 细糠(1,3,18)；ɣam²(19－22,24－25,30)；ram² (4,6－7,11－14,16－17,23,31,51)，ram¹(8 调)，rɔːm²(50)；ðam² (5,26－27)；zam²(36)；θam²(9)；jam²(2)；lam²(10,15,28－29, 32－35,37－40,43－46,49)；h¹am²(41－42)；ɬam²(47－48)。

例七八 hjai²"长"短(1,3,18)；ɣai²(19,21－22,24－25,30)，ɣei² (20)；rai²(4,6－8,11－14,16－17,31)，rei²(50－51)；ðai²(5,26－ 27)；zai²(36)；θai²(9)；jai²(2)；lai²(10,15,28－29,32－35,37－40, 43)，loːy²(44)，ləi²(45－46,49)，hlai²(41－42)；ɬi²(47－48)。

例七九 hjeːŋ² 气力,出"力"(18)；ɣeːŋ²(19－20,24,30)；reːŋ² (4,7,11－14,17,23,31,50－51)，riːŋ¹(8 调)；ðeːŋ²(5,26－27)； zɛːŋ²(36)；θeːŋ²(9)；jeːŋ¹²(2)；leːŋ²(15,28－29,32－35,37－39, 44－46,49)，lɛːŋ²(35ɣ,40)；hliːŋ²(41)；ɬeːŋ²(47－48)。

例八〇 ɣeːu⁴(20)木棉；reːu⁴(16－17,31,50－51)；(waːi⁵) leːu⁴(15,32－38)。隆林(36)l- 照例应该是 z-！

例八一 (fai⁴)hjeːn⁶ 苦楝树(3)；ɣeːn⁶(22,24,30)，ɣɯən⁶(25)； reːn⁶(6－7,11－13,31)，riːn⁶(51)；ðeːn⁶(5,27)；θeːn⁶(9)；leːn⁶ (28－29,32,43－44)，lɛːn⁶(40)，lən⁶(45)，liːn⁶(46,49)，mui⁴lyːm⁶ ham²(39,韵尾！-n＞-m 同化作用)；hleːn⁶(41－42)；ɬiːn⁶(47－48)； veːn⁶(22ɣ)，weːn⁶(24ɣ)，(声！ɣ-＞v- 或 w- 同化作用。*fai⁴ ɣeːm⁶＞ fai⁴ veːn⁶ 或 weːn⁶)。汉语"楝"(来母霰韵去声,说文从木柬声)似出 同一语源。

例八二 hjo⁴ 知道,晓得(1,3,18)；ɣo⁴(19－20,22,24,30)；ho⁴ (21,声 ɣ-＞h-)，wo⁴(25，声 ɣ-＞w-)；ro⁴(4,6－8,11－14,16－17, 23,31)，rou⁴(50－51)；ðo⁴(5,26)，ðu⁴(27)；zo⁴(36)；θo⁴(9)；jo⁴ (2)；lo⁴(10,15,28－29,32－35,38,45)，lɔ³(40,调！)，lɔ³(43,调！)， løːy⁴(44)，ləu⁴(46)；hlɔ⁴(41)；hlo⁴(42)；ɬu⁴(47)。

例八三 hjo⁶"漏"雨(1,3,18)；ɣo⁶(19－20,22,30)；ho⁶(21)，wo⁶ (25)；ro⁶(4,11－13,16－17,23,31)，ru⁶(50－51)；ðo⁶(5,26)，ðu⁶ (27)；zo⁶(36)；jo⁶(2)；lo⁶(6－8,10,14－15,28,32－35,37－38)，lø⁶ (29)，lu⁶(39,43－46,49)，lɔ⁶(40)；hlɔ⁶(41)；hlo⁶(42)；ɬu⁶(47), ɬuə⁶(48)。汉语借词"漏":lau⁶(9,16—17ᵧ,19—20ᵧ),lo⁵ 或 lo⁶(13ᵧ),lou⁴(49ᵧ)。7—8 和 14 三处照例应该是 r-,现在的 l-显然是喧宾夺主。壮语 ro⁶ 和汉语"漏"可能是同源词。

例八四 hjo:ŋ² 鸟"窝"(1,3,18);ɣo:ŋ²(19,22,24,30);ho:ŋ²(21);ro:ŋ²(4,6—7,11—14,16—17),ro:ŋ¹(8,调!),ruŋ²(31),ru:ŋ²(5,26—27);zo:ŋ²(36);θo:ŋ²(9);jo:ŋ²(2);lo:ŋ²(10,15,28,32—35,37—39,43,45),lø:ŋ²(29,44),lɔ:ŋ²(40),lu:ŋ²(49),laŋ²(46);hlo:ŋ²(41—42);ɬaŋ²(47);ɬu:ŋ²(48)。

例八五 hjo:ŋ⁴ 虎"叫","吼"(1,3,18);ɣo:ŋ⁴(19—20),ɣu:ŋ⁴(24);ho:ŋ⁴(21);ro:ŋ⁴(4,6—8,11—14,16—17,23,31);ðo:ŋ⁴(5,27);θo:ŋ⁴(9);lo:ŋ⁴(15,49),lø:ŋ⁴(44),ɬo:ŋ⁴(47),ɬo:ŋ³(48,调!);ro:n⁶(50—51,尾!调!);ho:ŋ²(35,声 l->h-? 调!)。

例八六 hjo:ŋ⁶ 天"亮"了(1,3,18);ɣo:ŋ⁶(19—20,22,24,30);ho:ŋ⁶(21),wo:ŋ⁶(25);ro:ŋ⁶(4,6—7,11—14,16—17,23,31),ro:ŋ⁵(8,调!),roŋ⁶(50—51);ðo:ŋ⁶(5,26—27);zo:ŋ⁶(36);θo:ŋ⁶(9);jo:ŋ⁶(2);lo:ŋ⁶(10,15,28,32—35,37—38,43,45),lɔ:ŋ⁶(40),lø:ŋ⁶(29,44),la:ŋ⁶(39),luŋ⁶(46,49);hoɔ:ŋ⁶(41),hlo:ŋ⁶(42);ɬuŋ⁶(47—48)。

例八七 hju⁶ 牛"浸"水(1,3),hjou⁶(18);ɣou⁶(19,25),ɣu⁶(22,24);hu⁵(21,声!调!);rou⁶(16—17,23,31);ðu⁶(5),ðəu⁶(26),ðou⁶(27);jo⁶(2);lu⁶(32—34)。另一个同义词:rum²(6),rɯm²(7,14);zum²(36);lum²(38);hlum²(41—42);fum²(39,声!)。大苗山(8)出现了一个奇特的词形:gjam⁴。比较汉语借词"浸"(侵韵),(客家 tsim⁵,粤 tsɐm⁵):tsim⁵(5,19ᵧ,20,26ᵧ),ji:m⁵(29),ɕim⁵(30ᵧ),tɕi:m⁵(39ᵧ),tɕim⁵(40),tsam⁵(43—44)。可是 ɕam⁴(11),tsam⁴(12),声和韵是汉语的,声调却是壮语的,尤其跟大苗山的词形似有联系。

例八八 hju:k⁸ 呕吐(1,3,18);ɣu:k⁸(20,24—25),ɣuk⁸(22),hu:k⁸(21),wuok⁸(30,声!),ru:k⁸(6—8,11—12),ruək⁸'(31),ra:k⁸(50);ðu:k⁸(9);lu:k⁸(28—29,39,45),luak⁸(32—35),luək⁸'(38),lɔk⁷'(40,调!),luk⁸(43—44),la:k⁸(49),lvo:k⁸(10,声!);

hlu:k⁸(41—42); ɬa:k⁸(47—48)。下面是同义词 ŋo:k⁷(13), ʔo²(14), ʔu:k⁷ʻ(26—27), ʔwe:k⁸(30ₓ); ʔɔ:k⁸ʻ(35—37)。

例八九 hjuk⁸ 衣胞,胎衣(1,3,18); ɣuk⁸(19,24), ɣok⁸(30), huk⁸(21); ruk⁸(4,6,13,23;7—8 专指动物的或牲畜的), rok⁸(17), ro:k⁸ʻ(50); ðuk⁸(5); n̴uk⁸(2,声! j->n̴- 参看例六五); su⁶ luk⁸(10), lɔ:k⁸(35), lək⁸(38,牲畜的), thak⁷ luk⁸(48,声!); ɬuk⁸ʻ(47)。

例九〇 hjə:i⁴ 丑(1), hjɯ:i⁴(3) ɣɯ:i⁴(19,24), ɣə:i⁴(22), ɣɯai⁴(30), hɯ:i⁴(21); rɯ:i⁴(4,23), ru:i⁴(6—8), ruəi⁴(13), rə:i⁴(11), ra:i⁴(50); ðɯ:i⁴(5); jɯ:i⁴(2)。

例九一 hi⁶ 畲地(1), hjwi⁶(3), hjei⁶(18); ɣei⁶(19—20,24—25), ɣəi⁶(22), ɣai⁶(19ₓ,30), hei⁶(21); ri⁶(4,6,11—12,14), ri⁵(8,调!), rei⁶(7,13,16—17,23), rai⁶(31,50—51); ði⁶(5), ðei⁶(26—27); zi⁶ zɔ:k⁸(36); θjə⁶, θi⁶(9); ji⁶(2,22ₓ); ljə⁶(10), lei⁶(15,28), lui⁶(29,39), li⁶(32—35,37—38), lai⁶(40,49), ləi⁶(43,45—46), lo:y⁶(44); hlɯi⁶(41); hləi⁶(42); ɬai⁶(47—48)。

*ɣu̯ hjw: hj: hw: rw: ɣ: r: ð: z: θw: jw: lw: hl: ɬ: h

例九二 hjwi² 鸡"虱"(1,3), hwi²(1ₓ), hja²(18); ɣei²(19—20, 22,24—25), ɣai²(30); rwi²(4,6—7,11), rwi¹(8), rwei²(12), ry²(13—14), ryi²(13ₓ), rei²(16—17,23,50), rəi²(31), rai²(51); ði²(5), θei²(26—27); zi²(36); θwi²(9); jwi²(2); lvi²(10), lwi²(35, 38), lwei²(15), lei²(28), lui²(29,39), li²(32—34,37), mi⁶ lɛi²(40), ləi²(43,45), lo:y² kai⁵(44); hlɯi²(41), hləi²(42); ɬai²(*47—48); hai²(49 声!)。

关于 *ɣu̯ 的例子目前只发现这一个! 试比较水语 bai¹, bjai¹ 鸡"虱"。

下四个例子说明方言间单辅音 r 和其他复辅音的通转。

例九三 *ɣ-*kl: hje:p⁸ 糠,稻壳(3,18), he:p⁸(1), ɣe:p⁸(19—22,24,30), ɣɯəp⁸(25); rɛ:p⁸(4), re:p⁸(6—7,11—14,16—17,23, 31,50—51), ri:p⁸(8); ðe:p⁸(5,26—27); ze:p⁸ʻ(36); θe:p⁸(9);

jeːp⁸(2); leːp⁸(10, 28—29, 32—25, 37—38, 49)。——keːp⁷(39, 42—47), kɛːp⁷(40); kleːp⁷(41); tseːp⁸(48, 调!)。

例九四 *ɣ-*khr(或*khl)：hjɯ²"耳"朵(1,3,18); ɣɯ²(19—20, 24—25, 30), bən⁵ ɣə²(22); huɯ²(21); rɯ²(4, 6, 11—12, 16—17, 23, 31), rɯ¹(8, 调!), raɯ²(7), rei²(13), ri²(14); ðɯ²(5), ðə²(26—27); mə¹ θə²(9); bat⁷ jɯ²(2); lɯ²(15, 29, 43), lə², lou²(28), lia²(32—34), lua²(35), lɯa²(37), lɯa²(38), ly²(39, 44), lɛi²(40), li²(45), lou¹(49, 调!); hlɯ²(41), hlə²(42)。——hu¹(47—48), khjəu¹(46), khjou²(50), khjau¹(51)。关于khj-参看上述*khr,这两个声母在南部方言趋于混同；至于hl-(41—42),算在*khl、*khr或*ɣ任何一项下面都可以,因为这三个声母在这两处混同了。同样,*gl和*gr假定在原始时期也已经混同了,看下面的例子：

例九五 *ɣ-*gl: hjuŋ²鸡"笼"(竹编或木制,不便于搬移)(18); ɣuːŋ²(20), ɣuŋ²(30), wuːŋ²(25), ruŋ²(6, 23), ruːŋ²(50—51); loŋ²(28), lɔːŋ²(40), loːŋ²(28ᵪ, 39, 43); hloːŋ²(41—42)。——koːŋ²(21), kɣoːŋ²(22, 24)。以下显然是汉语借词"笼"(东韵)或者受了这个借词的影响：loŋ²(1, 3—5), lɔːŋ²(8), luŋ²(26)。(参看例三六。)

*ŋr hjː ɣː rː ðː zː θː jː lː nː ŋː h

*ŋr区别于*nr的标志是,南部好些点是 ŋ,北部偶然出现 ŋ 和 n,但基本上有与*ɣ混同的趋势。

例九六 hjam⁶ hjau² 影子(1), hjok⁸-(3); ɣam⁶ ɣau²(19—20), ɣam⁶(21), ɣok⁸ ɣam⁶(22, 24), ɣok⁸ ɣɯau²(25); rok⁸ rau²(4), ram⁶-(6, 11), ru⁶-, roːŋ⁶-(14), jim⁶-(23); ðam⁶ ðau²(5), ja⁴ ðam⁶(26), ja⁶-(27); jam² jau²(2); lak⁸ lau²(15), lum⁶ lau²(28); ŋau⁵(31—38 调!), ŋau²(41—47, 49—51), lam⁶ ŋau²(15ᵪ), ram⁶-(16—17), ŋum⁶-(30); nau²(39—40)。

例九七 hja²(lak⁸-从略)芝麻(1, 3, 18); ɣa²(19—22, 24—25, 30); ra²(4, 6, 11—14, 16—17, 23, 31), ra¹(8); ða²(5, 26—27); za²(36); θa²(9); ja²(2); la²(10, 15, 28, 32—35, 38); ŋa²(41—47, 49—50); na¹

(7,调!)，na^2(39—40)；ha^2(48)。

例九八 $^*\gamma$-$^*\eta r$-$^*gl$-$^?r$：hjo^2 干枯(1,3)；γo^2(19—20,24)，ho^2(21,声!)，ho^4(39,调!)，wo^2(25)；ro^2(4,6—7,11—14,23)；$ðo^2$(5,26)，$ðu^2$(27)；zo^2(36)；θo^2(9)；jo^2(2)；lo^2(10,15,32—34,38)，$l\o^2$(29)，lo^2(35,37,40)。——ηo^2(31)。——kjo^2(30)。hjo^1(18)，ro^1(16—17)。以上四类词形在语源上不能说毫无关系,可是声母表现了四个不同的来源。

上面一小撮例子里出现了一些"方音通转"的现象,如 $^*thr$—$^*kr$—$^*pl$(二六),$^*?r$—$^*m$(十),$^*r\underset{\smile}{u}$—$^*gl$—$^*kl$(六六),$^*r\underset{\smile}{u}$—$^*br$—$^*m$(六七),$^*\gamma$—$^*\gamma kl$(九三),$^*\gamma$—$^*khr$(九四),$^*\gamma$—$^*gl$(九五),$^*\gamma$—$^*\eta r$—$^*gl$—$^*?r$(九八),可以说是曲折的方音对应,目前还不能作出满意的解释。此外遇见了几个可疑的汉壮同源词:"榕"树(四五),"风"(五五),"泽"水(七二),"夆"(七三),苦"楝"树(八一),"漏"(八三)。方言现象深刻地揭示了"每个词有它自己的曲折历史",但是我们并不因此而怀疑语音演变的规律性。

(原载《语言学论丛》第 5 辑,商务印书馆,1963 年)

汉壮语的体词向心结构

本文以汉语和壮语的描写语法为根据,试图运用泛时的结构类型学原理,对这两种语言的体词组合进行分析,也或多或少地引用了侗语、水语、黎语、泰语(以上属于壮侗语族)、苗语、藏语……的一些例子,以比较其间的异同。这里仅仅是个初步的探索,不可能展开全面的讨论,但希望多少可以帮助我们理解这些语言在体词结构方面存在的共同的和不同的特征。为了说明某些细节,文中偶尔也涉及个别词源问题和这些语言的亲缘关系问题。这样的语法结构类型的比较研究,主要目的是为同类型的汉藏语系诸语言和方言的描写语法进行沟通,希望将来能有助于在同系属的姐妹语言之间开展历史比较研究。

体词包括名词、量词、数词、人称代词和指示词五类。体词结构是指这五类词的组合形式。

以汉语和壮语为例,名词、量词和数词(或指示词)三者的组合不妨叫做基本形式。如:

汉语　　一朵花,两朵花……
　　　　这朵花,那朵花
壮语　　tu³ va¹ deu¹ 朵花一　　　tu³ va¹ nei⁴ 朵花这
　　　　so:ŋ¹ tu³ va¹ 两朵花　　　pa:t⁷ va¹ han⁴ 盆花那[①]

[①] 壮语依据广西武鸣的壮话,调类用1,2,3……8写在每个音节的右上角,调值是:1) ˧˨˦, 2) ˧˩, 3) ˥, 4) ˦˨, 5) ˧˥, 6) ˧˧, 7) ˧˥, 8) ˧˧。壮语的例子,参考:《壮汉词汇》(修订本),广西壮文工作委员会研究室编,广西民族出版社,1960年版;中国科学院少数民族语言调查第一工作队编《壮语语法概述》,广西民族出版社,1957年版;中国科学院少数民族语言研究所壮语小组著《壮语概况》,《中国语文》1961.10—11,第72—79页;还有些例子则是中央民族学院语文系壮语教研组于1953—1956年间供给的;下文不再一一注明。

如果加上人称代词和谓词（形容词和动词）做定语组成的结构，则可以看作是扩展到最大限度的复杂形式。如：

汉语　　我那两朵大的红花

壮语　　so:ŋ¹ tu³ va¹ diŋ¹ bɯk⁷ kou² han⁴　　两朵花红大我那

例句中"大、红"是形容词，不属于体词类。当然，在这个位置上的定语还可以复杂些，比如说："我那两朵昨天才戴上的大红花"。所谓扩展到最大限度的复杂形式，主要是单就体词说的，五种体词都在这个结构形式（体词词组）里出现了。

分析一个结构形式至少要观察两个相互联系的基本内容：(1)结构要素，(2)结构关系——各要素的安排次序和相互关系。体词结构的要素就是五种体词，这五种体词出现的先后次序在一个具体语言里是严格规定的，一般不能任意调换。从上面的例子可以看出，汉语和壮语有同样的五种结构要素，但是在诸要素的安排次序上，汉语和壮语自成体系，互不相同。结构内容的分析至少应包括这两个方面。至于语调、轻重、音渡、连音变化、顿挫、以至上下文和语言环境等等，可以说是属于进一步观察的范围，不在本文讨论之列。

体词结构的各要素或成分之间的相互关系是利用词序来表示的。以数、量、名三类词组成的基本形式为例，我们看到汉藏系诸语言和方言大概有四种排列次序，或者说四种词序格式：

（1）　　　数＋量＋名

汉语：一个人，三本书

壮语：sa:m¹ po:n³ saɯ¹　三本书　ʔit⁷ po:n³ saɯ¹　一本书（又体）

侗语：ʔi¹ tu³ sən²　一头牛　sa:m¹ pan³ le²　三本书①

---

① 侗语调类和调值根据湖南通道县的侗话：1)˥˥,1')˦,2)˧˥,2)˩˩,3)˦˥,3)˧˩,5)˩˧,5')˨˦˨,6)˨˩,7)˥˥,7')˩˨˦,8)˧˩ 侗语例子是中央民族学院语文系侗语班于1953—1956年间供给的，下同。

水语：ta³ tɔ² mɔ⁴　一头黄牛　haːm¹ pan³ lɛ¹　三本书①

黎语：tsɯ² khuŋ² tshai¹　一棵树　fu³ tsun¹ u²-aːu¹　三个人②

苗语（大南山）：i⁴³ pən⁵⁵ nteu⁶⁵　一本书　au⁴ to²¹ lua³³　两个青年③

（2）　　名＋数＋量

汉语：书一本，书三本（又体）

壮语：saɯ³ sam³ poːn³　书三本（又体）

泰语：ma¹ nɯŋ⁵ tua²　狗一只　naŋ³-sɯ¹ sam¹ lem³　书三本④

傣语（允景洪）：kun⁴ sɔŋ¹ kɔ⁶　人两个⑤

傈僳语：tho⁵ ɣɯ⁵ pɯ⁶　书一本⑥

（3）　　名＋量＋数

泰语：ma² tua² nɯŋ⁵　狗只一（又体）

傣语（允景洪）：kun⁴ kɔ⁶ nɯŋ⁵　人个一

藏语（拉萨）：tsa⁵³ kaŋ⁵⁵ tɕiʔ⁵¹　草根一⑦

（4）　　量＋名＋数

壮语：pou⁴ vun² deu¹　个人一

现代汉语体词结构的基本形式是"一个人"、"三本书"。"书一卷"、"奴二人"是两汉到隋唐时期的主要形式，一直保留到现代，作为一种又体，着重在计算数量。但是，"一杯羹"、"十两车"这种形式已经出现在

---

① 水语调类和调值根据贵州荔波县瑶庆乡的水话：1)˧˥, 2)˧˩, 3)˧, 4)˥˨, 5)˧˥, 6)˥, 7)˥˥, 8)˥˦˨。水语例子是中央民族学院语文系水语班于1953—1958年间供给的，下同。

② 欧阳觉亚、郑贻青：《黎语概况》，《中国语文》1963.5，第432—441页。

③ 中国科学院民族研究所苗语小组：《苗语概况》，《中国语文》1962.1，第28—37页。

④ 泰语调类标写为 1)˧˥, 2)˧˩, 3)˥˦, 4)˥˥, 5)˩˩。泰语例子多半是1956—1958年间中央民族学院语文系翁琳同志供给的，有些参考 Mary R. Haas：The Use of Numeral Classifi-casion Thai, LANGUAGE 18, 1942, pp. 201—205。

⑤ 傣语例子是1956年中央民族学院语文系傣语教研组供给的。

⑥ 中国科学院少数民族语言研究所主编《傈僳语语法纲要》，科学出版社，1959年版，第40页。

⑦ 瞿霭堂：《藏语概况》，《中国语文》1963.6，第515—516页。

两汉,可以说有了萌芽。所以,"一人"——"奴二人"、"铜人一枚"——"一个人"这三种形式反映了汉语发展史上的三个时期:上古(先秦)——中古(包括上古到中古的过渡时期:两汉、魏、晋、南北朝、隋、唐)——近代和现代(包括中古到近古的过渡时期:宋、元、明、清,直到现代)。①

上古汉语的体词结构形式目前不仅作为历史残迹尚零星地保存在现代汉语的各种文体里,而且也多少反映在现代的许多亲属语言里。比如说,在藏语中量词就极少,不带量词的"名+数"结构还是通用的主要形式,如 mi gsum(人三)=三个人,rtab dun(马七)=七匹马,这跟先秦汉语是一样的。在藏语和景颇语里,量词作为一种词类至多只能说刚刚有点儿苗头。

以上所列四种格式,以第一种通行区域最广,第二种次之。这就使我们有理由推测这些语言长期以来受到汉语或深或浅的影响,促进了量词的发展;虽然并不排斥各语言独立进行的不谋而合的共同趋势。壮语的又体 $ʔti^7\ pou^4\ vun^2$(一个人)显然是随着汉语数词"一"的借用,把整个"数+量+名"格式也带进去了,跟 $pou^4\ vun^2\ deu^2$(个人一)共存并用,形成了不同的语体或风格。第三种格式也出现在处于过渡状态(即量词开始萌芽)的一些语言里,如藏语、景颇语、缅甸语等。

数词规定量词;量词是中心语,数词是修饰语。数词和量词的次序,不管哪个在先,哪个在后,照例总是紧挨在一起的。只有第四种格式,壮语数词 deu^1(一)和量词之间,给名词隔离了。这个格式只限于数词 deu^1。"量+数"组合可以说是非连续的直接成分:$den^1\ vun^2\ pou^4$。如果参考南部方言龙州话,deu^1 似乎含有"单独"的意思:$ʔuŋ^1\ kən^2\ nəŋ^1$(个人一), $kən^2\ deu^6\ ŋ^1$(<$nəŋ^1$)(人独一)。前一词组里的 $kən^2$ 是名词,后一词组里的 $kən^2$ 是量词[比较 $ʔuŋ^1\ ti^6—me^6\ nəŋ^2$(个女

---

① 参考黄盛璋:《两汉时代的量词》,《中国语文》1961.8,第 21—28 页,刘世儒:《论魏晋南北朝的量词》,《中国语文》1959.11,第 528—535 页,又《魏晋南北朝个体量词的研究》,《中国语文》1961.10—11,第 26—40 页,又《魏晋南北朝称量词研究》,《中国语文》1962.3,第 117—127 页及第 116 页。

子一)＝kən² ti⁶—me⁶ nəŋ¹]。这不仅牵涉到 deu¹ 的含义,同时也牵涉到名词和量词的相互转化问题。

数词"一"自有它的特点,在和量词结合时可以利用词序的不同表示含意的差别。以泰语的 nɯŋ(一)为例:

ma¹ nɯŋ⁶ tua²"狗一只"与 ma¹ tua² nɯŋ⁵"狗(泛指)"

nɯŋ⁵ wan²"一(整)天"与 wan² nɯŋ⁵"(有)一天(泛指)"

名词不直接受数词的修饰,这一特点就现代汉语口语和壮侗语族诸语言说,在很大范围内是一致的。汉语口语中只说"一个,一只……"、很少说"一人,一马……"(除非在成语里或特殊场合);壮语可以说 pou⁴ deu²(个人),tu² deu²(只一),不能说＊vun² deu¹(人一),＊ma⁴ deu²(马一)。

同样,指示词可以修饰量词,而不直接修饰名词。试比较汉语和壮语:

汉语	壮语
这个	pou⁴ nei⁴(个这)
这个人	pou⁴ vun² nei⁴(个人这)
这人(?)	＊vun² nei⁴

(汉语"这人"似含有特殊的修辞或感情色彩,不符合一般的自然口语。)壮语 pou⁴ vun² nei⁴ 这个词组里,pou⁴ 和 nei⁴ 也可以说是非连续的直接成分:nie⁴ vun² pou⁴。

汉语的另一格式"这一个人"原来也许有强调"一个"的意思,但是由于口语读音的变化("这一"/tʂə.i/→/tʂei/,同样"那一"/na.i/→/nei/),两种格式("这个人"和"这一个人")的区别似乎不怎么显著了。壮侗语族诸语言里还没有遇见＊"个人一这"这样的格式。苗语方言在这方面分成两派,湘西方言说"一个人这",黔东和川黔滇方言则不需要数词"一",只说成"个人这"①。苗语黔东和川黔滇方言的形式跟壮语倒是相同的。

---

① 中国科学院少数民族语言研究所主编《中国少数民族语言简志,苗瑶语族部分》。科学出版社,1959 年版,第 38 页。参见 p.181 注③。

在人称代词跟名词组合以表示所谓领属关系时,汉语和苗语一样必须凭借一个助词(汉语"的"),壮语方言内部却出现了分歧。试比较:

苗语(大南山)　　ko^{55} le^{33} ntɛɯ^{55}　　　　　我的书

壮语　　　　　　po:n^3 saɯ^1 kou^1　　　　(本书我)＝我的书

　　　　　　　　po:n^3 kou^1,saɯ^1 kou^1

(来宾)　　　　　po:n^3 saɯ^2 tu^6 kou^2,po:n^3(或 saɯ^1)tu^6 kou^1

　　　　　　　　本　书(的)我

(龙州)　　　　　ɕek^7 ɬɯ^1 huŋ^1 kau^1,ɕek^7(或 ɬɯ^1)huŋ^1 kau^1

　　　　　　　　册　书(的)　我

壮语方言里表达领属关系的形式尽管有分歧,但人称代词的位置在后却是各方言一致的。来宾话的 tu^6 分布于红水河和柳江流域各地,在语源上同水语的泛量词 tə^2 可能是同一的。但水语只能说 pən^3 le^1 na:i^6 tə^2 ju^2〔本书这(是)的我〕"这本书是我的",却不能把 tə^2 理解为介词(* pən^3 le^1 tə^2 ju^2)。龙州话 huŋ^1 也出现于北部方言的宾阳话(读作 haŋ^1),可能跟泰语的 khoŋ^1 是同源词:

泰语　　　naŋ^1—sɯ^1 khoŋ^1 tshan^1(书的我)我的书

tu^6 和 huŋ^1(邕宁 hoŋ^1,泰语 khoŋ^1),从语义和结构两方面看,似乎是量词的变形,用法上倒像是个介词(前置词)。

壮语人称代词是直接修饰量词的,因为我们可以说 po:n^3 kou^1(本我),但在来宾却说 po:n^3 tu^6 kou^1,在龙州说 ɕek^7 huŋ^1 kau^1,这些例子的中心语都是量词 po:n^3"本"(ɕek^7"册")。量词跟人称代词的结构关系,同量词跟数词或量词跟指示词的关系,是大致平行的。只是人称代词还能修饰名词,指示词和数词不能修饰名词。

上面的例子可以分为两种结构类型。苗语也许跟汉语近似,至少从译文上看是一样的:我的/书,借助于"的"表示领属关系,"书"是中心语,整个词组是向心结构,可是限制或修饰成分"我的"却可以有不同的解释。当然,苗语句式还应该从苗语语法系统出发,给予符合苗语实际的正确说明。至于壮语方言利用 tu^6 和 huŋ^1(或 haŋ^1),泰语利用 khoŋ^1,置于人称代词或名词之前表示领属关系,如果比附英语的 of。把它当作介词,恐怕未必符合壮语和泰语的语法体系。壮语 tu^6 和

huŋ¹(haŋ¹)和泰语 knɔŋ¹ 是量词的转变或派生——从语源上和结构上都应该是说得通的。

壮语和苗语以谓词或名词作定语来修饰名词中心语时，一般总出现在中心语的后面，同汉语恰好相反。这个重要差别对"量名结构"来说，有一点值得特别注意。比方说，"两朵红花"，"一套新农裳"，照壮语和苗语的次序排列，应该是"两朵花红"，"（一）套衣裳新"（壮语还有"套衣裳新一"）：量词和名词在汉语里给隔开了，而在壮语和苗语里却是连接的。换句话说，如果量词和名词都出现在同一个语段，那末在汉语里可能给旁的成分隔离，在壮语和苗语里却经常是紧挨在一起的。我们不妨把这个紧凑的形式叫作"量名组合体"。

一般定语（修饰语）和中心语的先后次序，也同样体现在量名组合体里。在汉语里，"（他戴了）朵大红花"，"花"是中心成分，"朵、大、红"都是修饰成分。可是在壮语和苗语"（一）朵花红"这种结构里，就宁可说"花"是修饰"朵"的，而"红"可以说是修饰"花"的，也可以说是修饰"朵"的（因为，"朵"和"花"有一致关系），或者更恰当地说是修饰"朵花"这个组合体的。

单就壮语看，在量名组合体这个体词结构形式中，量词和名词之间不能插入任何其他成分。把量词比拟为冠词是不很恰当的；把量词当作中心成分（共名）而把名词当作修饰或限制成分（专名），倒是符合壮语造句法和构词法的共同原则。问题当然不是这么单纯。这种形式经常出现，判断它们是合成词还是词组，似乎应当依据上下文和语言环境，或者说要依赖"语感"，才能得出适合具体情况的答案。试比较下面的壮语例子[其中包括几个同音词和同义词，我们暂且把词组认为是"量＋名结构"，把同样结构的合成词认为是"前缀（词头）·词干"]，就会发现词组和合成词的界限是很难划分的（这些例子多半采自《壮汉词汇》①）。

量＋名词组　　　　　　　　前缀·词干

pou⁴vun²　　（个）人　　　pou⁴ʔmŋ⁵　　别人

---

① 《壮汉词汇》（初稿）1958 年版；《壮汉词汇》（修订本），1960 年版。参看 p.179 注①。

		$pou^4\,lau^2$	谁？哪（一）个？
$pou^4\,vun^2\,sa{:}i^1$	（个）男子	$pou^4\,sa{:}i^1$ $=vun^2\,sa{:}i^1$	男子，丈夫
$pou^4\,me^6\,buik^7$	（个）女子	$me^6\,buik^7$ $=vun^2\,pa^2$	妇女
$ʔan^1\,kjai^5$	（个）蛋	$ʔan^1\,pom^6$	小坛子
$ʔan^1\,duən^1$	月亮	$tu^2\,duən^1$	蚯蚓
$=ro{:}ŋ^6\text{-}duən^1$			
$tu^2\,rok^8$	（个）鸟	$tu^2\,pit^8$	蝉
$ko^1\,fai^4$	（棵）树	$ko^1\,ɕa{:}m^2$	靛青（小叶植物）

pou^4（指人），$ʔan^1$（指物），tu^2（指动物），ko^1（指植物）是壮语里出现频率最高的四个量词。可是上面的例子似乎说明，《壮汉词汇》的编者也经常把它们当作名词的指类前缀处理。这儿所要论证的是这两种形式（词组和合成词）在结构原则上是一致的（中心成分＋修饰成分），但在不附带数词的场合，如果没有上下文或语言环境给予参证，就很难判别词组和合成词的区别。例如，$ʔan^1\,duən^1$"月亮"是词组，为什么$tu^2\,duən^1$"蚯蚓"就是个合成词呢？其中同音词素 $duən^1$ 是依靠前面的指类标志来区别的。试再比较 $duən^1\,sa{:}m^1$"月三"＝"三月"；$sa{:}m^1\,duən^1$"三月"＝"三个月"；$sa{:}m^1\,tu^2\,duən^1$"三条蚯蚓"。$duən^1$ 这个同音词（"月"和"蚯蚓"）跟 pja^1（"鱼"和"石山"）似乎应该同样处理，凭借量词区别为两个词：$tu^2\,pja^1$"鱼"和 $koŋ^5\,pja^1$ 少"石山"。这也说明，"量名组合体"是词组还是合成词，在语感上是很难判别的，因而在《壮汉词汇》里，有些当作单词收作词条，有些则当作词组看待。例如，$pou^4\,ɕa{:}ŋ^6=ɕa{:}ŋ^6$"匠人，专家"。作为两个词条（一对同义词）收在《壮汉词汇》初稿里，在修订本里把 $pou^4\,ɕa{:}ŋ^6$ 取消了，可是 $pou^4\,sa{:}i^1=vun^2\,sa{:}i^1$"男子，男人"依然当作一对同义词保留在修订本里。

量词和名词的选择或搭配关系，有时非常严格，在形式上是完全一致的，几乎可以说是同位语。比如，汉语量词"朵"，只跟"花"或比拟为花的事物相配合（如："两朵花"，"几朵云彩"）。突出的例子是泰语里有

些名词和量词是同一个词或词干,就是说,从语源上或语音上看都是相同的:

$khon^2 so:ŋ^1\text{-}khon^2$,　　　（人两人）,人两个
$sop^8 si^8\text{-}sop^8$　　　　　（尸四尸）,尸四具（＝$sop^8 tua^2$）
$kham^2 si^8\text{-}kham^2$　　　（字四字）,字四个

$khon^2$"人,个"当然还能用于旁的场合,如 $phu^3 jiŋ^1 sa:m^1 khon^2$ "妇人三个",$khru^2 la:i^1\text{-}khon^2$ "教师多位";这样的例子与其说是修饰或限制关系（不管是量词修饰名词——照汉语的说法,还是名词限制量词——照壮语的说法）,倒不如干脆说是同位关系。

因此,"两朵花"、"两株花"和"两盆花"尽管形式相同;意义上却有明显的差别。"两株花"是栽在地上或者盆里的花树,"两盆花"必然是栽了花树的盆景。"两朵花"只能是花儿,不管是鲜花或假花或形象性的花（"姐妹花"）。这样,汉语的复杂形式"我那两朵大红花",跟"……两株……"或"……两盆……"的形式相同,"大、红"总是修饰"花"的,整个词组以"花"为核心①:

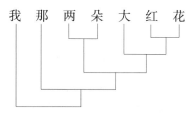

可是在壮语里,相对当的词组却有充分理由以"朵"或"朵花"为核心。壮语量词和谓词相组合,后者修饰前者,不需要借助于任何助词,乃是很自然很平常的句法结构。例如,$tu^2 bin^1$（只飞）＝飞的那只（鸟）,$ko^1 sa:ŋ^1$（棵高）＝高的那棵（树）,$so:ŋ^1 pou^4 ŋon^8 lɯ:n^2 tau^3 han^4$（两个昨天来那）＝昨天来的那两位,$ko^1 fai^4 ʔi^5 kou^1 dam^1 han^4$（棵树小我种那）＝我栽的那棵小树（树苗）。所以,在量词和名词完全一致或形成同位语的例子中,如果还有旁的修饰成分,我们有理由说这些修

---

① 向心结构和核心结构在原则上是一回事,本文管体词组合的基本形式或简单形式叫作核心结构,管体词组合的复杂形式叫作向心结构;略示区别。

饰成分都是跟名词一道依附于量词的,因为后面的这些定语都可以单独修饰量词,其中指示词只能修饰量词,不能单独修饰名词。如:

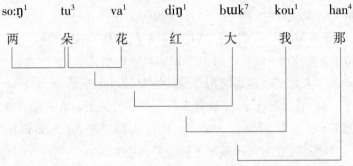

把形容词定语作为量词的修饰成分也符合泰语习惯。例如:
ma¹ tua²-lek⁴ tua²-nan⁴ 那只小狗　ma¹ tua²-lek⁴ tua²-nɯŋ⁵ 一只小狗
狗　只　小　只　那　　　　　狗　只　小　只　一

ma¹ tua²-lek⁴ so:ŋ¹-tua²-nan⁴　那两只小狗
狗　只　小　两　只　那

泰语例句中第一个量词有时可以省略,减弱确指的程度。但是考虑到壮语 so:ŋ¹ ko¹ va¹……"两棵花"……, so:ŋ¹ pa:t⁷ va¹……"两盆花"……,其中量词和名词不能认为意义上是等同的,我们还是愿意把量名组合体作为整个复杂词组的核心,也许更符合壮语实际。

壮语体词结构以量词或"量名组合体"为核心,略如以上所说。我们对壮语语法结构的分析和了解,往往受到汉语语法体系和术语的影响和拘束,这是可以理解和纠正的。事实的复杂性还在于,壮语语法长期以来受了汉语语法的深刻影响,壮族知识分子又都兼通壮语和汉语,他们使用壮语有时——甚至常常掺有汉语的影响,那是另外一个复杂问题,这儿就扯得太远了。

(原载《民族语文》1979.2)

汉藏语声调的起源和演变

共同汉藏语有没有声调？是不是利用声调来区别意义？假使有声调，究竟有几个调类或调位？回答这样的问题只能是根据历史文献和现代汉语方言的材料。

上古汉语有没有声调？（假使按照陈第、顾炎武、江永、黄侃一派的说法，上古只有平入而无上去，实际上是否定了上古汉语有声调）是四声俱备还是只有三声——有平上入而无去？声调和声母或韵母有怎样的配合关系，都大有探讨的余地。古藏语形态丰富而没有声调的区别，今天的西部方言和安多方言仍然保持这个状态，至少可以说，在这些方言里，声调尚处于萌芽状态。另一种意见认为这些方言不区别声调是声调演变消失的结果，①这显然不符合藏语的历史事实。总的看来，共同汉藏语还没有固定的声调系统，但在分化过程中却逐渐形成了声调的两大类型：汉语、苗瑶语、壮侗语和越南语属于所谓"四声"类型，藏缅语属于"高低"或"阴阳"类型。

一般给汉藏语下定义时，总说汉藏语是有声调的语言，每个音节有一个固定的声调，声调跟辅音或元音一样重要，能够区别意义，所以声调是汉藏语的共同特征之一。

从描写语言学的角度看来，这个说法大体上是正确的，但是从历史比较语言学和普通语言学的角度看来，这个说法就遇着双重困难。第一，藏语有些方言没有区别意义的声调，我们不能证明这是藏语发展过程中声调消失的结果，相反地，却认为古藏语没有声调，西部方言和安多方言正是继承了共同藏缅语的因而也应该是共同汉藏语的原始特

---

① Conrady 曾有此倾向，但同时也感到不能自圆其说。见 *Eine Indochinesische Causativ-Bildung*《汉藏语使役名词结构》，莱比锡，1896。

征。藏语方言的这一特点在整个语系里是很孤单的例证,可是给共同汉藏语的原始声调系统的存在或假设,却提出了逻辑上难以逾越的障碍。印欧语系也有类似的孤单的例子。如波罗的·斯拉夫语族的立陶宛语和塞尔维亚—克罗地亚(Serbo-Croatian)语利用声调区别意义,一般认为是共同印欧语的原始特征的继承,性质和来源同古典梵语和希腊语的高低重音(pitch stress)相似(日耳曼语族的挪威语和瑞典语以音高重音区别意义,却是后起的现象,一般并不联系共同印欧语或共同日耳曼语)。第二,非洲西部和南部的许多语言,如班图语、含语、苏丹语系诸语言和北美的某些语言,如米克斯台科(Mixteco)、马扎台科(Mazateco)、阿姆斯哥(Amusgo),等等,也都是有声调的语言,利用每个音节的不同声调来区别意义。可见利用声调区别意义是相当普遍的语言现象。如果把声调看作共同汉藏语的一个特征和标志,我们对汉藏语系诸语言的调位系统的性质、形成和演变还得深入分析和探索。

汉藏语系诸语言的两大声调类型,可以拿汉语和藏语作代表。汉语四声——平上去入,例如:滩檀、坦诞、炭但、獭达。古汉语读than和dan,that和dat。依声调高低不同而区别为八个意义不同的词和字。现代汉语的广州方言,入声分上阴入、中阴入和阳入。上阴入的调值是短促的高平,中阴入是中平,阳入是半低平,依调值可以跟阴平、阴去和阳去归并为同一调位,所以习惯上虽然分为九类,依音位或调位原理却可以归并为六个调位。古汉语四声的调值我们不清楚,上古汉语有没有上去二声也还不能作出最后的结论。可是,根据今天的方言现象(调类大同小异,调值参差不一)和调位理论,我们不妨假定上古去声的调值同上声或入声相近似,所以容许通韵。入声有塞音尾作标志,问题只在上去的有无或分合。根据文献记载,汉语具备四声不能晚于魏晋南北朝。

藏缅语声调数目一般较少。藏语的声调可以分成文白两类。文言单字调只分高低,高调是53,低调是131(或231),清声母字读高调,浊声母字读低调(指词根声母,即根本字母),二字或三四字连读还产生了两种变调:平调(高平、中平、低平)和升调(高升、中升、低升)。口语的声调调值各地有显著差别。下面举拉萨话里的六个调值为例。①

1. 高调　　　　　　　　2. 升调

lo^{53}　　智、心计　　　　lo^{35}　　年　la^{35}　山

$lo:^{55}$　　肺　　　　　　　$lo:^{25}$　　羊毛巾（或 13）

$lo?^{52}$　　电（或 51）　　　$lo?^{354}$　倒（或 231）

以上六种调值也分为两类——两个调位,每个调位有三个变体,依元音的长短和韵尾的性质,而高低升降的程度有所不同。如果按照汉语习惯,我们对拉萨话调位的归并可以采取不同的处理法,即以调值相同或相近为根据,分成四个调位：

1. lo^{53} 智　$lo?^{52}$ 电　　　　　2. $lo:^{55}$ 肺

3. lo^{35} 年　$lo:^{25}$ 羊毛巾　　　4. $lo?^{354}$ 倒

或者把第 3 和第 4 也合并起来,那就只有三个调位。缅甸仰光话声调的归纳,L. E. Armstron 得出三个,William Cornyn 规定四个,采取不同的处理法②都符合仰光话的实际情况。

声调的长短和元音的长短有不可分离的关系。上面举的藏语例子很能说明声调的长短和元音的长短是相互依存的：lo^{35} 年 $lo:^{25}$ 羊毛巾,两例属于同一调位而依元音长短区别意义；lo^{53} 智 $lo:^{55}$ 肺两例尽管调值有显著的差别,可是有了长短元音的标志,作为同一调位处理也不会引起混淆。这样把声调依附于元音是合理的。要是反过来,把元音音量作为声调的附属品,把 lo 分别属于四个调位而把长短 o 当作一个元音音位,从音理上讲未免是本末倒置,从历史上看也是违反事实的。

按照同样的原理,缅甸语仰光话的声调系统,如果不计轻音,只有三个调位：低平（尾部微升）,高降,高平（带有轻微的或较强的喉塞音

---

① 根据中国社会科学院民族语言研究所金鹏先生的记音,括弧里的调值是根据另一来源的记音。

② L. E. Armstrong and PeMaung Tin：*A Burmese Phonetic Reader*《缅甸语语音读本》,伦敦,1925,第 19—26 页。
William Cornyn：*Outline of Burmese grammar*《缅甸语语法概要》,巴尔的摩,1944。转引自 Kenneth L·Pike：*Tone Languages*《声调语言》,密西根,1956,第 29 页注㉖；第 32 页注㊱。

尾,尾部微降,元音较短,带有较强的喉塞音尾则元音更短)。缅甸语的声调特点是,调值同元音的长短松紧都有关系;但在低平和高降二调,元音一般是松的(breathy voice),也相对地长些,但元音的长短没有区别意义的作用;第三调带有紧喉或喉塞韵尾,这个韵尾的强弱有区别意义的作用,构成两个不同的音位,元音都较短较紧(creaky voice)[1]或者参照汉语音韵学的术语,我们不妨说缅甸语的声调分舒声和促声两类,舒声元音松而长,促声元音紧而短;元音的松紧和长短是相当显著的,但都不构成音位的差别。

藏缅语族彝语支诸语言多半利用元音的松紧区别意义,构成不同的元音音位,下面举两个例子:

凉山彝语圣乍土语有四个声调:[ɕɿ^{55}]咬,[ɕɿ^{34}]什么,[ɕɿ^{33}]到达,[ɕɿ^{21}]划开。有三对松紧元音[ɿ][ɿ̲],[ɯ][ɯ̲],[u][u̲](元音下加"—"号表示为紧元音)。高平调几乎只和紧元音相配,中平调和松紧元音都能配合,中升和低降二调只和松元音相配,例如:

[dzɿ^{33}]骑　[dzɿ̲^{33}]黑暗　[kɯ^{33}]使听　[kɯ̲^{55}mu^{31}]柜橱

[mbu^{33}]叫(牛)　[mbu̲^{33}]饱

圣乍彝语较开的元音 i e a o u 没有松紧的对立。

云南哈尼语六村话[2]有十个元音,每个元音都能区别松紧,因此有二十个元音音位,松元音出现在所有的调位(三个),紧元音只出现在两个调位:

[dza^{55}]食物　[dza^{33}]合适　[dza^{31}]吃

——　　　　　[dza̲^{33}]一"滴"[dza̲^{31}]受骗

同一调位,紧元音读得短些,这样元音松紧也影响了音量的长短,也就是影响了调值的长短,但是长短的差别可以自由变读,毕竟是次要的。

彝语支的其他语言,如景颇语、载瓦语、傈僳语、拉祜语、阿昌语也

---

[1] 上页注[2],L. E. Armstrong,3,第 19—26 页。
[2] 戴庆厦:《谈谈松紧元音》,载《少数民族语文论文集》第 2 集,第 34—48 页,中华书局,1958.12。

都有松紧元音的区别。

根据初步观察,这类元音的松紧程度在不同的语言往往不尽相同,就是在同一个语言,高元音(ɿ i ɯ u)等的松紧差别也往往较强于开口度大的元音。例如哈尼语碧约话的[ɿ]和[ɿ̱],后者喉头的紧缩程度很强,而[o]和[o̱]的松紧程度的差别就没有那么厉害:

[ʂɿ³³]搓　　　　[ʂɿ̱³³]摸

[mo³¹]多　　　　[mo̱³¹]舔

可是同时紧[o̱]的开口度显著地大于松[o],实际音值几乎是[ɔ]。这一特点使元音的松紧差别有退居于次要地位的可能;而开口度的大小或舌位的高低渐趋显著,这样紧元音就可能消失,但元音音位的数目并不减少,如哈尼语卡多方言[pɔ³³]弹(棉花),[thu³¹]点(火)中的元音可松可紧,而在其他方言这两个元音只能读紧元音。① 彝语支有些语言和方言,如撒尼语和阿细语,基本上没有松紧元音的特征,大概是较晚的发展趋势,并往往导致单元音音位(包括舌尖前后元音)的丰富和调位的增多。

值得注意的是,藏语支的西蕃语(西蕃语现名为普米语,下同。编者注)和彝语支的白语可以代表调位系统一简一繁的两个极端。西蕃语就总的方面看来应该划归藏语支,,可是北部方言(木里话)高元音和[i]和[u]有相配的舒唇[i]和[u],南部方言(兰坪话)以舒唇和松紧为特征的元音有:舒唇的[ɿ] [ʮ] [i][e][a][u];松的[ɿ][e][u],紧的[ɿ][ʮ][i][e][a][u]。木里话元音简化,不分松紧,兰坪话的[ɛ]和[a]在木里话也合并为[ɛ]。兰坪话的[a][a̱]和[ɔ]在木里话也合并为[a]。这样简化的途径显然跟哈尼语各方言的情况不同;可是木里话有三个调位,兰坪话只有两个调位。可以假定,木里话在声调方面有了新的发展,因而补偿了元音系统的简化。西蕃语的这一特点,声调系统接近藏语,元音系统却接近彝语。这样,西蕃语可以说是藏语支和彝语支中间的一个桥梁。

白语一般划归彝语支,有八个声调(以南部方言大理话为代表),尽

---

① 戴庆厦:《谈谈松紧元音》,载《少数民族语文论文集》第2集,第46页,中华书局,1958.12。

管声调和清浊声母或松紧元音的配合有一定的限制,但是调位数目不能归并,所以白话的调位系统比同语支或同语族的任何其他语言都要算是最复杂的,这是不是受了汉语影响的结果,尚有待深入探讨。

藏缅语族的许多语言和方言,相互间声调系统差别很大,这显示了从无到有,从少到多的发展情况是参差不齐的,因而至今不能拟订一个统一的分类标准,远不如汉壮语族的四声类型可以适用于汉语、壮侗语、苗瑶语和越南语。可是这两种声调类型的形成和发展,在原理上是一致的。声调是附隶在整个单音节上的,所以声调的构成同整个音节的每一组成部分都有关系。声调的性质是音高的变化,取决于声带颤动的快慢(频率)。换言之,就是取决于声带紧张程度的差别:声带愈紧张,颤动得就愈快(频率大),声调也就愈高,所以在元音分松紧的语言(如彝语),声调的高低和元音的松紧有直接的联系,因而决定了二者间不同的配合方式。一般说来,紧元音只出现在较少的特定的调位上。声调和音量或音节的长短也有一定的关系,但只是次要的,在元音分长短的语言(如藏语和壮侗语族诸语言),调位和元音音位的配合一般不受任何限制,只在以塞音收尾的闭音节,有时才出现调位分配的现象(例如汉语广州方言阴入分化为二)。假使我们把上述原理应用于共同汉藏语和上古汉语,那末汉藏语声调从无到有,从少到多的最初形成过程可能是,首先舒声和促声(后者音节以塞音收尾)二类对立;随后,舒声因元音的松紧分化为二或三,其中之一调值可能与促声(入声)相近或相同;舒声分化为二的体现在藏缅语,分化为三的体现在汉语、壮侗语、苗瑶语和越南语;上古汉语也可能体现了一个过渡阶段,由平上二声的对立过渡到平上去三声的对立。唐以后上去二声的分混①(浊上归去),也可能反映了上古汉语上去二声的分混关系。

根据汉藏语的历史和现代方言现象,我们不妨提出一个假设:共同汉藏语元音分松紧,松元音构成的音节声调较低,紧元音构成的音节声调较高,声调是伴随着元音的松紧而自然产生的。换言之,声调是附隶于元音的。最初声调还没有独立的辨义作用,随后松紧元音的对立发

---

① 李涪:《刊误》。参看罗常培:《汉语音韵学导论》,第 82 页,中华书局,1956 年。

生了变化,有些方言或语言紧元音减少了,甚至消失了,因而声调带有辨义作用,逐渐形成了调位系统。如汉语、壮侗语、苗瑶语和越南语,有些方言或语言紧元音也减少了,甚至消失了,同时保存了或者发展了复杂的音节结构,只在音节结构转趋简化以后,才产生了声调,如藏语。可是藏语支的加戎语仍然保持了复杂的音节结构,所以声调的辨义作用还多少处在萌芽状态,而藏缅语族彝语支诸语言和方言,一方面音节结构大大简化,一方面却保存了或者部分地保存了松紧元音的对立,同时产生了参差不齐的调位系统。

    关于声调起源于元音的松紧,我同意有些同志的意见,可以从南亚语系孟高棉语族的佤佤语(佤瓦语现名佤语,编者注)得到一点儿启示。佤佤语一般只有松紧元音的对立,没有辨义功能的声调,可是在有些方言,随伴着元音的松紧而产生声调的高低,而另有一些方言,元音的松紧已经转化为声调的区别,例如:①

岩帅佤佤语	时希佤佤语	
kɯiŋ	kɯiŋ^{55}	父亲
ka̠	ka^{55}	烘
sit̠	sit^{55}	切
nat	nat^{11}	枪
lai	lai^{11}	书
pi	pi^{11}	笔

    十九世纪末,德人孔好古认为汉藏语声调起源于音节结构的简化,特别是声母结构的简化(例如藏语前置字母 s- 的消失)②。这是不符合一般语音原理和历史事实的。音节结构的简化,如辅音韵尾的弱化和消失,可能导致元音松紧和长短的分化,却不一定产生不同的声调。藏

---

① 戴庆厦:《谈谈松紧元音》,载《少数民族语文论文集》第 2 集,第 43—44 页,中华书局,1958.12。

② Augustus Conrady: *Eine Indochinesische Causativ—Denominativ Bildung und ihre Zusammensetzung mit den Ton-Accenten*《汉藏语使役名词结构及其和声调的组合》,莱比锡,1896。

语里由于辅音韵尾的消失而增加了长元音,却没有产生新的调位。汉语和苗语的方言都充分地说明音节简化一般地是导致调位数目的减少。特殊的例子是,湘(长沙醴陵)方言,入声韵尾消失以后,产生了一个新的声调,如长沙话入声比阳平略长而高。这在汉语声调演变的历史上毕竟是罕见的,不适宜于用来说明汉藏语声调的形成和发展。

大约在中古以后,声调的演变和声母的发音方法(清浊、送气不送气)显示了密切关系。浊声母的发音包含在整个音节的调值以内,同一调位的两个音节因声母清浊不同也会存在细微的调值差别。汉语方言的主要趋势是古清声母字读阴调,古浊声字母读阳调。在一些方言全浊声母清化,而平上去入各分化为阴阳两类。这样的演变也表现在其他语言里,但是详细情况在各语言却有所不同。全浊声母清化和声调分化是相辅而行的,浊辅音清化往往因调类不同变成清音送气或不送气,现代汉语方言在这方面表现得不完全一致,这能不能联系较复杂的藏语声母结构(根本字母和前加、上加、下加字母)找出更深远的历史渊源,倒是值得注意观察的。清声母送气或不送气对调值也会产生影响,这可以从侗语方言里找到显著的例证。例如:

侗语榕江章鲁方言:

1. 阴平全 55:pa 鱼　　　阴平次 35:pʻa 灰色　　2. 阳平 212 或 11:pa 耙
3. 阴上全 323　　　　　阴上次 13:pʻja 翻　　　4. 阳上 31:pa 蝗虫
   或 24pa:大姑母
5. 阴去全 53:pa 叶子　　阴去次 453:pʻa 破　　　6. 阳去 33:pa 糠
7. 短阴入全 55:pat 鸭　 短阴入次 35:kʻwat 铁　 8. 短阳入 21:mət 蚂蚁
9. 长阴入全 323　　　　长阴入次 13:pʻat 血　　10. 长阳入 3:lŋat 碱
   或 24:pet 八

侗语声母简化,但是参考同语族的语言和方言,还能遇见属于清声母类型的 ʔb ʔm m̥ʻ,这也许可以给阴调调值分化找到更充分的历史根据。

壮侗语、苗瑶语和越南语长期以来不断地吸收大量的汉语借词(或借字),古今借词的声调处理方法是两样的:古借词双方调类大体一致;

现代借词却依照调值的相同或近似互相配合,就是各姊妹语言或方言按照自己的各调类的调值来接受或适应邻近的汉语方言的各调类的调值,有时自己没有相适应的调值,也会吸收一个新的汉语调值,这样就增加了一个调类。下面从武鸣城厢壮语中的汉语借词举些例子:

壮语早期的汉语借词双方调类一致(汉语声调采用广州方言):

汉语调类调值	壮语调类调值	例字
阴平 53	阴平 13	巴沙
阳平 21	阳平 31	爬茶
阴上 35	阴上 55	把打
阳上 23	阳上 41	瓦
阴去 33	阴去 35	卦
阳去 22	阳去 33	下话
阴入上 5	阴入 35	法甲
阴入中 33	(55)	答
阳入 22	阳入 31	立合

壮语中现代汉语的借词调值近似而词类不一致(汉语声调采用桂林方言):

汉语调类调值	壮语调类调值	例字
阴平 44	阳去 33	包刀
阳平 31	阳平 31	桃法
上声 53	阴上 55	保老
去声 313	阴去 35	报闹

现代语言声调简化趋势是显著的,虽然不是绝对的,比如苗语各方言的声调,少的只有三四个,也有多到十一个的,这可以同汉语方言的声调演变情况相比拟。声调的分化和合并(简化)同声母的发声方法互相依赖,同韵母结构的简化(如入声韵尾的消失),在元音分松紧的语言里,同紧元音的减少或消失,也有直接联系。

(原载《语文研究》1981.2)

袁家骅先生学术年表

袁家骅1903年出生于江苏省常熟县的农村(现为张家港市)。自幼家境贫寒。上小学后学习勤奋,成绩优异。

上中学时,在不收学费的师范学校学习。中学时代,受浪漫主义文学思潮的影响,热衷于文艺。曾撰写《唯情哲学》一书,因此在文坛上为人所知。他曾与创造社郭沫若、成仿吾、郁达夫等人往来,盘桓于太湖山水之间。以后考上北京大学英文系学习,仍然醉心于文学。

1930年大学毕业。曾任中学教师和编辑。两年后被聘回母校英文系任教,讲授英国文学。随后几年中,除教学外,曾翻译出版了波兰作家康拉德的小说《吉姆爷》、《黑水手》、《台风和其他》等。1937年考取庚款,赴英国牛津大学默顿学院留学,学习古英语、古日耳曼语和印欧语比较语言学等。1940年硕士毕业。1948年又应英国文化协会邀请再次赴英,在牛津大学学术访问一年,专攻历史语言学,并作英语和汉语的比较研究,期间曾以"丝绸之路"为名作学术讲演。两次赴英学习和访问,使他的学术方向由文学向语言学转变。

由于在英国学习了比较语言学和历史语言学,袁家骅回国后转向少数民族语言的调查研究。抗日战争爆发后,1940年结束留学回到昆明,在由北大、清华、南开三校联合组成的西南联合大学英语系讲授英国语言文学。在李方桂和中文系主任罗常培等的号召和组织下,参加对云南、贵州等众多少数民族语言的调查研究。先后调查了彝语(阿细语)和哈尼语。先是写成了专著《阿细民歌及其语言》。这也是为编写路南县县志而写的。专著中记录了三首阿细族世代相传的"先鸡"(民歌),分析归纳了阿细语的语音特点和语法特点,三首民歌则反映了阿细族男女青年的劳动生活和爱情中的欢乐和痛苦。然后又调查了窝尼语,记录了两千多个词语和十四个长篇故事,写成论文《窝尼语音系》、

《峨山窝尼语初探》。在《窝尼语音系》中归纳了窝尼语的声韵调系统及变调规律,在《峨山窝尼语初探》中归纳了窝尼语词类词序等主要语法特点,两篇文章比较全面地介绍了这个语言的整体结构面貌。

第二次访英回国后,袁家骅又在贵州、广西调查侗台族语言,如水语、壮语等。1949年新中国成立,为少数民族语言调查研究工作提出了新的任务。一批没有文字的少数民族提出了创制文字的要求。满足这一要求成为重要的政治任务。广西的壮族也提出了这一要求。当时对壮语有过研究的赵元任、李方桂都不在国内。袁家骅受中国科学院语言研究所的委托,义不容辞地挑起了这个担子。他先带领韦庆稳和张元生两位年轻人前去广西调查壮语,为下一阶段工作做准备。然后在北京大学办了一期语言专修科,培养研究少数民族语言和汉语方言的人才。同时又组成广西壮语调查工作队,带领专修科的学员赴广西调查。两年中共调查了51个壮语方言。调查中发现,壮语可以根据清塞音有没有送气音分为南北两个大方言。基于这一认识,1952年他在《广西壮语分布概况和创制文字的途径》一文中提出,由于壮语还没有形成一个政治经济文化的中心,不应"勉强""选择一个中心地点作为标准来制订拼音文字",两个方言应当分别制订方案尽量"汇通,同时并进",等条件成熟以后,再"建立壮语统一的文字"。这样分两步走,可以"适应农民学习文化的普遍要求",从学术的角度来看,也是比较稳妥的。一年后,袁家骅又在《壮族语文问题》一文中针对一种不创制壮文、让壮族人民直接学习汉语文的意见指出,这样往往会"事倍功半",是不正确的。1958年,他还在《坚持字母的汇通原则》一文中,同意国务院批文所说"少数民族语言和汉语相同或者相近的音,尽可能用汉语拼音方案里相当的字母表示"。他指出,这就是字母的汇通原则,所谓汇通,"就是同样的字母代表同样的或相当的音位或音素"。

袁家骅结束广西的壮语调查工作以后,回到北京大学。1955年以后转入中文系语言学教研室,开始了语言学方面的教学和研究。1958年在北京召开了第二次民族语文科学讨论会,以大鸣大放大字报的方式揭发批判民族语文工作中的"资产阶级"学术思想,许多机构被撤并,大部分人被迫改行,不少人受到不公正的对待。但袁家骅仍然关心少数民族语言研究事业,陆续撰写了数篇论文。其中写成于 1957 年的《壮语/r/的方音对应》一文,根据/r/在各地的语音变体,用内部拟测法论证了复辅音后置辅音/r/在壮语各地的对应,并构拟了原始壮语中相对应的单辅音和复辅音。《汉壮语的体词向心结构》一文则指出名词、人称代词、指示代词、数词、量词的组合形式,即体词结构,在壮语和汉语中不仅诸要素的排列次序各成体系,中心语也不相同。《武鸣壮语词法初步研究》(和张元生合作)说明壮语名词、动词、形容词的语法标志,以及它们的复音词、复合词和派生词的构词形式。袁家骅去世以后,还有两篇遗稿由他人整理发表,一是《壮语方言的一些语法现象和规范问题》,一是《汉藏语声调的起源和演变》。后者围绕声调问题而展开。他认为,"一般给汉藏语下定义时,总说汉藏语是有声调的语言",而"声调的分化和合并(简化)同声母的发声方法互相依赖,同韵母结构的简化(如入声韵的消失)……有直接关系"。袁家骅有关少数民族语言的文章并不多,但每一篇都值得我们回味。1960 年后,他还在中文系准备了一份《汉藏语导论》课程的讲稿,介绍汉藏语各语族的特点,而以藏语的分析研究为重点。这是国内第一项关于汉藏语综合比较的工作,为以后的研究提供了参考。

袁家骅 1955 年进入中文系语言学教研室工作以后,很快把注意力转移到汉语方言的教学研究方面,当年就开设了汉语方言课程。这一年"现代汉语规范问题学术会议"召开。会议肯定了"普通话以北方方言为基础方言,以北京语音为标准音",并且从推广普通话的角度出发,提出了调查汉语方言的要求,并建议中国科学院、教育部、高等教育部在两年内完成这一工作。1956 年,高等教育部又委托他制订汉语方言学课程的教学大纲,以便全国各高等学校都能开设这门课,为学生提供汉语方言的知识和方言调查的技能训练,为当前的方言调查服务。袁家骅很快完成了教学大纲,然后根据大纲主持编写了课程的教材,以《汉语方言概要》为名出版,供各高等学校参考使用。这是我国第一部以现代语言学的观点介绍汉语方言的著作,有方言学的理论概述,各汉语方言的概况介绍和综合比较,兼具历史语言学和描写语言学的视角,描写和比较的不同方法。这部著作就其观察和思考而言,至今仍属深刻。

为了配合汉语方言学课程的需要,袁家骅还建议编写一套汉语方言语音、词汇、语法的资料,并主持完成了前两种的初步设计,由青年教师着手进行。前两种资料后来得以完成,以《汉语方音字汇》和《汉语方言词汇》为名先后出版。经过不断的改编与修订,目前它们已经成为中外学者研究汉语方言时的必备用书。

袁家骅还写了《关于方言调查》一文,指出方言调查中需要注意的音位问题,以及方言调查的不同类型。

1963年起,袁家骅患糖尿病,从此不得不放下教学科研工作。病情有好转时,他还勉力整理旧作。他还与甘世福、赵世开合作翻译了布龙菲尔德的名著《语言论》。但此后因病逐渐衰弱,这些工作也不得不停止下来。袁家骅于1980年去世,享年78岁。他的贡献不仅在于他留给后人的著述,更多的应当是他在壮文的创制方面,他的教学工作,他的为人,以及培养了一大批汉语方言和少数民族语言的研究人才。

袁家骅先生语言学著作目录

专 著

《阿细民歌及其语言》,科学出版社,1953。
《汉语方言概要》,文字改革出版社,第 1 版,1960,第 2 版,1983。

论 文

窝尼语音系,《学原》第 1 卷 11 期,1947。
峨山窝尼语初探,《边疆人文》第 4 卷合刊,1947。
广西壮语方言分布概况和创制文字的途径,《中国语文》第 6 期,1952。
壮族语文问题,《中国语文》第 5 期,1954。
坚持字母的汇通原则,《中国语文》第 1 期,1958。
《武鸣壮语词法初步研究》(与张元生合作),广西民族出版社,1958。
略谈汉语方言研究,《语言学论丛》第 2 辑,新知识出版社,1958。
壮语/r/的方音对应,《语言学论丛》第 5 辑,商务印书馆,1963。
汉壮语的体词向心结构,《民族语文》第 2 期,1979。
汉藏语声调的起源和演变,《语文研究》第 2 期,1981。
壮语方言的一些语法现象和规范问题,《语言学论丛》第 9 辑,商务印书馆,1982。
关于方言调查,《语文研究》第 3 期,1985。
English Words of Chinese Origin (英语中的汉语借词),JCL Vol.9,1980.

译 著

《语言论》(布龙菲尔德著)(与甘世福、赵世开合译,钱晋华校),商务印书馆,1980。

编 后 记

2010年，适逢北京大学中文系百年系庆。中文系决定编辑"北大中文文库"，以为纪念。"文库"包括20位中文系已故教师的作品选。其中《袁家骅文选》由我们两人来选编和撰写。

袁家骅先生的学术道路宽广，先后涉及外国文学研究、中国少数民族语言研究和汉语方言研究。我们两人曾分别跟随袁先生从事汉语方言研究和少数民族语言研究方面的学习和工作，对袁先生有关的学术成就有较多的了解，因此由我们合力来编选袁先生的有关文献。这是我们对袁先生在学术研究上所作贡献的说明，也是我们个人对敬爱的老师的纪念。

我们分别在袁先生有关汉语方言研究和中国少数民族语言研究两方面的专著和论文中进行了选择。汉语方言研究方面选入的有：

汉语方言概要（第一、二、三章）

少数民族语言研究方面选入的有：

阿细民歌及其语言（序论，第一、二章）

窝尼语音系

峨山窝尼语初探

广西壮语方言分布概况和创制文字的途径

壮族语文问题

坚持字母的汇通原则

武鸣壮语词法初步研究

壮语/r/的方音对应

汉壮语的体词向心结构

汉藏语声调的起源和演变

选入《文选》的作品,由我们两人分别写了导读,王福堂撰写了汉语方言研究方面的,孙宏开撰写的是民族语言研究方面的。

《文选》附录中还收有"袁家骅先生学术年表"和"袁家骅先生语言学著作目录"。这是我们两人共同撰写的。

北京大学中文系　王福堂
中国社会科学院民族学与人类学研究所　孙宏开
2010.2.25.